現代
経営学研究の
潮流

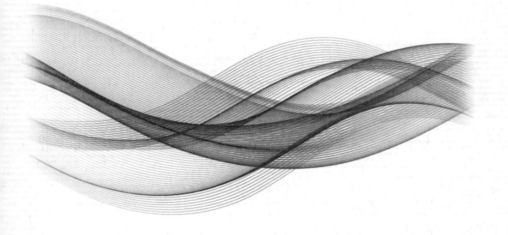

東洋大学経営学部経営学科 編

中央経済社

東洋大学経営学部開設50周年記念出版にあたって

　東洋大学経営学部は，1966（昭和41）年4月に開設され，2016（平成28）年に開設50周年を迎えました。本学は2017（平成29）年に創立130周年を迎え，その長さに比べると短いものの，半世紀が経過したことになります。当初は，第1部経営学科，商学科，第2部経営学科の3学科体制でありましたが，2001（平成13）年に商学科を日本初のマーケティング学科に学科名称を変更，2006（平成18）年には会計ファイナンス学科を開設し，現在は4学科で収容定員3,168名へと拡大してきました。

　開設50周年に際して，経営学部の研究内容を学科ごとにまとめて，広く各方面の方にお伝えすることを企画いたしました。経営学部と一言でいっても多様な研究が行われています。その先端の視点により研究をまとめることによって，現在の経営学の研究領域の広がりや多様性を示すことが可能となるはずです。それらによって，現実の課題への解決の糸口を提示できるものと信じております。

　今後，経営学はさらに広範な問題を取り扱い，発展を遂げていくものと思います。その道標となることを期待するとともに，我々の手で次の道標を構築していきたいと思っております。

　最後に，本書の刊行に当たって学校法人東洋大学，東洋大学第1部経営学会のお力添えがあったことに感謝いたします。また，本書の出版を引き受けて下さった中央経済社に衷心より感謝申し上げます。

2016年9月吉日

東洋大学経営学部長
長島　広太

まえがき

　東洋大学経営学部経営学科では，人材養成の目的として「マネジメントのプロフェッショナルとしてグローバルに活躍できる有為な人材を社会に送り出すこと」としている。この「有為な人材」とは，経営学に関する幅広い知識と応用力を備え，経営目標を実現するための方策を，政治，経済，社会，技術動向を踏まえた上で，戦略的，論理的，創造的に考えることができる人材であり，また，健全な社会人として幅広い視野と豊かな教養を持ち合わせ，多様な文化的背景をもつ人々とコミュニケーションできる人間味あふれる人材を意味している。

　このような人材を養成する基盤として，体系的なカリキュラムが必要である。経営学科ではカリキュラムの継続的な改善を積み重ねており，開設50周年を迎える2016（平成28）年にはカリキュラム体系を一新した。新しいカリキュラム体系は，(1)経営組織・経営管理，(2)経営戦略，(3)経営情報・分析メソッド，(4)経営財務・会計・マーケティングという４つの分野で科目群を構成している。伝統的な経営学の領域を押さえつつ，近年における技術動向の変化を取り入れたバランスのよいカリキュラム体系となっている。

　さて，ここに挙げたそれぞれの分野において，政治，経済，社会，技術動向が変化する中，経営学研究に関するさまざまな議論が積み重ねられている。本学科の所属教員ももちろんその一端を担っており，それぞれの専門性を活かした研究を日々行っている。

　本書では，本学科所属教員の最近の研究成果を，経営学科のカリキュラム体系と関連づけた構成でご紹介する。本書を通じて，現代における経営学研究の潮流の一端を感じ取っていただければ幸いである。

　第Ⅰ部では，経営学科カリキュラムの(1)経営組織・経営管理に関する論文として，幸田浩文による「日本企業における人事部門の役割と機能の方向性」，寺畑正英による「新しい人事制度の普及と変容」，蜂巣旭による「経済学的な

組織研究の発展」の3編を収載した。幸田論文では，戦略的人的資源管理論に基づく人事部門に関する研究の潮流を踏まえた上で，新しい人事部門の姿と機能について考察している。寺畑論文では，新しい人事制度が企業に普及し変容するプロセスを分析し，同一の制度が全ての企業で導入されないこと，制度の趣旨が歪められて採用される可能性があることを示している。蜂巣論文では，組織経済学研究でこれまで十分に扱われてこなかった経営組織論の諸理論の存在を示し，それらの理論に対する経済学的な解明の必要性を論じている。

　第Ⅱ部では，経営学科カリキュラムの(2)経営戦略，およびイノベーションに関する論文として，大原亨による「経営哲学に基づいた戦略の創発—経営者の戦略的意思決定において経営哲学の果たす役割」，一小路武安による「ユーザーイノベーション研究の整理と近年の動向—ICTが与える影響」の2編を収載した。大原論文では経営者の哲学を基盤とした企業成長プロセスを事例を通じて明らかにしている。一小路論文では最終消費者によるユーザーイノベーションの研究動向と課題を明らかにしている。

　第Ⅲ部では，経営学科カリキュラムの(1)経営管理と(3)経営情報・分析メソッドの重なる領域として，製品開発マネジメントに関する論文3編を収載した。富田純一による「生産財開発プロセスにおける分析枠組の検討」，山口裕之による「増大する製品開発タスクへの対応—カーナビゲーション開発における外部人材の活用とシステム知識の共有」，野中誠による「ソフトウェア開発組織の成熟度レベル別に見たソフトウェア品質の良否に関わる要因分析」の3編である。富田論文では生産財開発プロセスにおける消費者，消費財メーカー，生産財メーカー間の活動を動態的に捉える枠組を提示している。山口論文では外部人材の活用と開発効率の向上を同時達成するうえで，製品システム知識共有の重要性を論じている。野中論文ではソフトウェア開発組織の成熟度によって品質の良否を分ける要因に差異があることを示している。

　第Ⅳ部では，経営学科カリキュラムの(3)経営情報に関わる論文として，旭貴朗による「モデル理論アプローチにおける結合システムの形式モデル」，松村

良平による「ポテンシャル効用モデルの一般化─「おせっかい」「だまし」問題への適用」の2編を収載した。旭論文ではシミュレーション開発において，オートマトンを分割した後にもとの状態へと再構成できることを示している。松村論文では「おせっかい」，「だまし」という現象を数理的に表現できることを示している。

　そして，第Ⅴ部では，近年の経済，社会，技術動向，さらにはグローバルな視点に関わる内容として，現代的テーマに関する論文3編を収載した。石井晴夫による「水道事業の現状と経営基盤の強化策」，劉永鴿による「中国通信機器多国籍企業の国際化戦略─華為技術と中興通訊のケースを中心として」，西澤昭夫による「日本版SBIRの再生に向けて─21世紀型イノベーション創出策への転換可能性」の3編である。石井論文では水道事業の課題を概観したうえで，公営企業が経営戦略を策定するために必要な事項を論じている。劉論文では中国の通信機器企業トップ2社の国際化戦略が先発多国籍企業とは異なる特徴をもっていたことを示している。西澤論文では日米のベンチャー企業支援策を比較分析し，わが国における支援策の改革案について論じている。

　本書を通じて，経営組織・経営管理，経営戦略，製品開発マネジメント，経営情報，さらには現代的なテーマという観点から，経営学研究の潮流の一端を捉えてもらうことを期待したい。そして，それぞれのテーマに関心を抱きながら，読者自身にも経営学研究の潮流に乗り，新たな「うねり」を生み出していただくことを期待する。

　本書には，紙幅の都合上，本学科所属の全ての教員の論文を掲載していない。本学科にはそれぞれの研究分野で成果を挙げている教員がいる。本書をきっかけに，本学科の教育だけでなく研究にも関心を寄せていただければ幸いである。

2016年9月吉日

東洋大学経営学部経営学科長

野中　誠

目　　次

東洋大学経営学部開設50周年記念出版にあたって／i
まえがき／iii

第Ⅰ部　経営組織

第1章　人事部門の役割と機能の方向性 …………………………… 2
1．はじめに　2
2．戦略的人的資源管理論に基づく人事部門研究のレビュー　3
3．新しい人事部門の役割と機能　6
4．新しい人事部門体制の概念　10

第2章　新しい人事制度の普及と変容 ……………………………… 18
1．はじめに　18
2．360度評価の普及プロセス　20
3．目標管理の普及プロセス　22
4．職務給と職能資格制度　25
5．新しい人事制度の受容　27
6．おわりに　30

第3章　経済学的な組織研究の発展
　　　　　―近代組織論から現代の組織経済学まで― ……………… 35
1．はじめに　35
2．組織論による組織経済学への影響　36
3．新制度派経済学による組織の経済学的研究　39
4．現代の組織経済学とその分析視点　43

5．おわりに　46

第Ⅱ部　経営戦略—イノベーション

第4章　経営哲学に基づいた戦略の創発
　　　　　—経営者の戦略的意思決定において経営哲学の果たす役割—……52
1．はじめに　52
2．戦略策定プロセスと経営哲学　52
3．事例：食品製造業A社の創発戦略　56
4．おわりに　62

第5章　ユーザーイノベーション研究の整理と近年の動向
　　　　　—ICTが与える影響—………………………………………………66
1．はじめに　66
2．一企業を越えたイノベーションとユーザーイノベーション　66
3．ICTの発展とイノベーション研究の可能性　69
4．最終消費者によるユーザーイノベーション研究の整理と課題　72
5．おわりに　75

第Ⅲ部　製品開発マネジメント

第6章　生産財開発プロセスにおける分析枠組の検討………………84
1．はじめに　84
2．既存研究の検討　85
3．分析枠組としてのトライアド・モデル　93

4．おわりに　98

第7章　増大する製品開発タスクへの対応
　　　　―カーナビゲーション開発における外部人材の活用と
　　　　　システム知識の共有― ………………………………………… 102
　　1．はじめに　102
　　2．製品の高度化と開発タスクの増大　103
　　3．開発活動における外部人材の活用　106
　　4．カーナビ開発におけるタスク増大とその対応　108
　　5．おわりに　116

第8章　ソフトウェア開発組織の成熟度レベル別に見た
　　　　ソフトウェア品質の良否に関わる要因分析 ………………… 121
　　1．はじめに　121
　　2．分析対象データ　122
　　3．分類木による分析結果　123
　　4．ノード別の相関分析　126
　　5．考察および関連研究　132
　　6．おわりに　133

第Ⅳ部　数理的アプローチ

第9章　モデル理論アプローチにおける結合システムの
　　　　形式モデル ……………………………………………………… 138
　　1．はじめに　138
　　2．オートマトン　139
　　3．結合システム　142

4．分割合成問題　148
　5．おわりに　151

第10章　ポテンシャル効用モデルの一般化
　　　　―「おせっかい」「だまし」問題への適用― ……………………… 154
　1．はじめに　154
　2．ポテンシャル効用モデルについての見直し　157
　3．具体例　161
　4．数理モデル化　163
　5．おわりに　167

第Ⅴ部　現代的テーマ

第11章　水道事業の現状と経営基盤の強化策 ……………………… 170
　1．水道施設の整備状況と普及率の向上　170
　2．水道事業における新たなビジョンの策定　172
　3．水道管路における老朽化対策と施設更新計画　174
　4．水道事業の料金設定と資産維持費の取扱い　177
　5．水道事業の基盤強化に向けた取組み　179
　6．公営企業における経営戦略の策定　181
　7．おわりに　183

第12章　中国通信機器多国籍企業の国際化戦略
　　　　―華為技術と中興通訊のケースを中心として― ………………… 187
　1．はじめに　187
　2．先行研究から見る中国多国籍企業の国際化戦略の特徴　188
　3．中国の通信機器産業と主要企業　190
　4．華為技術の国際化戦略　193

5．中興通訊の国際化戦略　197
6．おわりに：本研究のインプリケーションと今後の展望　201

第13章　日本版 SBIR の再生に向けて
―21世紀型イノベーション創出策への転換可能性―……………206

1．SBIR ルネサンス　206
2．米国 SBIR の目的・機能・構造　207
3．日本版 SBIR の目的・機能・構造　212
4．日米 SBIR の差異と原因　215
5．再生に向けた課題と戦略　221

第Ⅰ部

経営組織

第1章　人事部門の役割と機能の方向性
第2章　新しい人事制度の普及と変容
第3章　経済学的な組織研究の発展
　　　　―近代組織論から現代の組織経済学まで

第1章

人事部門の役割と機能の方向性

1．はじめに

　人事部門が企業に創設されて以来，わが国の人事部門（いわゆる人事部）は，常に強い影響力を持ち続けてきた。その力は絶大で，日本企業の人事部門の研究者で知られるジャコービィ（Jacoby, S.M.）から，日本の人事部門は，陰の実力者（キングメーカー）と評されるほどである。ところが，バブルが崩壊すると，一転して，わが国の人事部門の評判は消え失せ，1990年代の終わりには，いわゆる「人事部不要論」が研究分野の俎上に載るまでなった。

　その後，人事部門の機能と役割に関する研究では，その分野の代表的研究者であるウルリッチ（Ulrich, D）が提案した，人事部門が経営者やライン管理者にとって戦略的パートナーになるべきである，とする意見に賛同するものが多くみられるようになった。それは，まるでわが国独自の人事部門の特異性を忘れて，アメリカ直輸入の理論に盲従するかのようにも見える。

　そこで本章では，まずSHRMならびに人事部門に関する先行研究の研究成果を整理する，次に，新しい人事部門の役割と機能について考察する，そして最後に，日本企業の新しい人事部門体制の概念を展望することにしたい。

2．戦略的人的資源管理論に基づく人事部門研究のレビュー

2-1．持続的競争優位性の源泉の追究

　経営戦略論分野において，1980年代中頃より，企業が市場において持続的な競争優位（sustained competitive advantage）を確保しようとする外部環境重視の戦略論から，内的側面を重視する戦略論への移転がみられるようになった。その代表的なものが，資源論的視点あるいは資源ベース・ビュー（Resource-Based View；RBV）と呼ばれるものである。こうした視点を最初に開発したバーニー（Barney, J.）によれば，企業が保有する資産の中で，①有価値性（valuable），②希少性（rarity），③模倣困難性（inimitability），④非代替可能性 non-substitutable）の４つの特性が，企業の持続的な競争優位を決定づけるという（Barney, 1991；1995, p.160）。そしてこの視点が，人的資源管理（Human Resource Management；以下，HRM）分野に影響を与え，HRMが持続的競争優位を左右するという，戦略的HRM（Strategic HRM；以下，SHRM）を発展させたのである（Pfeffer, 1994）。

　こうした視点は，持続的競争優位の源泉をどこに求めるかで２つに分かれる。１つは，HRMの施策やシステムであり，もう１つは人材そのものを源泉とするものである。前者には，①企業業績を向上させるには唯一最善（just one best way）あるいは普遍的（universalistic）なHRM施策が存在するという「ベストプラクティス・アプローチ（best practices approach）」，②戦略ごとに望ましいHRM施策が異なるという「コンティンジェンシー・アプローチ（contingency approach）」，そして③HRMの諸施策が互いに一貫性をもった形で連携し合い特定の配置パターンを形成し，それが戦略と整合的であったとき業績が向上するという「コンフィギュレーション・アプローチ（configuration approach）」がある（Delery & Doty, 1996, pp.805-813；岩出，2002, pp.67-68）。また後者には，教育訓練への投資により，生産能力としての人的資本の経済的価値を高めることができるという，人的資本理論あるいはヒューマン・キャピタル理論（human capital theory）がある（Becker, 1964；ベッカー，1976）。

このように企業の戦略が，市場の地位や占有率をより多く獲得することで，比較優位な地位を獲得できる市場軸や商品軸に加えて，能力軸に力点が移ってきたのである。企業が他企業に対して，市場で差別化を図り，持続的競争優位の立場を維持するためには，内部資源の異質性や非移動性が不可欠な要因であるという視点である。それは，企業を管理するための組織やシステム，さらには組織風土や組織文化といった企業の内的側面を重視する戦略である。

HRMでは，模倣困難で掛け替えのない人材とその能力を価値ある未開発の経営資源と位置づけ，経済的な付加価値を創出しようとする。これに対してSHRMでは，従業員を能力的資質から，企業特殊的で模倣困難な戦略的資源として，持続的競争優位の源泉と位置づけ（岩出，2002，p.56），従業員の能力を組織システムや組織文化と相互作用させ，その能力向上により持続的な競争優位の立場を得て，企業革新を遂げようとする。ちなみに，そうした企業が保有するさまざまな組織能力，その優位性，学習能力，潜在能力などを，ケイパビリティ（capability）と呼ぶ（根本，1998，p.78）。

こうしたSHRMに関連する研究は，戦略に適合するHRシステムやHR施策の構築が，高業績につながることを示唆している（Lado & Wilson, 1994）。しかし，Ulrich, Zenger & Smallwood（1999）の「組織全体に貢献する組織能力の構築や効果的なリーダーシップの特性」や，Bowen & Ostroff（2004）の「HRプロセスや組織風土の形成」などの研究もみられるが，実際にHRMの主体である人事部門がトップマネジメントや他の事業・ライン部門に対してどのような体制・システムを構築し，どのような役割と機能を果たせばよいのかについて具体的なイメージや示唆を与えてくれるものは少ない（城戸・須東，2006，p.30）。

2-2．人事部門に関する先行研究

わが国では，1990年代初頭のバブル崩壊後の急激な不況に伴う業績不振・悪化の原因は，人事部門にあるという理由から，人事部門それ自体ならびにその役割と機能に対する疑問・批判が噴き出した。それに応えるように，2000年前後を境に，人事部門の役割と機能に関する調査・研究が多くみられるようになってきた。それまで，人事労務管理に関する調査・研究は数多く実施されて

きたが，人事労務施策の実施主体である人事部門それ自体を対象とした研究は，それほど多くなかった（鈴木，2008，p.6）。

　日米の企業経営を取り巻く環境からの影響は，企業統治の特徴，経営の志向性，準拠アプローチ・モデル，雇用慣行，人事・処遇制度，従業員に対する視点，従業員の気質，企業情報の扱い方，コミュニケーションの取り方などとともに，人事部門の地位の高さ・位置づけ，さらにその役割と機能にも変化を及ぼしている。Jacoby（2005）によれば「企業組織問題についての日本の伝統的な接近方法はアメリカ的な方式の方向へと収斂しつつある」という（Jacoby, 2005, p.v）。その説に従うかのように，わが国における人事部門に関する調査・研究では，上述した資源ベース・アプローチやSHRM論を理論的基盤に，戦略と企業業績の間に人事部門を位置づけ，人事部門の役割と機能ならびにHR施策が成果にどのように貢献しているかについての解明を試みている。

　人事部門に関する代表的な研究をテーマごとにまとめてみると，次のようなものがある。第1に，八代（1998）の「人事部不要論」がある。八代の『人事部はもういらない』は過激なタイトルからセンセーショナルに取り上げられたが，その主張するところは，人事権が人事部門に一極集中しているのでこれを各部門に分散し，中立的な立場から縁の下の力持ち的なバックアップ機能を果たし，調整者としての役割に徹すべきである，というものである（八代，1998, p.78, p.198）。

　言い換えれば，HR機能を通じて，全社より収集・蓄積した個人・業務情報に基づいて人事評価し，賃金・人事処遇制度に反映させることができることが，人事部門の権限の源泉である。こうした権限を分散し，人材の募集・採用の権限や人事評価を現場・部門に任せることで，人事部門は企業内市場主義のもとで職業紹介サービスの役割を果たすことになる（八代，1998, p.202）。

　第2に，わが国の人事部門の歴史に関しては，古くは間（1978）から森・岩出（1995），近いところでは山下（2006）など。第3に，人事部門の役割と機能に関しては，Ulrich（1997）の「新しい人事部門の役割の定義」を皮切りに，Brockbank（1999）の「戦略的価値提供部門としての人事部門」など。第4に，戦略型人事部門や最高人事責任者（Chief Human resource Officer；CHO）の役割に関しては，池田・金井（2007）の「サーバント・リーダーとしてのCHO

の役割」，金井・守島（2004）の「戦略型人事部におけるCHOの役割」，Christensen（2008）の「戦略人事マネジャー」，平野光俊（2006, 2010）の「戦略的パートナーとハイブリッド・タイプへの変化」など。第5に，日本のHR機能の方向性に関しては，原井新介（2003）の「人材の流動化と近未来の人事機能の進化」など。第6に，人事部門の日米比較に関しては，Jacoby（2005）の「日米の人事部門の研究を通じての収斂説」。そして第7に，城戸・須東（2006）や小出・城戸・石山・須東（2009）の「新しい人事部門の体制イメージ」などがある。

　以上のように，SHRMをその理論的根拠に据え，経営戦略を企業業績の向上に結びつけるために，新しい人事部門の機能と役割を提案するいわゆる「人事部改革論」が広く展開されている。この人事部門改革論の基盤となっているのが上述したSHRM論であり，それによれば，戦略を企業業績の向上に結びつけるためには各HR施策の適合性・整合性が不可欠である。端的に言えば，戦略と企業業績の媒介変数として，戦略そのものと戦略立案者に対する人事部門ならびにスタッフの役割と機能の関わり方が重要となってくる。

3．新しい人事部門の役割と機能

3-1．ドゥアブルからデリバラブルへの転換

　これまで企業において人材の教育訓練・能力開発を主に担ってきたのが，人事部門であり，人事労務を専管業務としたのが人事スタッフであった。しかし，MOT（経営技術）人材をはじめとして，新たな価値を創造するマネジメント人材やプロフェッショナル人材といった戦略的資源を，育成・開発・活用する新たな役割を果たすために，人事部門は，これまでのような運用部門から戦略部門へと変貌する必要があるといわれて久しい。

　従来型の人事部門では，何をするのか，何ができるのか，つまりできることをする（doable）といった視点で，HR施策やシステムを構築してきた。またそこでは，ルールを設計し，そのルールを遵守しているかどうかをチェックし，人事のエキスパートとして人事部門は従業員に対してさまざまな制度を提案し，トップが設定した達成目標の達成度に照らして従業員の評価を行ってきた。したがって，目標が達成できなければ，低く評価するというは減点志向になる傾

向があった。

　これに対して新しい人事部門では，トップと連携し，期待される成果・目標を明らかにし，従業員にとどまらず企業外部の人々にどのような価値を提供できる（deliverable）か，という視点に立って役割を考え，経営理念や企業戦略と密接に結びついた人事戦略を策定し，実行に移していかなければならない。

3-2．ウルリッチにみる新しい人事部門の役割と機能

　Ulrich（1997）によれば，これからの人事部門には，①戦略の達成，②高い生産性を生み出す組織の仕組みの構築，③従業員のコミットメントとコンピテンシーの向上，④組織変革の実現，が期待されている。彼は，人事専門職は企業戦略に結びつく企業業績の向上に貢献するという企業の視点だけでなく，人材を育成することで新しい価値の創出に貢献するという視点も併せ持つ必要があるとして，新しい人事部門の役割と機能を次のように整理している（Ulrich, 1997, p.24）。

① 「戦略のパートナー（strategic partner）」——長期的・戦略的な視点に立って，戦略を遂行するとともに，HRMの手法とシステムを管理する役割
② 「管理の専門家（administrative expert）」——日常的・運用的な視点に立って，期待する成果に直結するインフラを構築し，管理する役割
③ 「従業員の擁護者（employee champion）」——日常的・運用的な視点に立って，従業員のコミットメントと保有能力の向上に貢献する役割
④ 「変革の推進者（change agent）」——長期的・戦略的な視点に立って，新しい組織を創造するために改革・変革を推進し，従業員のそれを受容し，推進する能力の構築に貢献する役割

　こうした役割の任にあたるのが，日常業務の運営と戦略の推進の両方の役割を遂行する人事専門職（HR professional）と呼ばれるスタッフである（Ulrich et al., 1997, pp.199-219）。

　そして，Ulrich, Allen, Brockbank, Younger & Nyman（2009）は，上記で述べた1990年代後半に提示した人事部門の役割も，企業環境の変化とともに2000年代後半には変化するとして，4つから5つに区分し直している（Ulrich et al., 2009, p.104；ウルリッチ他，2010, p.112）。

すなわち，従業員のニーズを代弁する従業員の擁護者は，雇用者と従業員が相互に価値を提供する関係になるよう責任を担う，①「従業員代表」と，将来の人材プールを築く責任を担う，②「人的資本開発者」の2つの役割に分かれた。

組織プロセスを再設計する管理の専門家は，個人・組織力を生み出すHR施策を設計・遂行する責任を担う，③「機能ごとの専門家」へと変わった。

組織変革を推進する変革の推進者は，戦略パートナーの一部に吸収され，戦略を実現する役割を担う戦略パートナーは，変革の推進者を取り込む形になり，あらゆるレベルのライン管理者の目標達成を支援する責任を担う，④「戦略パートナー」へと役割が拡大した。

そして上述の全ての役割を果たし，人事部門はもとより他の分野を統合・リードする責任を担う，⑤「リーダー」役割を新たに付け加えている。

しかし，これまでわが国企業の人事部門は，特に管理の専門家としての役割に努力を傾注してきた。上述したような新たな役割を果たすためには，人事部門のスタッフを真の人事専門職として能力を開発・育成していく必要がある。

3-3．競争力あるHRMと人事部門の方向性

わが国企業の従来型の人事部門は，賃金・人事・教育訓練・能力開発などの評価・処遇制度や，職場の秩序維持のための規則の設計や運用に重点をおいてきた。しかし，デリバラブル的発想に基づく新しい人事部門は，これまでの組織の視点だけでなく，人の視点にも配慮が求められる。その代表的ものは，従業員のニーズに耳を傾けて対応し，そのための資源を提供することで，従業員のコミットメントや能力を向上させるという，従業員の擁護者としての役割である。

では，アメリカ企業がこれまでそのような視点からHRMを実践してきたのだろうか。Jacoby（2005）によれば，量的な基準が支配するアメリカのビジネス文化にあって，質的な問題の多い人的資源を扱う彼らの地位・権限はそれほど高くなかったという（Jacoby, 2005, pp.129-130）。そして首尾一貫したHRMの理論的枠組もなく，従業員の在職期間が短く社内教育に熱心でないため，HRMの専門家は育ちにくい環境にあった。これについては，アメリカの経営

者は，業務の進め方や財務戦略についてかなり高度な知識をもっているが，HRM戦略についてはほとんど理解していないという厳しい批判さえみられる（Becker et al., 2001）。

しかし，資源論的視点をベースとしたSHRMへの要請に伴い，新しい人事部門のあり方や未来像が提案されるようになってきている。例えば，Bates（2002）は，近未来の人事専門職の役割として次のようなものを挙げている。

① 人材担当最高財務責任者（CFO for HR）─提案・実行される費用効果の分析
② 社内コンサルタント（internal consultant）─ライン管理者への助言と従業員の能力向上の促進
③ タレント・マネジャー（talent manager）─優秀な人材の発掘・開発・定着
④ ベンダー・マネジャー（vender manager）─組織内外で発生する費用処理の決定
⑤ セルフサービス・リーダー（self-service leader）─従業員へのサービスの提供

また，人事部門が　企業経営において財務部門のように戦略パートナーとしての地位を確立できるかにかかっている。現在の人事測定システムに代わって，人材と戦略と業績とを連結するために設計・開発された測定システムである「人材スコアカード（HR score card）」は，従業員が創出した成果を測定し，HRMにおける新しい手段として展開されている（Becker et al., 2001）。

その他，これは人事部門の役割として限定されるものではないが，Ulrich（1997）の従業員の擁護者や，Bates（2002）のこれからのHRM専門家の役割などを見ても，人材を扱う人事部門の存在として一考に値するリーダー像がある。それは，Greenleaf（1997）が唱える，従者あるいは僕（しもべ）が本当はリーダーであるという「サーバント・リーダー」（servant leader）の考え方であり（Greenleaf, 1977；金井・守島・高橋，2002；金井・守島，2004, pp.24-31；池田・金井，2007），それはUlrich（1997）のデリバラブル的視点で，人事部門・スタッフが組織内外の人々に，何をもたらし，誰にどのように尽くすかという点で示唆に富むものである。

4．新しい人事部門体制の概念

4-1．HR施策に対する経営層と人事部門の認識

　東洋大学経営力創成研究センター（2012）の調査によれば，「経営層から人事部門主導で解決が期待されている施策」は，回答数の多い順に，①人材育成の方針・制度の策定，②グループ全体に対応した人事制度・人事開発制度の実現，③後継者候補選抜・育成に関する積極的な提案，④人材ポートフォリオの積極的な提案，⑤少子化や高齢化に関する施策といったこれまで重視されてきたHR施策であった。一方で，アメリカの人事部門においてよく見られる人材開発の専門家の採用・育成と人事部門のアウトソーシングといった回答の優先順位が低かった。そこからは，経営層が，人事部門に対して，HRM全般についてはこれまで通り人事部門が責任をもって取り組むことが期待されていることがわかる。

　これに対して，「人事部門自体が必要であると考えている人事施策」については，人材ポートフォリオの積極的な提案が，後継者候補選抜・育成に関する積極的な提案を上回っている程度で，その回答の優先順は経営層が人事部門に期待するものとほとんど同じであった。そこからは，より積極的に企業戦略と人事戦略をリンクさせ，事業活動に必要と考えられる人材のタイプを明らかにし，企業内の多様な人材つまり人的資源を分類することで，最善の人材の組合わせを提案する必要性が若干なりとも認識されるようになってきたのだろうか。

　最後に，「これからの人事部門に必要と考えている役割・使命」ついては，特段に必要であると考えているものはみられず，おしなべて必要であるといった印象が見受けられる。回答数の多い順は，①ビジネス戦略と直結した人材マネジメントを行うためのライン部門の支援，②変革の推進・触媒として活動する経営トップのパートナー，③人事サービスの提供ならびにそれらの業務効率化の推進，④社員の目線で彼らのニーズを把握したうえでの個人主導のキャリア開発支援，⑤新たな人事システムや組織を設計する人事コンサルタント，⑥事業部門のパートナーとしてラインに入り込んでのマネジメントの補助であった。

そこからは，経営トップや当該ライン部門に対してこれまで通りのパートナーとして支援・触媒的な役割・使命として支援するが，積極的に当該ライン部門に対して助言したり，コンサルタント業務をしたりするといった段階までには至っていないことがわかる。

アメリカ企業では，人事部門がアウトソーシングの導入率が最も高く，これまで最高財務責任者（Chief Financial Officer；CFO）や最高マーケティング責任者（Chief Marketing Officer；CMO）と比較して，最高人事責任者の地位は相対的に低く，企業のトップになることもまれで，それほど重要視されてこなかった（片岡，2004，p.39；Jacoby, 2005, p.v）。最近，アメリカ企業では，人事部門とりわけ CHO の役割と機能の重要性が見直されるにつれて，その地位と位置づけが相対的に高まってきている。一方，わが国では，依然として人事部門自体の社内的地位と位置づけが相対的に高く，人事部改革論者が提案する新しい人事部門の体制に移行していないのが現状である。

4-2．これまでの人事部門の地位と位置づけ

新しい人事部門体制の概念を考察する前に，わが国企業におけるこれまでの人事部門の役割と機能を整理しておくことにしたい。

経済・社会・法律・文化など企業を取り巻く環境の変化は，トップマネジメントの経営哲学・理念，経営方針・ビジョン，さらに経営戦略などに影響を及ぼす。またそれは，当該時期の人事管理パラダイムに強い影響を与え，HR 施策に直接的な変化をもたらす。例えば，そうした変化はバブル崩壊後の職能主義的 HR 施策から成果主義的 HR 施策へのシフトにみられた通りである。

わが国においても，かなり以前より，半分近く（47％）の企業で人事部長が取締役であったり，4割の企業で労務担当の常務が存在したりしていた（鈴木，2008，p.15）が，HRM や SHRM の影響を受け，現在ではこれまで以上に，経営戦略に適合・整合性をもった人事戦略が立案・実行されるようになってきた。ただ，実践する HR 施策が最適あるいは環境適合アプローチであるため，HR 施策を介して，なかなか戦略を直接的に企業業績に結びつけることは難しかった。

わが国の中規模以上の企業には，本社に人事部門が置かれ，本来スタッフ組

織でありながら，最終的に人事労務管理事項の決定権を与えられているのが一般的である。この決定権とりわけ人事権の一極集中が批判のやり玉にあがり，「人事部不要論」が出てきたことはすでに述べた通りである。しかし，そうした状態に人事部門が位置づけられるようになったのは，デメリットもあるもののそれなりのメリット・理由がある。人事部門は，①粘着性（情報入手コスト）の高い従業員の人事情報の一元化によるコストの削減（平野・守島・金井・中島，2009，p.285；平野，2010，p.41）や，②全社に分散・拡散する人材の偏りからくる不公平の防止（佐藤・藤村・八代，1999）のために包括一元管理を任された。その結果として強い権限をもつことになり，企業内で相対的に高い地位と位置づけになったのである。

そこで次に，新しい人事部門ならびに人事部長あるいはCHOの役割と機能について，小出・城戸・石山・須東（2009）の提案する「新しい人事部門の体制イメージ」を参考に考察することにしたい（小出他，2009，p.50）。

まず新しい人事部門における準拠モデルは，最適配置（コンフィギュレーショナル）モデルを選択することになる。というのは，普遍的・環境適合的モデルでは，もはや戦略を直接企業業績に結びつけることが困難になってきたからである。とはいうものの，HR施策はその国の文化・歴史などを台座として作り上げられてきたものである以上（小出他，2009，p.37），Ulrich（1997；2010）のモデルやアメリカのSHRM論に基づく人事部門体制とは自ずと異なったものでなければ定着しないだろう。つまり，一気に人事部門からHR施策の決定権や採用・配置などの人事権を分散化（奪う）することはできない。つまり平野（2006）がいうところの「ハイブリッド・タイプ」にならざるをえない。

4-3．結びに代えて―新しい人事部門体制の概念

新しい人事部門体制におけるHR担当者は，CHO（人事担当常務，取締役人事部長，人事部長など）を中心に，従来の人事スタッフをその専門知識・技能の高さ・広さ，責任の範囲の広さ・重さ，決定権の強さなどによって，再定義する必要がある（**図表1-1**参照）。新しい人事部門体制の概念は，①業務を担当する人事専門職からなる「HR専門家チーム（Center of Expertise；COE）」，②集約可能な日常的（オペレーション）業務運営を担当する「シェ

第1章 人事部門の役割と機能の方向性　13

図表1-1　新しい人事部門の概念図

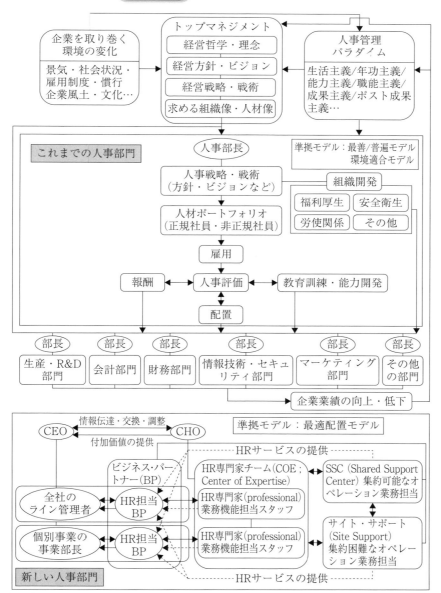

(出所)　小出琢磨・城戸康彰・石山恒貴・須東朋広 (2009, p.50) の図表9「新しい人事部門の体制イメージ」を参考に，筆者作成の「これまでの人事部門の概念図」を加筆して作成

アード・サポート・センター（Shared Support Center; SSC）」，そして③集約が困難な日常的業務運営を担当する「サイト・サポート（Site Support; SS）」に分かれる。ライン管理者ならびに事業部長に情報伝達・交換・調整業務を行うとともに，付加価値の提供に責任を負うビジネス・パートナー（Business Partner; BP）のうち上級 HR 人事専門職とでもよべる「HR 担当のビジネス・パートナー（Business Partner for HR）」は，事業部長の HP 問題に対するアドバイスやコンサルティング業務を担当する。このような HR 業務の分業化つまり役割の分担は，「価値の送り手」としての人事部門を効率的・効果的な組織体制に作り直そうとするものである。

最後に，Ulrich（1997）による「競争力ある組織を構築する際の人事部門の役割」に言及する。これは，縦軸に「将来ならびに戦略的政策運営目標」と「日常的業務運営」，横軸に HR 業務の進める手順・方法などの「プロセス」と HR 業務の担当者である「人材」の 4 つの象限に分け，各部門ならびに担当者の分担責任の割合を各象限10点満点で配点したものである（Ulrich, 1997, p.43）。

ここで注目すべきは，本社の人事部門は日常的業務運営，事業分野（現場）の人事部門が将来ならびに戦略的政策運営目標を担当し，ともに全体の半分（5 点）の役割を担っている，特に戦略立案に関してはライン管理者と責任を分かち合っている点である。実際，わが国においても HR 施策の決定について，ライン部門では，それほど人事部門主体になっているとは考えていないようである（一守，2011，p.39）。ライン管理者は，依然として HR 業務に関しては人事部門が「管理者のパートナー」であること（鈴木，2008，p.47），さらには「戦略パートナー」として，①戦略策定，②目標達成への直接・間接的関与，③業績へのデリバラブルな貢献を期待しているが（平野，2010，p.43），戦略立案に外部コンサルタントを委嘱したり，日常業務をアウトソーシングしたりすることは，現在でもそれほど進んでいない。その理由は，人事部門の役割と機能における集中と選択ができていないことと，HR 担当者の能力開発や意識が遅れていることにある（鈴木，2008，p.48）。

いずれにしても，新しい人事部門体制の構築に向けて，①組織全体はもとより HR 担当者が新しい体制について深く理解すること，②新しい体制作りに賛同し深く関与すること，③CHO がトップマネジメントやライン管理者と良好

な関係を築き,コミュニケーションを図ることが何よりも重要である。

参考文献■

Barney, J.B. (1991). Firm Resources and Sustained Competitive Advantage. *Journal of Management, 17(1)*, 99-120.

─────── (1995). *Gaining and Sustaining Competitive Advantage* (2nd ed.). Prentice Hall. (岡田正大訳 (2003)『企業戦略論―競争優位の構築と持続―(上) 基本編』ダイヤモンド社)

Bates, S. (2002). Facing the Future : Human Resource Management is Changing, *HR Magazine*.

Becker, B.E., Huselid, M.A., & Ulrich, D (2001). *The HR Scorecard; Linking People, Strategy, and Performance*, Harvard Business School Press, 2001. (菊田良治訳 (2002)『HRスコアカード』日経BP社)

Becker, G.S. (1964). *Human Capital: A Theoretical and Empirical Analysis, with Special Reference to Education*. Columbia University Press. (佐野陽子訳 (1976)『人的資本―教育を中心とした理論的・経験的分析―』東洋経済新報社)

Bowen, D.E., & Ostroff, C. (2004). Understanding HRM-Firm performance linkages : The Role of the "Strength" of the HRM System. *Academy of Management Review, 29(2)*, 203-221.

Brockbank, W. (1999). If HR were Really Strategically Proactive : Present and Future Directions in HR's Contribution to Competitive advantage. *Human Resource Management, 38(4)*, 337-352.

Christensen, R. (2008). *Roadmap to Strategic HR: Turning a Great Idea into a Business Reality*, AMACOM. (梅津祐良訳 (2008)『戦略人事マネジャー』生産性出版)

Delery, J.E., & Doty, D.H. (1996). Modes of Theorizing in Strategic Human Resource Management : Tests of Universalistic, Contingency, and Configurational Performance Predictions. *The Academy of Management Journal, 39(4)*, 802-835.

Greenleaf, R.K (1977). *Servant Leadership; Journey into the Nature of Legitimate Power & Greatness*, Paulist Press.

Jacoby, S. (2005). *The Embedded Corporation*, Princeton University Press. (鈴木良治・伊藤健市・堀 龍二訳 (2005)『日本の人事部門・アメリカの人事部門―日米企業のコーポレート・ガバナンスと雇用関係―』東洋経済新報社)

Lado, A.A., & Wilson, M.C. (1994). Human resource systems and sustained competitive advantage : A Competency-Based Perspective. *Academy of Management Review, 19(4)*, 699-727.

Pfeffer, J. (1994). *Competitive Advantage through People*. Harvard Business School Press.

Ulrich, D. & Brockbank, W. (2005). *The HR Value Proposition*, Harvard Business School Press. (伊藤武志訳 (2008)『人事が生み出す会社の価値』日経BP社)

Ulrich, D. (1997). *Human Resource Champions: The Next Agenda for Adding Value and*

Delivering Results. Harvard Business School Press.（梅津祐良訳（1997）『MBA の人材戦略』日本能率協会マネジメントセンター）
Ulrich, D., Allen, J., Brockbank, W., Younger, M., & Nyman, J. (2009). *HR Transformation: Building Human Resources from the Outside In*. McGraw-Hill.（梅津祐良訳（2010）『人事大変革』生産性出版）
Ulrich, D., Zenger, J., & Smallwood, N. (1999). *Results-Based Leadership*. Harvard Business School Press.（DIAMOND ハーバード・ビジネス・レビュー編集部訳（2003）『脱コンピテンシーのリーダーシップ―成果志向で組織を動かす―』ダイヤモンド社）

池田守男・金井壽宏（2007）『サーバント・リーダーシップ入門』かんき出版.
一守　靖（2011）「人事労務管理における人事部門とラインの役割分担」『三田商学研究』第53巻，第6号，慶應義塾大学慶應義塾大学商学会，27-41頁.
岩出　博（2002）『戦略的人的資源管理論の実相―アメリカ SHRM 論研究ノート―』泉文堂.
―――――（1989）『アメリカ労務管理論史』三嶺書房.
片岡洋子（2004）「人的資源管理の戦略的効果―戦略的人的資源管理の理論的整理―」『経営論集』第14巻，第1号，文京学院大学，39-56頁.
金井壽宏・守島基博・高橋　潔（2002）『会社の元気は人事がつくる―企業変革を生み出す HRM―』日本経団連出版.
金井壽宏・守島基博編（2004）『CHO―最高人事責任者が会社を変える―』東洋経済新報社.
城戸康彰・須東朋広（2006）「人事部の新時代に向けて」『産業能率大学紀要』第27巻，第1号，産業能率大学，20-46頁.
小出琢磨・城戸康彰・石山恒貴・須東朋広（2009）「人事部門の進化―価値の送り手としての人事部門への転換―」『産業能率大学紀要』第29巻，第2号，産業能率大学，35-52頁.
佐藤博樹・藤村博之・八代充史（1999）『新しい人事労務管理』有斐閣.
鈴木康嗣（2008）「人事部門の役割と機能」『Current Management Issues』ワーキングペーパー，神戸大学，1-59頁.
東洋大学経営力創成研究センター（2012）「第2回『新・日本的経営』に関するアンケート調査」.
根本　孝（1998）『ラーニング・シフト―アメリカ企業の教育革命―』同文舘.
間　宏（1978）『日本労務管理史研究』お茶の水書房.
原井新介（2003）「近未来の人事機能は進化するのか」『労政時報別冊　変革への視点―人事部の選択　残すもの，捨てるもの，創るもの―』労務行政研究所，149-158頁.
平野光俊（2006）『日本型人事管理―進化型の発生プロセスと機能性―』中央経済社.
―――――（2010）「戦略的パートナーとしての日本の人事部―その役割の本質と課題―」『国民経済雑誌』第202巻，第1号，神戸大学経済経営学会，41-67頁.
平野光俊・守島基博・金井壽宏・中島　豊（2009）「経営行動科学学会第12回年次大会シンポジウム「日本企業の人事部―その役割の本質と課題―」『経営行動科学』第22巻，第3号，経営行動科学学会，267-290頁.
森　五郎・岩出　博（1995）『Lecture 労務管理』泉文堂.
八代尚宏（1998）『人事部はもういらない』講談社.

山下　充（2006）「日本型人事部門の歴史的展開」『経営論集』第54巻，第 2 号，明治大学，45-60頁。

（幸田　浩文）

第2章

新しい人事制度の普及と変容

◆

1. はじめに

　本章のテーマは，新しい人事制度が日本企業に普及し，変容するプロセスを分析することである。企業が人事制度を変革する際に，新しい人事制度を導入するが，個々の企業にとって必ずしも合理的ではないにもかかわらず，急速に普及することがある。そのような新しい制度の普及プロセスを具体的に観察する。ここでは，360度評価と目標管理，職能資格制度の3つの制度について，その普及プロセスを分析する。

　企業は環境の変化によって組織や制度を変革すると考えられる。官僚制組織の伝統的な議論では，組織は合理性や効率性を追求するため，理念型に近い形態が望ましいと考えられてきた。しかしながら，コンティンジェンシー理論の主張は，全ての環境に対して適応可能な組織形態を見いだすことは困難であり，環境に応じて望ましい組織形態が異なることを提示した（Burns & Stalker, 1961 ; Lawrence & Lorsch, 1967）。つまり，組織形態が1つの方向に収斂していくというよりは，組織形態の多様性を認める主張が，コンティンジェンシー理論以降強まったと思われる。しかしながら，コンティンジェンシー理論の議論にもいくつかの反論がありうる。その代表的なものとしては，明らかに異なった環境に直面している組織が，類似した組織形態を採用している場合である。

　コンティンジェンシー理論で，多様な環境に適応するために組織構造が多様

化すると考えているのは，直面する外部環境により処理するべき情報が異なるからである（Galbraith, 1973）。情報を効率的に処理するために，企業は異なった組織形態をとる。いわゆる情報処理パラダイムに基づいたこの結論は，企業の組織形態における多様性を適切に説明しているように思われるが，環境が異なるにもかかわらず，類似の組織形態を採用するという現象に対する答えを提供していない。多様な環境に対して，多様な組織形態が対応するというロジックは極めて整合的に思われるが，一方で多様な環境に対して類似した組織形態が採用されるのはなぜかという問いに答えていない。

　このような問いに対して，答えを提供している可能性があるのが新制度派の組織論である（DiMaggio & Powell, 1983 ; Meyer & Rowan, 1977）。彼らは同型化という概念を用いて，組織が類似の形態をとる理由についての論理を提供している。新しい制度は合理性や効率性といった基準だけで採用されるわけではなく，正統性の高い制度を採用するという論理である。組織は，他組織との複雑なネットワークに組み込まれ，調整や統制を受けている。したがって，組織を取り巻く環境から要求されている慣習や手続きを受け入れなければならない。このような慣習や手続きは，組織内部の制度や手続きと，必ずしも整合的ではない。すなわち，組織内では非合理的な制度であったとしても，その組織を取り巻く環境で生き残っていくという目的に合理的に行動するためにはこれらの慣習や手続きに従うしかない。

　新制度派の組織論では，組織は，環境からの圧力に適応して，新しい制度を導入し，同型化すると捉えているが，実際の企業活動は，組織ごとにかなりの多様性があり，他の組織と同様の制度を導入することが困難である場合も多い。対外的な正統性を確保するために新しい制度を導入するが，実際の活動においてはそれらの制度をどのように組織の中に取り込むかという問題を抱えている。そこで，場合によっては，対外的に表明している公式的組織構造や政策と実際の企業内の仕組みが切り離されているということがある。この状況を脱連結と呼んでいる（Meyer & Rowan, 1977）。

　このように，新しい制度を導入するということは，必ずしも，技術的な合理性のみで判断されるものではない。人事制度においても，同様のことがいえるであろう。組織が新しく採用する制度の中でも，人事制度は技術的合理性の要

求が高い制度のように思われる。人事制度の設計次第で，企業内で働く従業員のモチベーションが左右されるからである。法規制に従うといった類いの制度を除けば，内向きの論理，つまり組織のコントロールをするための制度だと考えられる。各企業の人事制度はその企業固有の経路依存的な形成プロセスがあり，他の企業が導入したからといって，流行に乗るように，新しい制度を導入することはできないはずである。しかしながら，実際には新しい人事制度の採用や導入は，他の企業に足並みを揃えるように導入され，他の企業が導入していない人事制度に関しては導入に慎重になるといった現象が見られる。例えば，360度評価や目標管理，職能資格制度，成果主義，コンピテンシーなど，さまざまな新しい手法や人事管理の思想が生み出され，それらが多くの企業で採用される場合もあれば，あまり導入されない場合もある。また，一見すると同様の制度を導入しているように見えても，その運用に差異がある場合もある。そこで，本章では，いくつかの人事制度について，その普及がどのように進んでいったかを概観する。

　ここでは，360度評価（多面観察評価）と目標管理，職能資格制度について検討する。これらの制度が考案された当時新しい人事制度といわれているもので，定義が明確な人事制度として，この3つを検討することが妥当であると判断した。新しい人事制度として認識されているものの中には，成果主義のような，必ずしも明確な定義がなく，共通の認識を確定することが難しいものもある。それらの普及も検討に値する現象であるが，ここでの検討課題から外し，最も定義が明確なものを選んだ。

2．360度評価の普及プロセス

　360度評価は，多面観察評価とも呼ばれ，その定義は以下のようにされている（二村，2005）。職務を遂行するうえで鍵となっている職務行動を行動評定項目として抽出し，被評定者自身の自己評定と職場で関係のある複数グループ，複数名による評定を収集し，自己評定と関係者の評定平均との対比をもって職務行動能力・スキルを把握しようとする手法である。つまり，重要な点は2つあり，1つはある被評定者を複数の人間で評定するということであり，もう1

つは複数の評定者の評定を比較するために，具体的な評定項目を明確にして比較可能にしているということである[注1]。この2つの特徴を持った評定が被評価者にフィードバックされる。それまで，人事評価などをする場合は，上司のみが行うことが多かったが，多様な利害関係者が評価をすることにより，ある特定の関係者からの偏った評価を排除できる手法として開発された。しかしながら，360度評価をするためには，比較可能な評価基準の明確化が必要であり，その助けとなるツールが数多く開発されている[注2]。

360度評価の目的は，人材育成と人事評価が考えられる。人材育成に関しては，多様な評価を被評定者にフィードバックすることによって，被評定者の職務遂行の改善や能力開発に活かすというものである（Tornow, 1993）。人事評価に関しては，その結果を処遇に利用するというものである[注3]。360度評価は1970年代に開発され，普及した方法であるが，活用に際する問題がいくつか検討されている。評定者が，評定スキルを持っていないという問題である。この問題に対する対策は，考課者訓練などのプログラムが提供することにより改善される。また，360度評価の結果は人事考課には使わないといった提案もされている。その他にも，評価対象者に生じる不安や，人間関係から生じる評価の不安定性，評価者と被評価者の関係性の悪化，評価疲れの問題，実施コストの問題が指摘されている（高橋，2010）。その結果，360度評価を能力開発に利用する場合や人事評価に利用する場合はさまざまな条件が必要であると議論されている。

このように取扱いに慎重さが求められている360度評価であるが，1970年代に入ってから，新しい人事制度ともてはやされたがあまり普及しなかった。例えば，労務行政研究所の調査によると，自己評価に関しては1981年の25.4％から徐々に増加傾向にあり，2013年には65.0％になっている（**図表2-1**）。また，考課者訓練も1983年の33.1％から，2013年の61.7％に増加している。フィードバックに関する制度である人事考課の公開なども年々増加傾向にあることがわかる。360度評価にかかわる諸制度は徐々に普及している。しかしながら，360度評価に関してはこの20年間にわたって一貫して採用状況が低迷している。このように，日本企業において，360度評価はあまり普及していないといえる。実際に360度評価の活用事例は極めて限定的である。

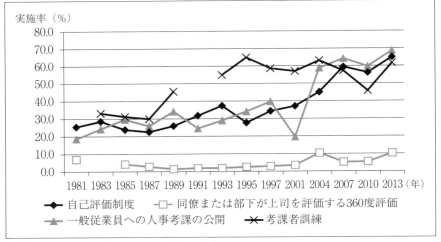

図表2-1 360度評価と関連する人事制度の実施率

(出所)『労政時報』各年版を基に筆者が作成

3. 目標管理の普及プロセス

　目標管理（Management by Objectives）は，成果主義，つまり仕事の成果に賃金を対応させる人事管理制度の中核的なものである。成果主義をとる企業の経営的要請とモチベーション理論の両方の影響を受けて，企業に導入され，普及した制度である。1950年代にDruckerなどに取り上げられ，広まったとされている（Drucker, 1954）。目標管理制度に関してはさまざまな定義があるが，いずれにしても，次の5つの要素，つまり，上司と部下が話し合って目標を設定すること，ある個人に与えられる目標が組織目標と整合的であること，目標を達成するために必要なそれぞれの行動計画が必要であること，上司が目標設定をもとに評価を行うこと，フィードバックを行うことが挙げられる（Odiorne, 1967 ; McConkie, 1979）。

　しかしながら，目標管理を導入することの目的は，Druckerが当初考えていたものから変遷している（丹生谷, 2007）。Druckerは，組織として事業が成

果を上げるために，個々の仕事が組織目標に整合的でなければならないという点を強調している。「今日必要とされているものは，一人ひとりの人の強みと責任を最大限に発揮させ，彼らのビジョンと行動に共通の方向性を与え，チームワークを発揮させるためのマネジメントの原理，すなわち一人ひとりの目標と全体の利益を調和させるためのマネジメントの原理である[注4]」と Drucker は主張している。それは，組織の編成原理としての目標管理であった。

　目標を設定することによって，個々の従業員のモチベーションが高まることに焦点をおいた議論は，目標管理の制度が洗練化するプロセスで発生した。このような目標管理制度の有効性は，モチベーション理論において，強調されてきた。目標設定理論では，目標設定のあり方がモチベーションを高め，さらには生産性の向上に寄与する可能性が提示されている（Locke & Latham, 1984）。目標設定理論によると，組織成員に目標が受容されていれば，その目標が困難である程度と明瞭である程度によってモチベーションが高まる。目標設定に向かって，努力しなければならないと思わせ，どのように努力すれば良いか，その方向や手順を理解させ，達成できた状態を想像させ，自己効力感を醸成することによってモチベーションが高まると考えられる。この目標は他人から与えられたものではなく，本人も参加している必要がある。また，Rodgers & Hunter（1991）では，70の先行研究を検討し，そのほとんどの研究で，目標管理の導入が生産性の向上につながると主張していることを示した。目標を設定することが生産性の向上につながるといった研究（Guzzo, Jette & Katzell, 1985）や，目標という意思決定への参加が生産性の向上につながるといった研究が紹介されている（Miller & Monge, 1986）。これらの研究成果から，目標管理を導入することにより，目標設定をしたという効果と従業員への意思決定への参加という意識の2つの効果から生産性が向上すると捉えられていると考えられる。

　このような背景のもとに，日本企業でも，急速に目標管理制度は普及している。**図表2-2**によれば，目標管理の実施状況は1987年から2013年まで一貫して上昇傾向にある。また，目標管理を導入する目的に関しても，1989年段階では，人事考課に間接的に反映させるという回答が半数以上を占めているのに対して，1997年には直接的に反映させるという回答が逆転し，現在は6割を超え

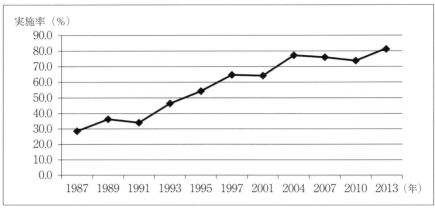

図表2-2　目標管理の実施率

（出所）『労政時報』各年版より筆者が作成

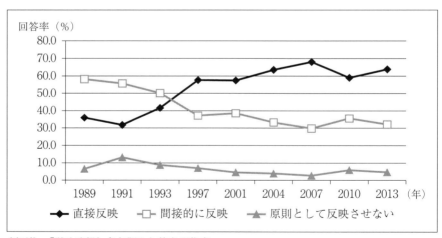

図表2-3　目標管理と人事考課

（出所）『労政時報』各年版より筆者が作成

るという状況になっている（**図表2-3**）。しかしながら，目標管理の運用状況に関しては，問題が指摘されている。例えば，奥野（2004）においては，階層や部門の違いによって，職務特性が異なり，組織内で一律に目標管理を導入す

ることの問題を指摘している。また，目標管理を人事考課に直接的に反映させる企業は増加したものの4割弱は反映させていない。

4．職務給と職能資格制度

　職能資格制度は日本独自の制度である。この制度は比較的長期にわたって形成されてきたが，その形成プロセスに影響を及ぼしたのが職務給の存在である。アメリカの企業における典型的な給与体系である職務給は，戦後，GHQの手によって日本企業に導入されようとしたが，普及することはなかった。年功的な給与体系が支配的だった日本企業には，その代わりに職能資格制度と職能給が，時間をかけて普及した。ここで，なぜ職務給が浸透しなかったのかという問いが残される。もちろん，職務給は日本企業の人事制度とあまりにも異質であったというのが最も原初的な答えであるが，新しい人事制度は多かれ少なかれ異質であり，疑問が残されるといえる。

　職務給とは職務内容に対応する形で作られた賃金制度である。アメリカの人事制度において，賃金を決定するプロセスは，職務を基本としている（笹島，2001；笹島，2008）。職務分析から職務記述書を作成し，職務評価による職務等級の決定，そして，その等級に応じて賃金を支払うという仕組みが職務給である。このような職務給の基本的な形態を日本企業に導入する試みが戦後に行われており，その中心人物として楠田丘が挙げられる。彼は労働省（現・厚生労働省）で労働統計などの作成に関わりながら新しい人事制度の研究や企業に対するコンサルティングを行い，戦後の日本企業の新しい人事制度を策定するうえで，大きな役割を果たした。

　楠田（2004）によると，戦後に職務給を導入しようとする試みはGHQによる指令から始まった。しかし，日本企業において，職務を基準として賃金や配置転換を行うというやり方を導入することは困難であると，当時の労働省内では認識されていた。日本企業は，どのような職務をするのか明確でない状態で採用を行い，入社後に仕事を決めるというやり方であり，職務に対して賃金を決めるというのは困難であろうと捉えていた。さらに，職務給を政府から企業に強制することは困難であるという認識が支配的であった。つまり，当時の日

本企業の場合は，当該従業員の価値で賃金を決めていたが，それを整合的に説明する枠組みが存在せず，そのような状況で職務給を普及させることは困難であると考えられ，実際の政策発動につながることはなかった。

このように，職務給を導入することに限界を感じた1960年頃から，楠田は職能資格制度と職能給の構想をはじめ，1975年頃に完成したと回想している。1970年代後半に入ってから，職能給が徐々に企業に広まりはじめた。この職能資格制度の構想に多大なる影響を与えたのは職務給ならびにアメリカの賃金人事制度であった。「例えば今の職能給でも，私が提案した職能要件書というのはGHQで学んだ職務評価の技術ですからね。つまりこんな仕事をやる人にはどんな能力が必要かということを分析していかなければなりません。そのためには職務分析をやらないとどんな能力が必要であるかが出てこないんですね。(楠田，2004，p.74)」と，楠田は回想している。

職能資格制度とは，職務遂行能力に応じて従業員を格付けする制度である(日経連，1969；日経連，1989)。したがって，各資格の要件が明確でなければならない。職務給を決定する場合にも職務分析は必要であったが，職能給を決める場合にも各資格の要件を明確にするために職務分析が必要であった。さらに，それらを運用する場合には，各従業員を格付けするという作業が必要であった。つまり，職能資格制度は従業員の職務遂行能力を格付けするものであり，職務給のように職務の内容に対して賃金を支払うのではなく，従業員の職務遂行能力に対して賃金を支払う仕組みであった。

このように職能資格制度は，職務給という新しい賃金制度が日本に入ってきたことによって，それに対抗するような形で，日本企業における賃金や人事管理のあり方をベースにしながら整合的に生み出された制度である。この制度は職務給などに比べると日本企業にとって導入しやすい制度であり，実際に現在の日本企業でもかなりの企業が採用している(**図表2-4**)。しかしながら，この制度にも問題があった。制度としては，職能要件が明確で，各従業員の評価が厳格に行われれば，機能する。しかしながら，職能資格制度は実際の職場で機能していないという議論はかなりあった。その運用が年功的に行われているというものである(社会経済生産性本部，2000)[注5]。それに対して，楠田の反論は，職能要件を明確に捉えず，年齢と勤続で評価しているために職能資格

図表2−4 職能資格制度と関連する制度の実施率

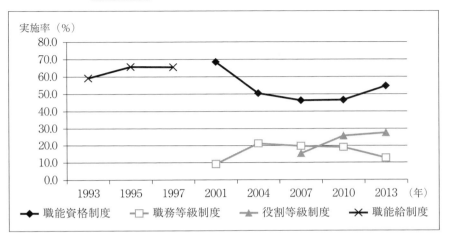

(出所) 『労政時報』各年版より筆者が作成

が機能していない，というものであった。つまり，職能資格制度を運用する専門家の必要性を主張したのである(注6)。これは職能資格制度に限定された問題ではなく，職務や職能，役割などをどのよう明確化するか，または従業員の評価をどのように行うのかという問題である。職能資格制度は日本の企業のあり方に適合性が高かったかもしれないが，逆の言い方をすれば，その制度を導入することによって，日本の企業の人事管理のあり方を変えることなく，導入することができたといえる。

5．新しい人事制度の受容

ここまで，3つの人事制度に関して，その特徴と採用状況について概観した。新しい人事制度が企業に導入されていくプロセスをマクロレベルで観察したとき，多くの企業で次々と採用されていく現象は，あたかも流行のように感じられることがある（平野，2006）。例えば，成果主義が典型的な事例といわれる。実際に，成果主義に関しては，そもそも成果主義の定義でさえ明確ではない（高橋，2004；石田・樋口，2009）。人事制度の背景にある理念や態度，考え方

のようなものが成果主義を示していると考えられるが、成果主義を体現した人事制度は明確に提示されていない。石田・樋口（2009）では、日本の成果主義のモデルとなっているアメリカの人事制度に関する検討がなされている。アメリカの人事制度は職務を基本単位として設計されており、職務等級制度と呼ばれる制度がとられている。職掌や公正労働基準法に基づいて階層化されており、組織内における職務の価値、つまり、職務の困難度、責任の大きさ、必要とされる知識・技能水準の評価と外部労働市場における評価の両方の側面で評価されている。このような広範囲にわたる環境を全て含めて、成果主義と呼んでおり、成果主義の導入は実態が明確でないことがわかる。

このような実態や定義が明確ではないものは、その言葉だけがひとり歩きし、ありとあらゆる新しい人事制度に成果主義というラベリングがなされる。**図表2-5**は「成果主義」という言葉と「360度評価」、「目標管理」、「職能資格制度」という言葉が日経主要紙に出現した件数を各年ごとに検索し、図にしたものである。成果主義という言葉は、他の3つの言葉よりも出現頻度が高い。成果主義という言葉は定義が明確でないために、ありとあらゆる文脈で使われる。成

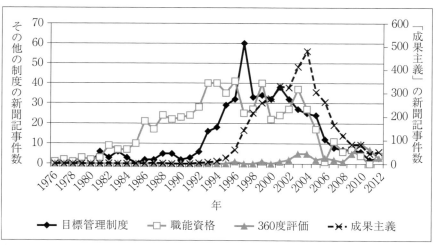

図表2-5　新聞記事における各制度の出現頻度

（出所）　日経テレコン21の検索結果から筆者が作成

果主義は革新的な人事制度を表す都合の良い言葉であり，流行ということができるかもしれない。

　成果主義は定義がはっきりしない制度の例であるが，一見，定義がはっきりしているように思われる人事制度でも，その厳格な定義は困難で，全ての企業が同等の制度を導入したということは難しい。ここで取り上げた360度評価と目標管理，職能資格制度は比較的定義がはっきりしているように思われる。しかしながら，それぞれの詳細な定義や導入プロセス等を観察すると，同様の名称を持ちながら内実の異なる制度が導入されている状況がわかる。360度評価に関しては360度評価自体を導入している企業は少数であるが，従業員の自己評価制度や人事考課の公開などを実施している企業は多い。360度評価は，それまでの人事考課のあり方とは異なり，上司が評価するだけでなく，被評価者自身やその他の関係者も評価をするという制度であるが，それ以外にも明確で比較可能な評定基準を持つことと本人に対するフィードバックを必要とする。そのように考えると，360度評価は，部分的には，かなりの企業が導入していると解釈することもできる。

　目標管理に関しては，能力開発の手法として導入している企業は多く，近年では8割近くの企業が採用している。しかしながら，人事考課へ直接的に反映させるかどうかに関しては，直接的反映をする企業は年々増加しているものの，間接的な反映や反映しないと回答している企業も4割程度ある。目標管理の場合に最も問題になるのは，導入が困難な職場があるため，全社一律で導入すると，制度の趣旨を歪めた運用が行われうることである。

　職能資格制度に関しても採用率は高い制度であったが，近年，職務等級制度や役割等級制度に取って代わられつつある。しかしながら，これらの制度は根本的な問題をはらんでいる。つまり，従業員の能力をどのように評価するのかという問題と，戦前から続く年功制の影響である。職能資格制度自体は厳格に運用されれば極めて成果主義的だが，年功的に運用することによって成果主義的な側面を弱めることができるのである。

　このようにいずれの制度も，厳格な定義があるように思われるが，必ずしも解釈の余地がないわけではない。そのような状況の中で，同型化圧力によって，各企業にこれらの制度を導入することが試みられると，いわゆる脱連結が生じ

る余地があるといえる。

6．おわりに

　以上，本章では，新しい人事制度が企業に普及し，変容するプロセスを概観した。多様な制度が複数の企業間に普及していくプロセスと同様に，新しい人事制度もまた日本企業に徐々に普及していった。ここで考えられる人事制度には2つの種類がある。1つは比較的明確に定義が可能だと思われる人事制度である。しかし，それらは明確であるがゆえに，企業によってはそれらの人事制度を採用することが必ずしも合理的ではない場合もある。もう1つは，既存の人事制度に影響を及ぼすような人事管理の思想である。前者の例としては，360度評価や目標管理，職能資格制度などが挙げられる。また，後者の例としては，成果主義や能力主義などといわれた人事管理思想が挙げられる。例えば，成果主義はある特定の人事制度を指すものではなく，出来るだけ客観的に従業員の働く成果を計測し，それに連動するような賃金体系で動機付けを測ろうとする試みを指している。このような思想が普及するプロセスは，ここでは取り上げなかった。定義が明らかである人事制度に関して，その普及プロセスを観察することを試みた。もっとも，一見すると定義が明らかに見える人事制度も解釈の余地があるが，それでもある程度合意が得られている人事制度として，360度評価と目標管理，職能資格制度を取り上げて観察した。しかしながら，これらの制度でさえも，必ずしも同一の制度が全ての企業で導入されているわけではないことが明らかになった。それぞれの企業の実情に合わせて，新しい人事制度の一部分が採用されているか，制度の趣旨が歪められるような形で採用されている可能性があることが確認された。

　このような新しい制度や思想などが企業間に普及するプロセスを分析する枠組みとして，新制度派の組織論では，同型化という枠組みを主張している。彼らの主張は，新しい制度はその合理性や効率性から普及するのではなく，正統性が得られやすいことから普及すると捉えているのである。このような同型化は組織を取り巻く環境との相互作用の中で発生する。組織の外部で保証されている外的な正統性に基づいた要素を組織の中に取り込み，外部環境における組

織の安定性を高めるのである。この安定性は政府や顧客，株主といった外部環境のコミットメントを高めるだけでなく，組織の内部にいる従業員のような人々のコミットメントも高める可能性があると主張している。

　しかし，日本企業において，人事制度に関して，外的な正統性を担保することは意味があるといえるだろうか。外部労働市場が極めて貧弱な日本企業が人事制度の同型化から得られる利益はそう大きくないと思われる。アメリカの企業は，労働力の流動性が高いため，人事制度が類似していることによって，新しい労働力を獲得することが容易になるという合理性はある。さらに，アメリカでは，企業内での人事管理上の処遇も，外部労働市場における賃金水準を参考にして決定されるため，類似の人事制度を採用するインセンティブは極めて強い。人材の流動性が極めて低い日本企業の場合，同型化の合理性に関する根拠を求めることは困難である。なぜ，日本企業は同様の人事制度を採用しようとするのだろうか。日本企業における人事制度の同型化は，新制度派の組織論が想定している制度とは異なったロジックで起きている可能性がある。この点に関しては，今後の研究課題である。

付　記

　本章は，寺畑（2013）を修正したものである。平成21年度～平成24年度科学研究費（若手研究B　課題番号21730317），ならびに平成26年度東洋大学国内特別研究の研究成果の一部である。

注■

1　複数の評定者とは，被評定者自身と上司，部下，顧客などが考えられる。
2　例えば，リクルートマネジメントソリューションズの複数観察者評価システム（MOA）やリーダーシップサーベイ，PDIのProfilor，JMAMのSkill Scopeなどが挙げられる。
3　処遇に360度評価を利用することの問題点はいくつか指摘されている。二村（2005）では，能力・スキルや行動特性に関する個人差が数値で表されるため，客観性があるように思われるが，実際には評定者の主観に基づく観察が基になっているため，その評定値は評定者の特性や評定傾向，職務や職場の性質，職務の進捗状況などの影響から逃れられないことが指摘されている。個々の評定者の主観的な評価が相殺され，被評定者にフィードバックされることによって，人材育成には有効性があると考えられているが，処遇に利用するためには，以下のような条件が挙げられている。

① 評価処遇に適用することを対象者の4分の3以上が納得している。
② 評定者の匿名性が保証されている。
③ スコアがある程度ばらつき，それが職務遂行能力を反映していることが確認されている。
④ 業績との相関があることが確認されている。
⑤ 毎年の費用と労力が実務的に許容される範囲にある。
⑥ 無責任な評定が5％未満であることが確認されている。
⑦ 差別的な評定が行われていないことが確認されている。
⑧ 評定者，被評定者がともに訓練され，趣旨が徹底できている。
⑨ 尺度化にあたって公平性が確保されている。
4 上田訳（2006），p.187。
5 この調査では，職能資格制度の問題点として，以下の点が挙げられている。
① 運用が年功的になっている。
② 発揮能力に応じた昇降格が柔軟にできない。
③ 高資格化が進み，人件費が高騰している。
④ 職能要件書のメンテナンスに手間がかかる。
⑤ 資格等級の基準が実態に合わなくなっている。
⑥ 職能資格が市場横断的に通用しない。
⑦ 職能資格はスペシャリスト養成には使えない。
6 楠田（2004），p.145。

参考文献■

Borman, Walter (1997). 360 Ratings : An Analysis of Assumptions and a Research Agenda for Evaluating Their Validity. *Human Resource Management Review*, Vol. 7, No. 3, 299-315.

Burns, Tom & Stalker, G.M. (1961). *The Management of Innovation*. Oxford University Press.

Cardy, Robert L. & Dobbins, Gregory H. (1994). *Performance Appraisal : Alternative Perspectives*, Cincinnati, Ohio : South-Western Publishing Co..

DiMaggio, P, J. & Powell, W.W. (1983). The Iron Cage Revisited : Institutional Isomorphism and Collective Rationality in Organizational Fields. *American Sociological Review*, Vol. 48, No. 2, 147-160.

Drucker, P.F. (1954). *The Practice of Management*, New York : Harper & Row（上田惇生訳『現代の経営（上）』ダイヤモンド社，2006年）.

Galbraith, Jay (1973). *Designing Complex Organizations*, Addison-Wesley Co. Inc..

Guzzo, R.A., Jette, R.D. & Katzell, R.A. (1985). The Effects of Psychologically Based Intervention Programs on Worker Productivity : A Meta-Analysis. *Personnel Psychology*, Vol. 38, 275-291.

Lawrence Paul R. & Lorsch, Jay W. (1967). *Organization and Environment*. Harvard Business School Press.

Locke, E.A. & Latham, G.P. (1984). *Goal Setting : A Mtivational technique that works*. Englewood Cliffs, NJ : Prentice-Hall.（松井賚夫・角山　剛訳『目標が人を動かす』ダイヤモンド社，1984年）

McConkie, M.L. (1979). A Clarification of the Goal Setting and Appraisal Processes in MBO. *Academy of Management Review*, Vol. 4, No. 1, 29-40.

Meyer, J.W. & Rowan, B. (1977). Institutionalized Organizations : Formal Structure as Myth and Ceremony. *American Journal of Sociology*, Vol. 83, No. 2, 340-363.

Miller, Katherine I. & Monge, Peter R. (1986). Participation, Satisfaction, and Productivity : A Meta-Analytic Review. *Academy of Management Journal*, Vol. 29, No. 4, 727-753.

Murphy, Kevin R. & Cleveland, Jeanette N. (1995). *Understanding Performance Appraisal*. Sage Publications.

Tornow, Walter W. (1993). Editor's Note : Introduction to Special Issue on 360-Degree Feedback. *Human Resource Management*, Vol. 32, No. 2 and 3, 211-219.

Odiorne, George S. (1967). *Management by Objectives*. Pitman Publishing Corp.（広田寿亮訳『目標管理システム』産業能率短期大学出版部，1967年）

Rodgers, R. & Hunter, J.E. (1991). Impact of Management by Objectives on Organizational Productivity. *Journal of Applied Psychology*, Vol. 76, No. 2, 322-336.

石田光男・樋口純平（2009）『人事制度の日米比較』ミネルヴァ書房。
奥野明子（2004）『目標管理のコンティンジェンシー・アプローチ』白桃書房。
楠田　丘（2002）『日本型成果主義』生産性出版。
─── (2004)『賃金とは何か』中央経済社。
小池和男（2002）『仕事の経済学（第2版）』東洋経済新報社。
厚生労働省（2002）雇用管理調査。
笹島芳雄（2001）『アメリカの賃金・評価システム』日本経団連出版。
─── (2008)『最新アメリカの賃金・評価制度』日本経団連出版。
社会経済生産性本部（2000）『日本的人事制度の現状と課題』社会経済生産性本部。
高橋　潔（2010）『人事評価の総合科学』白桃書房。
高橋伸夫（2004）『虚妄の成果主義』日経BP社。
寺畑正英（2013）「新しい人事制度の普及と変容」『経営論集（東洋文学）』第82号，137-150頁。
日経連職務分析センター（1989）『職能資格制度と職務調査』日経連広報部。
日経連能力主義管理研究会（1969），『能力主義管理』日本経団連出版。
丹生谷晋（2007）「目標管理制度における目標連鎖効果」『経営行動科学』第20巻第3号，335-343頁。
二村英幸（1998）『人事アセスメントの科学』産能大学出版部。
─── (2005)『人事アセスメント論』ミネルヴァ書房。
平野光俊（2006）『日本型人事管理』中央経済社。
労務行政研究所（1981）「主要企業に見る人事労務管理諸施策の実施状況」『労政時報』第

2567号, 2-14頁。
労務行政研究所（1983）「人事労務管理諸制度の実施状況調査結果」『労政時報』第2658号, 2-21頁。
────────（1985）「60年人事労務管理諸制度の実施状況」『労政時報』第2753号, 56-74頁。
────────（1987）「昭和62年人事労務管理諸制度の実施状況」『労政時報』第2847号, 2-34頁。
────────（1989）「平成元年人事労務管理諸制度の実施状況」『労政時報』第2940号, 2-66頁。
────────（1992）「平成3年人事労務管理諸制度の実施状況」『労政時報』第3051号, 2-49頁。
────────（1994）「平成5年人事労務管理諸制度の実施状況」『労政時報』第3145号, 2-38頁。
────────（1996）「平成7年人事労務管理諸制度の実施状況」『労政時報』第3239号, 2-54頁。
────────（1998）「人事労務諸制度の動向を探る」『労政時報』第3334号, 2-60頁。
────────（2001）「人事労務管理諸制度の動向」『労政時報』第3488号, 2-66頁。
────────（2004）「人事労務管理諸制度の実施状況」『労政時報』第3628号, 2-65頁。
────────（2007）「人事労務管理諸制度の実施状況」『労政時報』第3700号, 2-67頁。
────────（2010）「人事労務管理諸制度の実施状況」『労政時報』第3773号, 6-75頁。
────────（2013）「人事労務管理諸制度の実施状況」『労政時報』第3847号, 32-101頁。

（寺畑　正英）

第3章

経済学的な組織研究の発展
―近代組織論から現代の組織経済学まで―

◆

1. はじめに

　経済学の中心的なテーマとは，経済における資源配分とインセンティブを理解することである。新古典派経済学をはじめとする経済理論は，価格メカニズムの解明に向けて努力し，（完全競争）市場が効率的な資源配分を実現しうることを明らかにしてきた。

　しかし一方で，20世紀の経済は大企業の歴史でもある（Chandler, 1977）。大企業においては経営者が組織内部の資源配分に大きな影響を及ぼすため，市場による資源配分だけで経済の資源配分を理解することはできない[注1]。このような認識により，20世紀後半の経済学者は市場経済（market economy）の解明だけでなく組織経済（organizational economy）の解明も進め，現代では組織経済学（organizational economics）という一分野が成立している。

　組織経済学は，この30年で急速に発展した経済理論であり，それまでは企業やその組織的側面は経営学者が中心になって研究を進めてきた。組織が経済学的に研究される契機になったのが，ゲーム理論や契約理論という経済理論の発展である。これらの理論を基礎としたフォーマル・モデルをえたことにより，組織経済学は1980年代から1990年代にかけて飛躍的に発展した。しかしながら，このように組織経済学が発展したのは，1970年代の新制度派経済学によって市場と組織の理解が進んだからであり，その新制度派経済学自体もカーネギー学派の組織論から大きな影響を受けている。さらに，現代の組織経済学の分析視

点は，1930年代の経営組織論に求めることができる。経営組織論の諸理論を組織経済学の源流として理解するともに，現代の組織経済学の分析視点を整理する必要がある。

よって本章では，経済学的な組織研究の発展を4つの段階に分けて考える。ここで4つの段階とは，①組織経済学の黎明期（1930年代），②カーネギー学派の時代（1950年代前後），③新制度派経済学の時代(注2)（1970年代），そして④現代の組織経済学の時代（1980年代以降）である。なかでも，①のロナルド・コース（R. Coase）は1991年，②のハーバート・サイモン（H. Simon）は1978年，③のオリヴァー・ウィリアムソン（O. Williamson）は2009年にそれぞれノーベル経済学賞を受賞している。次節は，①と②の視点がいかに現代の組織経済学の分析視点として反映されているのかを簡潔に指摘する。続く第3節は，組織経済学の基礎となった新制度派経済学について説明する。そして第4節は，現代の組織経済学の発展とその分析視点を整理する。最後に，組織経済学が今後扱うべきテーマについて述べる。

2．組織論による組織経済学への影響

2-1．組織経済学の黎明期（1930年代）

組織経済学の源流は，1930年代の3つの研究に求めることができる。それは，内部組織の分析視点を提示したBarnard（1938），所有と経営の分離に注目したBerle & Means（1932），市場とは異なる資源配分メカニズムとして企業組織を考えたCoase（1937）である。これらの研究成果は，経営学と経済学の両分野でその後の研究に大きな影響を与えた。ここでは，Coase（1937）の研究を詳細に説明するが，まずはBarnard（1938）とBerle & Means（1932）が組織経済学に与えた影響を考えてみたい。

チェスター・バーナードは，経営学の分野においては近代組織論の祖と呼ばれているものの，経済学者にはそれほど馴染みのない名前である。しかしながらGibbons & Roberts（2013）が指摘しているように，彼は組織経済学に対する「初期の貢献者の1人であり，協働体系のシステムとして組織を考え，さらには公式的・非公式的な組織の側面においてインセンティブや権限が果たす役

割を論じた」(p.2)。Barnard (1938) では，権限，公式組織と非公式組織，インセンティブ問題，機会主義，組織における道徳の創造とリーダーシップなど，現代の組織経済学にも通じるテーマが説明されている^(注3)。ただし，Barnard (1938) の機会主義の概念と Williamson (1975) 以降に経済学で採用された機会主義の概念は異なるという点に注意する必要がある。前者は，将来の見通しが立たなければ次から次へと戦略要因を探索しながら意思決定を行い，適応してゆくことを表している。一方，後者の概念は，契約や取引の当事者間の情報の格差を悪用して自己利益を追求するといった意味を持つ。

　バーナードは，組織が存続するためには個人による貢献が必要であり，それを実現するために組織が個人の貢献以上のインセンティブを提供すべきことを指摘した。Barnard (1938) による，①個人の動機を満たすようインセンティブを設計する，あるいは，②個人が許容可能な範囲で権限にもとづいて強制する，さらに，③個人の外部機会の有無が当事者間の交渉力に影響を及ぼすという視点は，インセンティブの理論として発展してきた現代の組織経済学と共通する分析視点であるといえる。

　次に Berle & Means (1932) は，1920年代後半のアメリカ大企業において，分散した株主とほとんど株式を持たない専門経営者による所有と経営の分離の問題が顕著になっていることを記した。これはつまり，株主は企業支配権を持つものの，大企業においては株主が分散することにより1人当たりの保有割合が低下するため，支配権を持たない専門経営者の自由裁量の余地が拡大するということである。彼らの議論は現代企業の株主と経営者の利害対立の問題および所有権の役割に光を当てることになり，その後のエージェンシー理論，コーポレート・ファイナンス論，そしてコーポレートガバナンス論に影響を与えた。

　最後に Coase (1937) は，市場は価格システムによって資源配分が決まるのに対し，組織はそれとは異なる資源配分メカニズムが働くことに注目した。コースは，企業が市場で取引をする際には，市場を利用する費用あるいは価格メカニズムを利用する費用が存在することを指摘し，企業が組織内部で取引を行うのであれば，市場を利用する費用を節約できるという議論を行った。

　ここで，市場を利用するための費用とは，関連する諸価格を見つけ出すための費用や，市場取引の際にそれぞれの取引について交渉を行ったうえで契約を

結ぶための費用を表している。これらの費用は，取引ないし契約を締結するたびに発生するため，繰り返される一連の短期契約を1回の長期契約に置き換えることで節約できるかもしれない。しかし，将来起こりうる状況を事前に特定するのは困難であり，長期契約で明記される詳細は後日，供給者ではなく買手によって決定される。このような長期契約として雇用契約を捉えれば，供給者が労働者，買手が企業家と考えられる。

労働供給の場面でこそ，このような詳細が事前に特定し難い状況が発生すると考えられるため，そこにコースが「企業」と呼ぶものが発生する。雇用契約を結ぶことで，労働者はある範囲の中で，雇用報酬の対価として企業家の指示に従うことに同意したとみなされる。そして企業家は，その権限に基づいて労働者に指示を出すことができる。企業家は雇用契約によって，市場や価格メカニズムに頼らずとも，意図する資源の連結とそれによる財・サービスの供給が可能になる。

しかしながら雇用契約に基づいた権限による資源配分（組織）には，企業の規模の拡大に伴って，「内部組織化の費用」を増加させることになるので，その費用が無視しえない水準で発生するのであれば市場を利用するべきである。また，企業規模の拡大によって，企業家が組織内部の資源の配置に失敗するかもしれない。つまり，組織内部の資源は効率的に利用されず，市場よりも低い価値で利用されるという「資源の浪費」が発生する。このような内部組織化の費用は，後に組織内部のエージェンシー問題を分析する組織経済学で研究が進むことになり，企業の垂直境界の問題として注目されることになる。

2-2．カーネギー学派の時代（1950年代から1960年代）

フォーマル・モデルを持つ組織経済学の理論を初めて提供したのは，ハーバート・サイモンである。Simon (1951) は，雇用関係を権限の受容と利用という観点から雇用関係を捉え，フォーマル・モデルによる分析を試みた。よってSimon (1951) は，組織経済学における重要な貢献の1つであると考えることができる。

サイモンを中心とするカーネギー学派は，限定合理性と利害対立という2つの重要な概念を組織分析の基礎として導入した。特にSimon (1947) と

March & Simon（1958）は，組織のメンバーが合理的であろうとしてもその合理性には限定的であるという限定合理性を仮定し，許容できるレベルの組織の結果を得るために，組織はどのように情報を集め，コミュニケーションを促し，そして意思決定を行うかという問題を論じた。限定合理性の概念は，その後の新制度派経済学や組織経済学において，個人や組織の意思決定を考える基礎となった。

さらにMarch（1962）やCyert & March（1963）は，個人と組織におけるコンフリクトに注目し，組織における個人の戦略的な相互作用に目を向けた。とくにMarch（1962）は，企業組織を「政治的な連合体」と呼び，コンフリクト，共謀，交渉や戦略的な相互作用が組織の規範となりうることを説明した。このような問題は，現代であればゲーム理論を基礎とした組織経済学によって理解することもできる[注4]。すなわち，問題を単純化するならば，各メンバーの利害関係が一致しておらず拘束的な契約を結べない状況において，組織という環境は「囚人のジレンマ」として考えられよう。このような状況において，組織をどう設計するかが重要な問題となる。

以上のように，サイモン，サイアート，マーチを中心とするカーネギー学派の理論は，組織における意思決定論の基礎となっただけでなく，組織経済学にも重大な影響を与えた。これはとくに，次に説明するウィリアムソンの研究がサイモンの限定合理性を基礎とし，Coase（1937）の理論を発展させたという点からも明らかである[注5]。

3．新制度派経済学による組織の経済学的研究[注6]

3-1．取引費用経済学と企業の境界問題

企業組織に注目するというコースの問題意識は，長年にわたって経済学上の重要な問題とはならなかった。しかし，Williamson（1975, 1985）による取引費用経済学はCoase（1937）を精緻化する試みであり，この取引費用経済学を契機に企業組織に関する理解が進むことになる。取引費用とは，取引相手を探し，その取引相手と契約を結び，その取引相手が契約を遵守するか監視する費用である。Williamson（1975）は，いかなる環境の諸要因や人間の諸要因によっ

て取引費用が発生するのかを明らかにし，Coase (1937) が指摘した市場を利用する費用について詳細に検討した。

取引費用を増加させる環境要因として挙げられるのが，不確実性や複雑性，資産特殊性，取引の少数性，非対称情報である。将来が不確実で，各経済主体が持つ情報には質と量に違いがあるため，将来起こりうる状況をすべて特定し，それらを契約で明記するのは困難である。そのような状況で，ある取引相手との取引関係のみに高い価値を持つ資産が，他の潜在的な取引相手との取引では同様の価値を生み出すことが困難であるという性質（資産特殊性）が，企業間関係を理解するうえで重要になる。このような，ある関係だけで価値を持つような資産に投資を行うことを関係特殊投資と呼ぶが，どれだけ内部組織または他企業による関係特殊投資を促せるかが企業の競争力に大きな影響を及ぼす。以上のような企業を取り巻く状況が，取引費用を発生させる環境要因となる。

他方，取引費用を増加させる人間の諸要因とは，限定合理性と機会主義である。限定合理性とは，経済主体が合理的であろうとするが，その合理性は限定的でしかないという Simon (1947) の議論を基礎としている。そして機会主義とは，情報の非対称性，取引の少数性，不確実性という環境要因を巧みに利用し，戦略的に自己利益を追求しようとする人間の性質を表している。

ある垂直的な供給関係にあるアセンブラー企業とサプライヤー企業を考えると，アセンブラーはサプライヤーに対して，自社製品の生産性の向上に寄与するような関係特殊投資を望む。例えば，サプライヤーによる関係特殊投資とは，アセンブラーの工場に隣接した自社工場を建設する，（他のアセンブラーには供給できない）特定のアセンブラー向けのカスタム部品の製造に特化した製造ラインを建設する，などが挙げられる。サプライヤーによる関係特殊投資は，他のアセンブラーとの取引では高い価値を持たないため，一度このような関係が構築されると，サプライヤーはますます特定のアセンブラー向けの部品供給に依存せざるをえなくなる。

そのため，サプライヤーは関係特殊投資による交渉力の低下を懸念し，他のアセンブラーにも利用可能な汎用的な部品を製造可能な設備投資を行う可能性がある。サプライヤーが，アセンブラーの望むような関係特殊投資を行わないのであれば，アセンブラーはサプライヤーを買収することで，1つの企業へと

組織化することができる。組織化により，アセンブラーは市場を利用せずとも，組織内部での経営者による権限によって望ましい水準の関係特殊投資を実現することができる。このように，事前の契約では明記できないような関係特殊投資を実現するための手段として垂直統合が説明される。

　Williamson（1975）は垂直境界だけでなく，事業部制組織と多角化企業およびコングロマリット企業の水平範囲に関してもその合理性を検討している。経営者は事業部制組織を採用し，権限委譲を進めることで，日常的な意思決定から解放され戦略的な意思決定に集中することができる。とくに，各事業部の業績評価に基づいて効率的に企業の資本を事業部間で再配分することができる（内部資本市場）。外部資本市場と比較し，企業内部であれば，経営者は内部資源に対する知識や技術，そしてモニタリングに関する情報獲得が比較的容易であると考えられる。したがって事業部制組織は，効率的に事業のポートフォリオを構築できるだけでなく，そのガバナンスも効率的に行うこともできる。

　以上のように，取引費用経済学は，市場とは異なる資源配分メカニズムとして企業を理解するというCoase（1937）の問題意識を発展させただけでなく，企業の垂直境界や水平境界を理解する契機となり，企業組織の経済学的な理解に大きな貢献をした。

3-2．契約の束としての企業観

　Coase（1937）やWilliamson（1975, 1985）は，雇用契約に基づいた権限によって資源配分が行われることが企業の本質であると主張した。一方，Alchian & Demsetz（1972）の財産権理論は企業を「契約の束」とみなし，市場における売買契約と雇用契約はそれぞれ企業が結ぶ契約の1つにすぎず，雇用契約と権限による資源配分メカニズムを企業の本質と考えるべきではないと論じている。雇用主が従業員に対して書類のファイリングではなく手紙をタイプするよう告げること（雇用契約）と，消費者が食料品店に対してパンではなくツナ缶を購入すると告げること（売買契約）は同じであり，チーム生産とそのモニタリングという性質から企業の本質を考えることができるというのが彼らの主張である。

　生産技術が不可分な状況でチームによって生産が行われるとき，そのチーム

生産で生み出された余剰をチームのメンバーで分配する。チーム生産で各メンバーのフリーライディングが可能ならば，各メンバーには怠けるインセンティブが生まれる。そのため，メンバーの怠けをモニターする監視者が必要になるが，その監視者の報酬がチームの成果と連動していなければ，監視者自身もチームのモニターという業務を怠けるかもしれない。よって，監視者に対する新たな監視者が必要になるが，ここでも同様のインセンティブ問題が発生するかもしれない。これらの問題は，監視者が残余請求権を得ることによって解決される。このように，Alchian & Demsetz（1972）の財産権理論は，チーム生産とそのモニタリングに関するインセンティブ問題に対して財産権が重要な意味を持つことを明らかにした。そして，企業の本質とは，チーム生産に関する契約と，そのモニタリングに関わるインセンティブ問題であるとした。

しかしながら，監視者が残余請求権を持つという彼らの理論は，所有と経営が未分化の小規模な企業しか説明できず，所有と経営が分離し，大規模化を遂げた現代企業を説明することはできない。さらに，メンバーの怠けを解消するための手段が，監視者という第三者のモニタリングのみとは考えにくい。メンバー間のピア・モニタリングやそれを維持するような規範こそが，重要なメカニズムとなるはずである。このような規範を創出し，維持，発展できるという側面こそが，企業の存続と成長を実現するための重要な側面である。

Jensen & Meckling（1976）は，Alchian & Demsetz（1972）による契約の束という企業観には同意しながらも，所有と経営の分離が進んだ企業を想定している。そのうえで，ステイクホルダーの利害が複雑に交錯する現代企業に注目している。ジェンセンとメクリングの理論は，「企業の定義，所有と経営の分離，企業の社会的責任，企業の目的関数の定義，最適資本構成の決定，信用契約の内容の特定，組織の理論，市場の不完全性による供給側の問題」（Jensen & Meckling 1976, pp.305-306）を分析することを目的とし，企業と諸ステイクホルダーとにはどのようなエージェンシー問題が存在するのかを明らかにした。したがって彼らの理論は，エージェンシー理論と呼ばれている。

エージェンシー理論の貢献は，情報の非対称性を前提として，企業とそのステイクホルダーにどのようなモラルハザードの危険が存在するのかを明らかにした点にある。エージェンシー理論も Alchian & Demsetz（1972）の財産権

理論と同様に，雇用契約を企業の本質とはみなさず，企業が結ぶ契約の1つに過ぎないと考えている。そして，契約によって企業が直面するエージェンシー問題は緩和される点を重視しており，企業が契約不可能ないし困難な側面については分析することができない。イノベーション，知識移転や組織のコーディネーションなど，これらの理論では分析が困難な側面こそが企業の競争優位の源泉になることにも注意が必要である。

　企業を契約の束とみなし，従業員やその他のステイクホルダーによるモラルハザードの緩和に注目したのが，以上で説明した財産権理論とエージェンシー理論であるといえる。財産権理論は，従業員およびその監視者の怠けに対処するために財産権の役割を説明した。他方，エージェンシー理論は，大企業とそのステイクホルダーとの間でどのように適切な契約を結ぶべきかを論じている。財産権と契約の側面を分析するこれらの理論は，主流の経済理論として発展してきた次節の契約理論とも問題意識を共有している。

　取引費用経済学，財産権理論，エージェンシー理論は，新制度派経済学という総称で呼ばれることもある。新制度派経済学は数理的なモデル分析というよりは，記述的な分析によって企業組織を理解してきた。これらの理論は，1970年代初頭から80年代中頃にかけて発展してきた企業組織を経済学的に分析する枠組であるが，次節では1980年代から1990年代後半にかけて急速に発展した組織経済学という研究潮流に注目する。組織経済学は，ゲーム理論や契約理論による数理モデルを用いて組織や制度を分析することが可能であり，現代では主流の経済理論として発展している。

4．現代の組織経済学とその分析視点

　1980年代，情報の経済学やゲーム理論という経済理論を基礎として契約関係をモデルによって分析するプリンシパル・エージェント理論が大いに発展を遂げた(注7)。この契機となったのが，Holmstrom（1979）である。Holmstromは，エージェントによる行動を観察するのが困難な場合，そのモラルハザードをいかに契約によって緩和できるかを分析した。さらにHolmstrom（1982）によって，チーム生産におけるモラルハザードの問題が分析された。彼の研究は，分

析手法や含意は異なるとしても，契約の束として企業を理解しようとした財産権理論やエージェンシー理論と問題意識を共有している。

プリンシパル・エージェント理論をさらに発展させ，企業の垂直境界を理論的に分析したのが Grossman & Hart（1986）や Hart & Moore（1990）の財産権アプローチである（以下では，この2つの研究をまとめて GHM と呼ぶことにする）。Kreps（1996）は財産権アプローチを，取引費用経済学のゲーム理論版と呼んでいるが，GMH は取引費用経済学による問題意識をモデルによって分析しようとした試みであると考えることもできる。取引費用経済学が重視した関係特殊投資と準レントが，財産権アプローチでも重要な視点となり，垂直統合を決定する際の動機となる。

GHM は，将来起こりうる状況を全て特定し，それを契約に明記するという包括的契約が不可能であるという前提に立ち，その不完備契約の状況で所有権が重要な役割を果たすことを明らかにした。契約当事者間の関係でとくに高い価値を持つ資産は，他の取引相手ではそれよりも低い価値となる。したがって，物的資産の所有者は，ある取引相手に対して価値を持つ関係特殊投資を行うべきか否かという問題に直面することになる。垂直的な取引関係を考えた場合，買手による後方統合は買手による投資のインセンティブを高める反面，売手の投資インセンティブを弱めることになる。他方，売手による前方統合は売手の投資インセンティブを高める反面，買手のそれを弱めてしまう。事前の投資インセンティブに関するトレードオフや資産の補完性を考慮したうえで，垂直統合ないし垂直分解を説明することができる。関係特殊投資により交渉力が低下するというホールドアップを懸念して，事前の投資が過小になるというホールドアップ問題を緩和するよう，市場取引あるいは内部組織による生産というように決定が行われるというのが GHM による理論の含意である。

以上の GMH による財産権アプローチには，いくつかの問題がある。まず，GMH は事前の過小投資に注目しているものの，企業にとって重要な活動は事前の設備投資だけではなく，業績の測定や権限の配分など多岐にわたる。したがって，投資インセンティブのみを考慮した垂直境界の議論では，非常に狭い観点でしか垂直境界を理解することができない。さらに，市場か内部組織かという線引きによって，Williamson（1985）が注目した継続的な関係に基づく中

間組織（関係的契約）などの重要なガバナンス形態を見落としてしまう可能性がある。加えて，現代企業の本質を理解するためには，垂直境界だけでなく水平境界についても考えねばならない。取引費用経済学は，垂直統合だけでなく，事業部制組織による意思決定，権限委譲，内部資本市場の問題を扱ったが，このような水平境界の決定も現代企業の存続と成長を左右する重要な問題である。

以上のような Holmstrom（1979, 1982）や，GHM の財産権アプローチを経て，市場や組織が提供可能なインセンティブや企業境界の問題に注目が集まることとなった。とくに Holmstrom & Milgrom（1994）のインセンティブ・システム・アプローチは，企業が多様な活動に従事するという認識のもと，業績インセンティブの強度，業績測定の容易さ，自由裁量の余地の補完性という観点から企業の垂直境界がどのように決定されるのかを明らかにした。売手の業績測定が容易であれば，非統合により売手に自由裁量と強力な業績インセンティブが与えられるべきだが，売手の業績測定が困難ならば，統合により自由裁量を制限し弱い業績インセンティブとすべきであるという含意が得られる。

内部組織におけるインセンティブ提供について詳細な議論を展開したのが，Holmstrom & Milgrom（1991）である。彼らは，エージェントが複数の活動に従事するというマルチタスクの状況で，どのように組織はインセンティブを提供すべきかを明らかにした。複数のタスクが補完的か代替的か，そしてそれらのタスクの業績評価が困難か否かを踏まえ，インセンティブの提供を考えねばならない。あるタスクに強いインセンティブを提供すると，相対的に弱いインセンティブが提供されるタスクには努力が配分されないかもしれない。エージェントに複数のタスクに努力を振り向けさせるためには，固定給（弱いインセンティブ）を提示する必要がある可能性もある。このとき，市場では強すぎるインセンティブが提供されるのに対し，内部組織によって弱いインセンティブを与えることができるということが，企業の重要な側面となることがわかる。

ここでウィリアムソンが注目した階層組織による権限の配分や事業部制組織と内部資本市場の議論についても，組織経済学が分析対象としているということを簡単に言及しておきたい。Aghion & Tirole（1997）は，権限を，意思決定を行う権利である公式的権限と，その意思決定に関して効果的なコントロールが可能な実質的権限に分類し，いかに公式的権限を配分すべきかを情報構造

やインセンティブの観点から明らかにしている。事業部制組織については，Milgrom & Roberts（1988）によって，中央本社に対する各事業部のインフルエンス活動による非効率性が指摘されている。さらに Meyer et al.（1992）は，事業部の衰退の見込やレイオフの可能性が高まることにより，その事業部が生産的な活動ではなくインフルエンス活動に資源を振り向けることを明らかにしている。また，事業部制組織による内部資本市場の（非）効率性については，以上の議論を踏まえ金融経済学で分析されてきた（Stein 1997；Scharfstein & Stein 2000；Rajan et al. 2000）。

以上のように，新制度派経済学（特に取引費用経済学）の関心は，1980年代から1990年代にかけて，契約理論やゲーム理論を用いた組織経済学として発展してきた[注8]。とくに，労働経済学，産業組織論，金融経済学，開発経済学などの経済学者が自身の研究を進めるうえで企業組織の研究を行うようになり，主流経済学でも確固たる地位を築くようになった。そして現在では，これまで経営組織論で研究されてきたような，企業文化，リーダーシップ，権限，コミュニケーション，組織構造，イノベーションなどの問題が経済学的に研究されるようになっている[注9]。

5．おわりに

現代的な組織経済学は新制度派経済学の理論をゲーム理論や契約理論で精緻化したものであると考えられる。しかし，本章は，より大きな学説的観点から，Berle & Means（1932），Coase（1937），Barnard（1938）という30年代の3つの研究を組織経済学の源流とし，カーネギー学派が現代の組織経済学の基礎に多大な影響を与えたことを説明した。

現代の組織経済学を経営組織論の延長として理解することにより，経済学的な観点から組織論の諸理論を再評価できるだけでなく，経営学が分析してきたものの経済学が見落としてきた重要な組織の諸側面が明らかになるだろう。とくに組織ケイパビリティ（あるいは組織力）は，経営学の分野では研究テーマとして重視されているものの，Langlois（2003）や Teece（2009）の経済学的なケイパビリティ・アプローチや一部の例外（Gibbons & Henderson 2012）

を除いて，組織経済学の研究テーマの中心には位置していない。

　市場経済と組織経済という異なる資源配分メカニズムの違いを理解するためにも，組織ケイパビリティの経済学的な解明が必要である。そのためにも，これまで経営学で解明されてきた，組織文化，リーダーシップや経営者のビジョン，組織における利他的動機や内発的動機づけの問題など，組織におけるソフトな側面に目を向ける必要がある。

注■

1　企業組織の資源の重要性を指摘した重要な研究として Penrose（1959）がある。
2　本章で詳しい説明は行わないが，1970年代の組織経済学に対するその他の重要な貢献として Richardson（1972）や Arrow（1974）がある。
3　バーナードによる現代組織論および組織経済学に対する貢献については，Williamson ed.（1990）に所収の論文集も参照せよ。
4　カーネギー学派の理論は，組織経済学者が現代的な経済理論によって再解釈を試みている。例えば Gibbons（2003）を参照。
5　前に述べたように，コース，サイモン，ウィリアムソンの3人は，それぞれ1991年，1978年，2009年にノーベル経済学賞を受賞している。
6　本節および次節の議論の一部は蜂巣（2015）をベースにしている。
7　現代の組織経済学に関する説明は，伊藤（2010）も参照せよ。
8　Milgrom & Roberts（1992）は，現代の組織経済学を体系的にまとめた重要な貢献である。
9　Gibbons & Roberts eds.（2013）には，組織経済学の主要なテーマがその第一人者達によってまとめられている。

参考文献■

Aghion, P. & Tirole, J. (1997). Formal and Real Authority in Organizations. *Journal of Political Economy*, 105, 1-29.
Alchian, A. & Demsetz, H. (1972). Production, Information Costs, and Economic Organization. *American Economic Review*. 62, 772-95.
Arrow, K.J. (1974). *The Limits of Organization*, New York: W.W. Norton（村上泰亮訳『組織の限界』岩波書店，1999年）.
Barnard, C. (1938). *The Function of Executive*. Cambridge, MA: Harvard University Press（山本安次郎・田杉 競・飯野春樹訳『新訳 経営者の役割』ダイヤモンド社，1968年）.
Berle, A. & Means, G. (1932). *The Modern Corporation and Private property*. New York: McMillan（北島忠男訳『近代株式会社と私有財産』文雅堂，1958年）.
Chandler, A.D. (1977). *The Visible Hand: The Managerial Revolution in American Busi-

ness. Cambridge, MA: Harvard University Press(鳥羽欽一郎・小林袈裟治訳『経営者の時代:アメリカ産業における近代企業の成立』東洋経済新報社,1979年).
Coase, R. (1937). The Nature of the Firm. *Economica*, 4, 386-405.
Cyert, R. & March, J. (1963). *A Behavioral Theory of the Firm*. New Jersey: Prentice-Hall.
Gibbons, R. (2003). Team Theory, Garbage Cans, and Real Organizations: Some History and Prospects of Economic Research on Decision-Making in Organizations. *Industrial and Corporate Change*, 12, 735-787.
Gibbons, R. & Henderson, R. (2012). Relational Contracts and Organizational Capabilities. *Organization Science*, 23, 1350-64.
Gibbons, R. & Roberts, J. (2013). Introduction. In Gibbons, R. & Roberts J. (Eds.). (2013), 1-8.
Gibbons, R. & Roberts, J. (Eds.). (2013). Introduction, *The Handbook of Organizational Economics*, New Jersey: Princeton University Press.
Grossman, S. & Hart, O. (1986). The Cost and Benefit of Ownership: A Theory of Vertical and Lateral Integration. *Journal of Political Economy*, 94, 691-719.
Hart, O. & Moore, J. (1990). Property Rights and the Nature of the Firm. *Journal of Political Economy*, 98, 1119-58.
Holmstrom, B. (1979). Moral Hazard and Observability. *Bell Journal of Economics*, 10, 74-91.
─────── (1982). Moral Hazard in Teams. *Bell Journal of Economics*, 13, 324-40.
Holmstrom, B. & Milgrom, P. (1991). Multi-Task Principal Agent Analysis. *Journal of Law, Economics, and Organization*, 7 (special isuue), 24-52.
─────── & ─────── (1994). The Firm as an Incentive System. *American Economic Review*, 84, 972-91.
Jensen, M. & Meckling, W. (1976). Theory of the Firm: Managerial Behavior, Agency Costs, and Capital Structure. *Journal of Financial Economics*, 3, 305-60.
Klein, B., R. Crawford & Alchian, A. (1978). Vertical Integration, Appropriable Rents, and the Competitive Contracting Process. *Journal of Law and Economics*, 21, 297-326.
Kreps, D. (1996). Markets and Hierarchies and (Mathematical) Economic Theory. *Industrial and Corporate Change*, 5, 561-596.
Langlois, R. (2003). The Vanishing Hand: The Changing Dynamics of Industrial Capitalism. *Industrial and Corporate Change*, 12, 351-385.
March, J. (1962). The Business Firm as a Political Coalition. *Journal of Politics*, 24, 662-678.
March, J. & Simon, H. (1958). *Organizations*, New York: John Wiley Interscience.(高橋伸夫訳『オーガニゼーションズ第2版:現代組織論の原典』ダイヤモンド社,2014年)
Meyer, M., Milgrom, P. & Roberts, J. (1992). Organizational Prospects, Influence Costs, and Ownership Changes. *Journal of Economics and Management Strategy*, 1, 9-35.
Milgrom, P. & Roberts, J. (1988). An Economic Approach to Influence Activities and Organizational Responses. *American Journal of Sociology*, 94, 154-179.
─────── & ─────── (1992). *Economics, Organization and Management*, New Jersey: Prentice Hall.(奥野正寛・伊藤秀史・今井晴雄・西村 理・八木 甫訳『組織の経済学』

NTT 出版,1997年)

Penrose, E. (1959). *The Theory of The Growth of The Firm*, Oxford: Oxford University Press.(日高千景訳『企業成長の理論』ダイヤモンド社,2010年)

Rajan, R.G., Servaes, H. & Zingales, L. (2000). The Cost of Diversity: The Diversification Discount and Inefficient Investment. *Journal of Finance*, 55, 35-80.

Richardson, G. (1972). The Organization of Industry. *Economic Journal*, 82, 883-896.

Roberts, J. (2004). *The Modern Firm: Organizational Design for Performance and Growth*. Oxford: Oxford University Press.(谷口和弘訳『現代企業の組織デザイン:戦略経営の経済学』NTT 出版,2005年)

Scharfstein, D. & Stein, J. (2000). The Dark Side of Internal Capital Markets: Divisional Rent-Seeking and Inefficient Investment. *Journal of Finance*, 55, 2537-64.

Simon, H. (1947). *Administrative Behavior*, New York: The Free Press.(二村敏子・桑田耕太郎・高尾義明・西脇暢子・高柳美香訳『新版 経営行動:組織組織における意思決定過程の研究』ダイヤモンド社,2009年)

───── (1951). A Formal Theory of the Employment Relationship. *Econometrica*, 19, 293-305.

Stein, J. (1997). Internal Capital Markets and the Competition for Corporate Resources. *Journal of Finance*, 52, 111-33.

Teece, D. (2009). *Dynamic Capabilities and Strategic Management*, Oxford: Oxford University Press.(谷口和弘・蜂巣 旭・川西章弘・ステラ S. チェン訳『ダイナミック・ケイパビリティ戦略:イノベーションを創発し,成長を加速させる力』ダイヤモンド社,2013年)

Williamson, O. (1975). *Markets and Hierarchies: Analysis and Antitrust Implications*, New York: Free Press.(浅沼萬里・岩崎 晃訳『市場と企業組織』日本評論社,1980年)

───────── (1985). *Economic Institutions of Capitalism: Firms, Markets, Relational Contracting*, New York: Free Press.

Williamson, O. ed. (1990). *Organization Theory from Chester Barnard to the Present and Beyond*, New York: Oxford University Press.(飯野春樹監訳『現代組織論とバーナード』文眞堂,1997年)

伊藤秀史(2010)「組織の経済学」中林真幸・石黒真吾編『比較制度分析・入門』有斐閣,15-36頁。

蜂巣 旭(2015)「組織経済学と企業の本質:組織ケイパビリティの経済分析に向けて」『経営論集』85号,129-144頁。

(蜂巣 旭)

第 II 部

経営戦略―イノベーション

第 4 章　経営哲学に基づいた戦略の創発
　　　　―経営者の戦略的意思決定において経営哲学の果たす
　　　　　役割
第 5 章　ユーザーイノベーション研究の整理と近年の動向
　　　　―ICT が与える影響

第4章

経営哲学に基づいた戦略の創発
―経営者の戦略的意思決定において経営哲学の果たす役割―

◆

1．はじめに

　企業の戦略策定プロセスは，企業の将来像や事業展開の方向性について事前に明確に定め，目標への道筋を系統立てて設計するものとして一般にはイメージされる。他方で，事前に明確な形で戦略が策定されるというよりも，大まかな方向付けの下で，試行錯誤を繰り返しながら，将来像や事業の方向性が徐々に明らかになっていくというような形で，後付け的に「戦略」が定まったという状況も現実には決して少なくない。後者の戦略策定プロセスにおいては，試行錯誤を繰り返す中での基底的な指針となる経営者の思想や概念，哲学といった，いわゆる経営者の経営哲学が重要な役割を果たしている。

　本章では，企業の創発戦略が形成される中で，その基盤となる経営者の経営哲学が戦略に及ぼす影響を考察する。さらに，ある食品製造企業が経営者の戦略的意思決定によってコンビニエンスストア・チェーンとの供給関係を構築し，取引関係の深化を果たすことで企業成長を遂げた事例の検討を通じて，経営者の哲学を基盤とした企業成長プロセスを明らかにする。

2．戦略策定プロセスと経営哲学

2-1．計画重視のプロセスと学習重視のプロセス

　企業の戦略がどのように策定されるのかという問題は，これまでさまざまな

研究者によって議論されてきた問題である。戦略策定プロセスに関する議論には，大きく分けて「計画」の側面を重視した戦略プロセスに注目した研究と「学習」の側面に注目した研究という2つの流れがある。

戦略策定プロセスといった場合に一般的に想起されるのは，前者の「計画」の側面を重視したプロセスであろう。計画を重視したプロセスの代表的な手法が，SWOT分析を用いるものである。SWOT分析とは，企業を取り巻く環境に存在する機会（opportunity）と脅威（threat）を考慮し，企業の内部に保持された能力の強み（strength）と弱み（weakness）を評価することである。そのような組織と環境に対するそれぞれの分析を経て，企業の内的な状況と外的な状況との適合が図られる。

このように，戦略の計画の側面を重視した戦略研究においては，伝統的なパラダイムに基づく，明確にコントロールされた計画的な戦略策定プロセスが研究の対象として扱われてきた。既存研究のパラダイムとは，企業全体の目標が設定される「目標設定」や，目標を達成されるための戦略が立案される「計画立案」，戦略の実行に必要な資源が集められる「手段確保」といった各段階の間に厳格な時間的前後関係（一方向的な関係）を想定するものであった。このパラダイムに基づく戦略策定プロセスでは，まず，目標達成のためにどうするかを知る以前に目標を決めなければならず（「目標設定」→「計画立案」），次に，必要な資源を獲得・蓄積する以前に戦略を選択しなければならない（「戦略策定」→「手段確保」）（Hayes, 1985）。つまり，戦略策定に関する主流ともいえる，戦略の計画の側面を重視した戦略研究においては，戦略の策定と実行を明確に分離する立場がとられていたのである（Mintzberg, 1978）。

LindblomやQuinn（1978）に端を発する戦略策定プロセスの研究は，戦略の「計画」として表される面のみに注目した戦略研究に対する批判として現れたものである。Quinn（1978）以降の研究においては，戦略の「計画」としての側面よりも，下された一連の意思決定パターンとしての側面が注目された（Mintzberg, 1978）。

Quinn（1978）に連なる研究者達が注目したのは，計画の側面に注目した戦略研究のパラダイムが依拠していた2つの前提である。1つは，戦略策定者は完全情報を持つという前提であり，もう1つは，組織の直面する環境は十分に

安定的という前提である（Quinn, 1978；Mintzberg, 1978：Hayes, 1985）。これらの前提の下では，戦略の実行中にそれを修正する必要が全くない。しかしながら，これらの前提は明らかに現実にそぐわないものであるか，少なくとも一般的な条件とはいえないものである。Quinn らの批判の出発点は正にその点にあり，人間の認知能力の限界や，環境の不安定性や不確実性といった条件下では，事前に完璧に策定された戦略とその忠実な実行という関係，具体的には，策定段階と実行段階の明確な分離とそれらの間の一方向的な関係は成立しないという主張がなされた。そのような批判をもとに，戦略の策定と実行の部分的な同時進行，および実行段階から策定段階へのフィードバックの存在から，戦略の策定と実行の密接な連結関係が提示された。

　Mintzberg（1978, 1990）や Mintzberg & Waters（1985）は，戦略の策定と実行のダイナミックな関係に注目し，創発戦略（emergent strategy）の概念を導入することで，より一般性の高い条件下での戦略策定プロセスを提示した。Mintzberg らは，戦略を意思決定のパターンや行動の一貫性として定義し，戦略の策定・実行プロセスを次のように表した。まず，一連の意思決定に関する事前の指針である意図した戦略（intended strategy）と一連の意思決定の結果である実現した戦略（realized strategy）を区別し，次に，それらの戦略の関係について，(1)意図した戦略が実現する場合を計算された戦略（deliberate strategy），(2)意図した戦略が実現しなかった場合を未実現戦略（unrealized strategy），(3)実現した戦略が当初意図したものではなかった場合，あるいは当初から意図が存在しなかった場合を創発戦略（emergent strategy）として分類した。この分類をもとに，Mintzberg らは，戦略の実行段階から策定段階へのフィードバックや，当初の意図は戦略の実行中に修正されることで結果的に生まれた創発戦略の中で実現されるという状況を想定することによって，学習のプロセスとしての戦略策定プロセスという視点を提起した。

　これまでに議論した「計画」の側面を重視した戦略策定プロセスと「学習」の側面を重視したプロセスの関係は，どちらの戦略策定プロセスが現実の状況においてより優れているのかという点から見られるものではない。むしろ，戦略の策定といった場合に，一般的に想定されがちな，策定段階と実行段階が明確に分離された前者のプロセスに対して，実行段階から策定段階へのフィード

バックを提起する後者のプロセスの存在を考慮することによって，戦略の策定と実行という一連のプロセスにおける柔軟性を確保することの必要性が促されるのである。したがって，一般的に想定されるような企業の戦略策定プロセスにおいては，当該のプロセスが「計画」と「学習」のどちら側に属するのかを明確に切り分けることは難しい。企業組織の中では，必要なデータをできるかぎり分析的に活用して明確な戦略を策定し，それを忠実に実行するというプロセスが行われていると同時に，戦略の実行を担う部門と策定を担当する部門との相互作用を経て戦略が形成されるプロセスも組織内に取り込まれているのである。

一方で，戦略策定に関する計画重視のプロセスと学習重視のプロセスという分類には，有用になる状況も存在する。それは，戦略策定が少数の個人によって主に行われている状況である。このような状況は，一般的な大企業でも見受けられるものでもあるが，とりわけ，中小規模の企業において多く観察される。中小規模の企業においては，経営者個人は企業内の主な戦略策定者にして，同時に戦略の実行者でもあることから，経営者の個人的な特質が企業体そのものに色濃く反映される（Uzzi, 1997）。このような中小規模の企業特有の要因を考慮した場合，戦略策定プロセスの2つの分類からは，企業の戦略策定プロセスにおいて，主に経営者個人に焦点を当てることで，明確な戦略の事前の策定というプロセスだけでなく，試行錯誤の中から戦略が形成されるというプロセスという観点からも考察を行うことが有用となる。

2-2．経営者の哲学に基づく創発戦略

中小規模の企業では，経営者個人が企業内の主な戦略策定者にして戦略の実行者でもあることから，彼によって経営される企業には経営者個人の持つ特質が色濃く反映される。さらに，そのような企業での戦略策定は，既存事業の運営を行う傍らで行わなければならない。それを踏まえると，戦略の策定と実行という段階で一般的に想起される，何らかの形で事前に策定された明確な戦略を実行するというプロセスに加えて，事前に明確に策定された戦略というものを持たずに，大まかに設定された方向性に沿って，事業を運営する中で試行錯誤を繰り返し，戦略が徐々に形成されるというプロセスの重要性が増してくる。

この後者の戦略策定プロセスは，戦略策定の「学習」の側面を重視したプロセスに注目することで導かれるものである。このような戦略策定プロセスにおいて鍵となるのは，「学習」の基盤となる経営者個人の特性である。

経営者の個人的特性と企業組織との関係に注目したSchein（1983, 2004）によると，経営者が自身の思想や信念，価値観を具現化しようと内発的に駆り立てられた結果が，企業であることから，経営者個人の思想や価値観は，企業活動そのものとなって表出するという意味で，企業に影響を与える。さらに，Tregoe, Zimmerman, Smith & Tobia（1989）によれば，経営者の経営哲学は，企業の環境認識の枠組みや戦略策定の傾向，組織のコントロール方法への影響を通じて，企業に影響を及ぼすだけでなく，組織成員にある種の価値観として共有されることで，企業の将来の業績と生存可能性に大きな影響を及ぼす。

経営者の個人的特性，とりわけ，彼自身の内面に関わる特性が企業活動そのものに影響を及ぼすという知見からは，経営者の一連の意思決定のパターンとして現れる創発戦略が，その試行錯誤のプロセスそのものが経営者の経営哲学の影響を免れえないということが示唆される。

3．事例：食品製造業 A 社の創発戦略

本節では，コンビニエンスストア（CVS）への調理済み食品[注1]の供給を通じて成長を遂げた食品製造業 A 社の事例を通じて，経営者の経営哲学を基盤とした創発戦略の発生プロセスを考察する。

A 社はもともと，西日本のある都市において，弁当の製造販売を営む企業であった。そのような企業が，現経営者の B 氏の意思決定により，ある大手 CVS チェーンの進出に併せて，1980年代前半から周辺地域に展開する CVS への弁当とおむすびの独占的な供給関係を締結することとなった。その後，A 社とその CVS チェーンとの関係はさらに深化し，調理パン，惣菜やデザートなど次々と供給する商品カテゴリを拡大していくこととなった。そのことに関して，A 社の代表取締役 B 氏は次のように述べている。

「(CVS チェーン)のビジネスを初めてしたことは，最初，うちはお弁当とおむ

すびだけだったの。そうしたら，サンドイッチを作ってた他の会社がまだ店舗数が2つか3つのときにあまりにも注文が多くてギブアップしちゃったの。作れないって言うて。で，(CVSチェーン)の方が『Bさん，サンドイッチ作れますか』って。『作ったことはないですけど，作り方とか教えてくれるなら，作りますよ』って言うて，サンドイッチに進出したの。で，お弁当とサンドイッチを作ってて，今度はお店（CVS）見たら，お惣菜もいいなと思うて，お惣菜もいつかやりたいなと思ってたら，それまでは温度帯がお弁当とサンドイッチは常温，20度の温度帯，それを今度はサンドイッチはチルドにするという話があって，じゃ，別の工場を作らんといかん。じゃ，私がチルド工場造りますよと。造るから，そのときお惣菜もやらせてくださいって。それは是非やってくれというんで，岩国に工場を造ったんですよ。で，お弁当からサンドイッチ，お惣菜をやって，今度はデザートをお店に…女性の来店が少ないわけよ。そうしたら，なんとか女性の来店客数を増やすためにはデザートを充実させたらいいなと思って，デザートなんか作ったこともなにもないのに，デザートをやらせてくれんかってセブンに言ったのよ。そしたら，うんうんって言ってたけど，じゃあ，やってみますかというんでデザートをやらせてもらった。」

（A社代表取締役B氏インタビューより。2005年10月26日。引用部分の丸括弧内は筆者による。）

当時，CVSチェーンと商品供給企業との関係においては，取引関係の拡大といえば，契約当初の取扱商品の供給の地理的な拡大というケースが一般的であった。実際に，A社が取扱商品のカテゴリを増やしていく最中には，CVSチェーンから供給地域の拡大についての提案が何度もされた。そのような中で，A社は地理的な拡大は極力避ける一方で，同一地域のCVSチェーン内における取扱商品を拡大していくというあまり前例のない方策を選択した。以上のことについて，A社代表取締役B氏は次のように述べている。

「そうやって，僕はカテゴリを増やしていったの。で，その間にね，（隣県）に工場造ってくれとか，（関西地方の大都市圏）に出さないかとかあったの。ただ，僕は，ここらあたり辺がが僕の度量の狭さで，食い物屋は規模の拡大と美味しさが比例しない，下手したら反比例するという古い思い込みが今でもあるんですよ。だから，ラーメン屋でも美味しいラーメン屋がチェーン出したらなんか味落ちた

なって言われることがよくあるじゃない。だから，そういうのはやだなと。だから，親方の，まあ僕が親方ですが，目の届く範囲だけで仕事がしたいという思いがあって，（隣県）とか（関西地方の大都市圏）いうたら，これは完全に別工場になる。別会社みたいなものだから，それを管理するだけの僕には器量がないし，まだ人が育ってないということでそれは断ってきた。その代わり，エリアの拡大の代わりにカテゴリの拡大でうちは売上を伸ばしてきたんです。」

「（取扱商品を増やしていこうという発想は初期の頃からは）なかったね。…（略）…（地域を限るビジョンについては，当該地域に工場を）平成5年に造ったのよ。その頃から，あまりエリアは拡大したくないなと思ってたのよ。それだったら，カテゴリでいけばいいなと。」

（A社代表取締役B氏インタビューより。2005年10月26日。引用部分の丸括弧内は筆者による。）

CVSチェーンと商品供給関係を締結する企業において一般的とされていた地理的拡大ではなく，限定された地域において取扱商品のカテゴリを増加させていくというB氏の意思決定は，A社の企業成長に大きく寄与することとなる。

CVSチェーンとの供給関係を締結する以前においては，A社は同一地域において弁当や惣菜といった同一カテゴリの商品の製造販売をほぼ専業とする数社のうちで最も規模が小さかった企業に過ぎなかった。そのA社が，十数年でそれら同業他社を大きく凌ぐ成長を遂げたのである。このことについて，A社代表取締役B氏は次のように述べている。

「当時（CVSチェーン）に参入したときにはね，お弁当が2社，お惣菜が2社，（当該地域）であったんです。皆，目くそ鼻くその会社だった。年商が3億4億の会社がよーいどんでスタートしたんですよ。で，今，100億なったのはその4社の中でうちだけで，後は皆30億とか40億とか多いところで，少ないところはまだ10数億とかいう会社もあるんだけど…単純に4社だけでいうと，100億超，60億，30億，17，8億ぐらいだろうと思うんだけど…それは，じっとしてたらうちも30億40億だと思うんですよ。だけど，（CVSチェーンとの取引関係において，取扱商品の）カテゴリを拡大したから，（当該地域で）100億になれたんで，僕に本当に力があれば，（隣県）に出して（関西地方の大都市圏）に出してたら，200億は堅いね。上手くやれば，300億いってるよね。」

第4章　経営哲学に基づいた戦略の創発　59

「確かに（CVSチェーン）の市場いうのは恵まれてる市場なんですよ。私から見るとね。同じような弁当屋で，例えば（競合企業）C社さん。私が社長のとき，父親から受け継いだときの年商というのは2億7千万だったんですよ。その頃，C社は40億だったですよ。僕は，いつかはC社には追いつきたいなと思ってたんですよ。そうしたら，ある瞬間にうちが60億か70億になったときに，ところでC社はいくら売ってんだとなったときにC社は50億だったんですよ。だから，いつ抜いたのか分からんけども，いつの間にかC社を抜いてたわけで。それは，じゃあ，C社の社長のDさんより僕が経営手腕が優れてたかというと決してそんなことはないので，売上を伸ばすための努力はC社のDさんの方が絶対してたと思うんよ。だけど，それは，うちは（CVSチェーン）が売上を伸ばす努力をしてくれて，それに私が間に合うように商品供給する工場を造ったり，設備を投資したり，人材を育成してきたりとしてきたことがマッチングして伸びてきたんですよ。」

（A社代表取締役B氏インタビューより。2005年10月26日。引用部分の丸括弧内は筆者による。）

このようなA社の企業成長は，取引相手であるCVSチェーンそのものの高成長に当然裏付けられたものである。他方で，当該地域へのCVSの進出当時，経営資源の面でA社と大差のない，あるいはA社を上回る経営資源を保有する同業他社が，同様の事業機会に直面しながらも，その機会を活用することはできなかったのも事実である。

事業機会を活用できなかった同業他社とA社とを別った要因の1つとして，B氏の意思決定の背景となった，B氏の独特の経営哲学を挙げることができる。例えば，B氏はCVSチェーンとの取引関係について次のように述べている。

「だから，（例えば，CVSチェーンから製造工場の衛生管理や品質管理等を始めとするさまざまな要求について）言われてやるのは癪だから，言われる前にやってやろうと。それが，結構，先んじてやるというか抜け駆けの功名というか，そんなことやるのはわくわくするところがあるから，同じことをやっても。だから，（CVSチェーン）との取引も，言われてやるのは癪だし。だから，言われる前にやってやろうと。例えば，よその同業の社長なんかもね，（CVSチェーン）は今年，出店を何十店舗するって言ったのに，そんなにいってないという愚痴をこぼすのよ。愚痴をこぼすのがあまり好きじゃないから。だったら，何もお店を出すのは（CVS

チェーン）だけじゃなくて，そのきっかけというのは我々にも情報提供できるわけだから。まあ，街を走ってたら，あ，あそこにマンションが建ちだしたと。あの1階に（CVS）ができたらいいなとか，あの酒屋さんがなんか廃業を考えてる，じゃあ，あの酒屋さんのロケーションに（CVS）作ったらいいじゃないかと。思ったらそういう情報をどんどん（CVSチェーン）に提供してたの。で，まあ，確率で言えばね，20ぐらい提供したら，1件か2件まとめるかまとめられないかというような，自分でガセネタのBいうて自称してたけど，ガセネタだろうが何だろうがネタがないよりある方がいいわけだから，そういうのを（CVSチェーン）に提供してたら，その中のそこが決まったり，その人の紹介したところの流れで，そこは駄目だったけど違うところが決まりましたとかいうような話がいくつかあったから，なら，それも，自力でね，他力で（CVSチェーン）におんぶに抱っこじゃなくて，自分でお店を増やす努力をすればいいというように思って仕事をやってたから。」

「（CVSチェーン）は厳しくて大変でしょうってみんなが言うわけよ。厳しいと言えば厳しいし，大変だと言えば大変かもしれないけど，それは当然だと思えば別にどうってことないし，その品質管理で厳しいこと言われるのを自分が気がつかないことを教えてもらってるんだと思えばそれだけのことなんでね。まあ，性に合ってたのかもしれないけどね，僕の。だから，その辺は考え方1つだなと，いまでも思ってます。で，例えて言えば，大きなこととすればね，前も話したかもしれないんだけど，（CVSチェーン）では今もう3便制で，日に3回お弁当やってるけど，我々がビジネスに入ったときには日に1便，2回だったの。だけど，よく考えてみたら，（CVSチェーン）の売れるピークは朝，昼，夕方いうて3つあるんだったら，そのピークに合わせていく方がリーズナブルだなと思った。それともう1つは，自分の工場が店舗数が増えてきて，売上が増えていくと，日に2回だったら，100という売上，物量を作ろうとしたら，2回に分けたら，単純に言えば50：50だけど，なかなかそうはいかない，6：4ということになったらね，6というのが工場のキャパになってくるわけ，その限られた時間の中で6というのが。だけど，そうすると工場が一杯一杯になって，工場を増やさないといけない，人を増やさないといけないとなるって大変なわけですよ。で，もう1つは，1便と2便とを作る空き間があって，そこでパートさんを休ませないといけない。そうすると，そこがずっとつながりっていった方が効率がいいわけですよ。パートさんにとって，そして会社にとって。で，仮に，ピークが3回のときに，3回

第4章　経営哲学に基づいた戦略の創発　　61

に分けたら，例えば3：3：4とか，仮に5：3：2になったとしても，6：4の6のキャパだったらそこに差が1できるわけだから，工場を拡張しなくても，設備を増強しなくても，人員を増やさなくても，工場のキャパが広がるなと思ったんで。だから，自分の都合とお客様の都合，自分の都合だけで言うのはちょっとそれは，お客さんに迷惑かけるんだったら，それはいいことじゃないけど，自分もよくなって，お客さんも喜ばれる，お店も喜ばれることならやるべきだな思ったから，（CVSチェーン）の理事会で僕は当時37（歳）ぐらいで一番若い理事だったんだけど，3便制にしてくれって言ったの。（CVSチェーン）は大喜びしたよね，よく言ってくれたって言って。（CVSチェーン）はやりたかった。だけど，我々は作るのが大変だって反対してた。で，僕は（当該地域）に限って3便制にしてくれいって言ったんだけど，結果的には全国になったよね。他の社長からはえらいお叱りを受けたけどね。」

「他はやれ言われてやってるから嫌なわけよ。で，僕はやった方がいいと思って，僕からやろう言ってることだから，嫌でも何でもないのよ。というような具合で，まあ，そういう取り組みでやってきたから，だから，まあ，（CVSチェーン）に感謝することは一杯あるけども，恨みつらみはない言うたら嘘かもしれないけど，多分，他の出入りメーカーに比べたら半分だろうね，僕はね。」

（A社代表取締役B氏インタビューより。2006年3月24日。引用部分の丸括弧内は筆者による。）

B氏のこのような考えは，自身の心中だけで保持されているものではなく，A社経営者の考えとして，社内外で広く明確な形で発信されているものである。このことに関して，B氏は次のように述べている。

「（CVSチェーン）のね，もう辞められたけど，副会長でプロジェクトXにもよく出てたんだけど，副会長の人がいてね，すごくいい人なのよ。（その人に）僕が言ったのは，（当該地域で）会社経営をしてて，工場を新たに建てる。新たに建てると10億単位のお金がいるわけで，それを他の経営者が見たときに，その工場はどこに納品するために造るんかって言ったときに，（CVSチェーン）。その（CVSチェーン）に何割ぐらい，何割って100％だ。そんな危険な経営をよくするなって，（自動車メーカー）をよく見てみろ，（自動車メーカー）の下請けを見てみろと言われると。だけど，僕は（CVSチェーン）の下請けだと思ったことは1回もないと。だって，（CVSチェーン）は販売業で僕は製造業なんだから，そもそも違うんだか

ら。(CVSチェーン)に対しては，ここまで会社を育てていただいた，大きくしていただいたことに関しては恩も感じてるし，感謝もしていると。ただ，口幅ったいけど，少なくともこの地区の(CVSチェーン)をこれだけ隆盛にしたのは，うちの商品が3割を占めてるんだからお店の中で，あるいはそれ以上を占めてるんだから，口幅ったいけど，俺が下支えしてないとこうはなってないと思ってますけどいいですかって聞いたら，『それは結構ですよ。その通りです』と，我々は下請けとかなんとかじゃなくて，パートナーだと自分は理解してるし，従業員にもそういう風にいつも話してますけどよろしいですか言うたら，『それは結構です』と言われたことがあるけど，僕はそう思ってる。だから，仮に(CVSチェーン)がおかしくなって，うちもおかしくなったとしたら，それは(CVSチェーン)に責任があるんじゃなくて自己責任だよ。うちの商品がもっとよければ，3割しかなくてうちの商品が100％になったって悪かないんだから，何が悪いんだと，いやパンが良くないと，じゃあ，うちがパン焼いてやろうと思うてやればいいだけの話じゃない。だから，お店が，出店が少なかったら，自分がリクルート活動して，あそこもそこも(CVSチェーン)の店に変えさせてやろうと思えば動けなくはないんだから，それをやらずに自分はじっとしてて，自分は製造業だからここだけやってればいいんだよ，いいもの作ったのに売ってくれん言ってるのは卑怯だと僕は思うから，同じことなのよ僕にとっては…たまたま，(CVSチェーン)に売ってもらうっていうのは僕がした判断で，自分から頼みにいったんだから，作らしてくれ売らしてくれ，売るのは(CVSチェーン)やってくれって頼んだんで，(CVSチェーン)から『作れ，売ってやるから』っていうて言われたわけでもなんでもないんだから，という風に僕は思ってるんだけどね。」

(A社代表取締役B氏インタビューより。2005年10月26日。引用部分の丸括弧内は筆者による。)

4．おわりに

本章では，経営者の経営哲学が，経営者の意思決定の基盤としての影響を通じて，企業の戦略に影響を及ぼすということを考察した。経営者の経営哲学は，とりわけ，戦略策定プロセスにおいて経営者の占める役割が大きくなるような中小規模の企業において，試行錯誤を繰り返す中での経営者の意思決定のパ

ターンとして結果的に現れる戦略に，その意思決定の基底としての影響を及ぼすと考えられるのである。

　これらの考察から，1つには，保有する経営資源や直面する環境などの条件を同じくする企業の間で経営成果を分かつ要因についての考察をさらに進められる可能性が示される。同条件の企業間の業績の差を生む要因として，単純に「経営者の質」の差とするのではなく，経営者の経営哲学といったある程度読み取りが可能な個人的特性にまで深掘りをし，経営成果と何らかの関連づけが可能だと考えられる。

　もう1つは，経営者自身の社会資本（social capital）の形成と利用について，経営者の経営哲学の面から考察を進められる可能性がある。

　どのような企業であっても，最終的な意思決定権者である経営者（経営陣）の企業活動に対する影響力は大きい。とりわけ中小規模の企業では，その関与の度合いの大きさから，経営者の持つ個人的な特質が企業に色濃く反映される。つまり，経営者自身の人間関係を通じて，彼の経営する企業そのものが何らかの便益を享受できると考えられるのである。具体的には，経営者自身を取り巻く社会的な関係の中で動員された資源や，関係性を利用してなされた学習が，事業運営や戦略策定などの企業に関する活動に用いられる可能性が示される。

　企業の経営者は多様な関係性に絡まれている。それは，自らが企業を経営してきた際の取引関係者や同業者との間に形成された事業上の関係や，自社が活動してきた地域との間で形成された地域的な関係，当該経営者の先代にあたる経営者との間の世代間の関係などである。中小企業の経営者は既存事業を運営する中で，これらの関係のうえに存在する主体を利用して，事業転換につながる新規事業を設立に有益な情報や知識を獲得できる。さらに，そうした直接的関係にある主体からだけではなく，彼らを介して間接的な関係にある主体を利用して，同様に有益な情報や知識を獲得できる。中小企業の経営者は，既存事業を運営しながら，そのような広大で多様な関係性を利用することで，試行錯誤を行い，さらには個人的な取組によって獲得可能な量を上回る情報や知識を獲得できる。このように，経営者個人の関係性を利用した学習を通じて戦略が形成されることも考えられる。

　このような研究発展の可能性が見られる一方で，本稿は決して少なくない課

題も抱えている。例えば，経営者の経営哲学が意思決定の基底として戦略策定に影響を及ぼす可能性を指摘しているけれども，意思決定に影響を及ぼす他の要因が多く存在することを考えれば，その影響を十分に捨象できているとはいえない。このような問題を避けるためには，経営者の意思決定プロセスをモデル化する過程で，影響の切り分ける作業などが考えられる。今後，稿を改めて論じたい。

付　記

本章は，大原（2011）「経営哲学に基づいた戦略の創発—経営者の戦略的意思決定において経営哲学の果たす役割—」『経営論集』第78号，pp.215-224を修正したものである。

注■

1　調理済み食品とは，例えば，弁当，おにぎり，サンドイッチ，惣菜，サラダ，デザートなどがそれにあたる。

参考文献■

Brews, P.J. & Hunt, M.R. (1999). Learning to plan and planning to learn : Resolving the planning school/learning school debate. *Strategic Management Journal*, Vol. 20, No. 10, 889-913.

Falbe, C.M. & Dandridge, T.C. (1992). Franchising as a strategic partnership : Issue of co-operation and conflict in a global market. *International Small Business Journal*, Vol. 10, No. 3, 40-52.

Hayes, R.H. (1985). Strategic planning : Forward in reverse. *Harvard Business Review*, November-December, 111-119.

Johnson, G. (1988). Rethinking incrementalism. *Strategic Management Journal*, Vol. 9, No. 1, 75-91.

Mintzberg, H. (1973). Strategy-making in three modes. *California Management Review*, Vol. 16, No. 2, Winter, 44-53.

────── (1978). Patterns in strategic formation. *Management Science*, Vol. 24, No. 9, 934-948.

Mintzberg, H. & Waters, J.A. (1985). Of strategies, deliberate and emergent. *Strategic Management Journal*, Vol. 6, No. 3, 257-272.

Montgomery, C.A. & Wernerfelt, B. (1988). Diversification, Ricardian, and Tobin's q. *Rand Journal of Economics*, Vol. 19, No. 4, Winter, 623-632.

Quinn, J.B. (1978). Strategic change : Logical incrementalism. *Sloan Management Review*, Fall, 7-21.
Quinn, J.B. (1980). Managing strategic change. *Sloan Management Review*, Summer, 3-20.
Schein, E.H. (1983). The role of the founders in creating organizational culture. *Organization Dynamics, summer*, 13-28.
Schein, E.H. (2004). *Organizational culture and leadership*, Jossey-Bass.
Tregoe, B., Zimmerman, W., Smith, R. & Tobia, P. (1989). *Vision in action : putting a winning strategy to work*, Simon & Schuster.
Uzzi, Brian (1997). Social Structure and Competition in Interfirm Networks : The Paradox of Embeddedness. *Administrative Science Quarterly*, Vol. 42, No. 1.

(大原　亨)

第5章

ユーザーイノベーション研究の整理と近年の動向
―ICTが与える影響―

1．はじめに

　近年のインターネットをはじめとしたICTの発展に伴い，イノベーションは新たなあり方を見せている。従来にはない場所でイノベーションが発生したり，従来とは異なるいろいろな主体の知識の融合がイノベーションにつながったり，もしくは従来の流通過程を踏まえないイノベーション普及過程が見られるようにもなった。特に近年では最終消費者によるユーザーイノベーションが研究の焦点の1つとなっている。そこで，本章では，第2節にて一企業にとどまらないイノベーションとしてユーザーイノベーションを位置づけ，第3節にてICTが与えた影響について最終消費者によるイノベーション以外の側面を示す。第4節にて最終消費者によるユーザーイノベーションの研究動向と課題を明らかにし，第5節にて課題に関連する筆者の研究状況について紹介する。

2．一企業を越えたイノベーションとユーザーイノベーション

　イノベーション研究の始まりは，イノベーション概念を提示したSchumpeter（1926）であると考えられる。Schumpeter（1926）では，後にイノベーションを示す概念となる「新結合」を，非連続的に物や力の結合が新しく達成されることとした。このとき，彼はイノベーションの主体が新企業にあるという仮説を示したが，Schumpeter（1942）では市場の集中度が高い産業において，

既存の大企業がイノベーションに有利だと指摘している。この理由について，Cohen & Levin（1989）やCohen（1995）は，内部資金や外部資金の調達に有利なこと，研究開発に規模の経済が働くことなどを挙げている。Cohenらの主張は，リソースを持つ組織が組織内でイノベーションを行うメリットを指摘している。

　一方で，複数の組織が協力してイノベーションを行う意義について企業間関係の立場から指摘しているのがDyer & Singh（1998），Brusoni, Prencipe, & Pavitt（2001），Chesbrough（2003）などの研究である^(注1)。Dyer & Singh（1998）では，関係特殊資産，知識共有，補完資産・能力，効果的なガバナンスの構築などの企業間での関係性を構築することが収益につながると指摘している。また，企業間関係やサプライヤーシステムに関する研究群（浅沼，1997；Dyer, 1996；Dyer & Nobeoka, 2000など）は，企業関係の構築法からイノベーションが生まれる可能性を示している。

　また，製品構造や属性から1つの企業では行いイノベーションの可能性を示唆しているのがBrusoni et al.（2001）である^(注2)。Brusoni et al.（2001）では，複雑で大規模な製品の開発・生産における複数の企業関与の必要性を指摘している。彼らは，航空機エンジンメーカーは技術転換期に自身がシステム統合のための能力を維持する一方で，それぞれのコンポーネント設計に関して他社に任せる事例を紹介している。Brusoni et al.（2001）やPrencipe（2000）ではシステムを統合する企業（システムインテグレーター）がコンポーネント知識を持つ必要性も唱えており，具（2008）や中川（2008）では，コンポーネントのメーカーがシステム全体の知識を得ることの重要性を唱えている。いずれも製品を市場への提供する際に，企業間の協力がイノベーションにつながる可能性を示している。

　以上は，製品構造が複雑で大規模である場合の1つの企業にとどまらないイノベーションの可能性を示しているが，製品構造が単純である場合であっても，1つの企業ではイノベーションを行いきれないということが十分に考えられる。

　その1つの考え方が示しているのがChesbrough（2003）であろう。Chesbrough（2003）では，多くの製品が市場に出るまでのスピードがアップしたり，新製品の寿命が短くなってきたりしている中で，アイデアを市場につなげてい

くうえで企業内部・外部を有機的に結びつけて対処するというオープンイノベーションの概念を提唱している。Chesbrough（2003）では，組織内で行われるイノベーションの事例としてメインフレームコンピュータを挙げられているのに対し，オープンイノベーションに適切な事例としてパソコンを挙げている。

　このオープンイノベーションの研究視座の1つとして，Gassman, Enkel, & Chesbrough（2010）で挙げられているのが，ユーザーイノベーションである（von Hippel, 1988）。ユーザーによるイノベーションを説明する1つの概念がvon Hippel（1994）が提唱した「情報の粘着性」である。ある情報を使用可能な形で特定の場所へと移転するためのコストとして表される情報粘着性が高い場合，あるニーズを持った個人・組織は，その情報をそのニーズを叶える組織に移転することが難しく，自らイノベーションを行うのである。ユーザーイノベーション研究は，von Hippel（1976）に端を発する。von Hippel（1976）では，科学機器において，多くのイノベーションの担い手がそのイノベーションのユーザー（大学の研究者）であるであることを突き止めた。さらにvon Hippel（1977）では，より一般的な生産財において，生産財を使用するメーカーがイノベーションを行う事例を指摘している。ユーザーが行うイノベーションに関して，研究の初期の段階では，消費者というよりは製品に関して専門家であるユーザー企業がイノベーションを行う事例が多く見られた（Freeman, 1968；Rosenberg, 1976）。対象とされる製品も工作機械や化学製造プロセスなど，相対的に複雑な製品であることが多かった。

　しかし，ユーザーイノベーションを行う主体として，近年より注目を集めているのは最終消費者である。これには2つの理由が考えられる。1つは，前述したような組織間関係の研究の発展が挙げられる。組織のようにその構造が人間内部に比べて観察がしやすい分析単位を有している主体に関しては，情報の粘着性という概念を用いて情報自体をブラックボックス化せずに分析できる可能性があり，ユーザーイノベーションという概念が適切ではないと考えられる。もう1つがICTの発展である。ICTの発達は企業の研究においてもさまざまな発展を促しているが，ユーザーの活動も一変させており，この点が最終消費者によるユーザーイノベーション研究の発展に寄与している。そこで，次節で

は，ICT，特にインターネットの普及がイノベーション研究に与えた影響について，最終消費者によるユーザーイノベーション研究以外の側面を整理する。

3．ICT の発展とイノベーション研究の可能性

インターネットという情報通信技術の発達とその普及は企業や個人にどのような影響を与えているのか。インターネットをある種の主体間のインターフェースと捉えるならば，その分析対象は①企業内部，②企業対企業，③企業対ユーザー[注3]，④ユーザー対ユーザーに整理できる（**図表5-1**）。

ユーザーイノベーション研究に関して，ICT の発展は，ユーザーイノベーション研究については，前節で明らかにしたように特に消費者としてのユーザーのイノベーションに関わってくる③，④に大きな影響を及ぼしている。本節では③，④のユーザーイノベーションに関わる観点については次節に譲ることとして，それ以外の範囲について簡単にまとめることとする。

それぞれの分野に沿って研究を概観していくと，①の分野，すなわち，企業

図表5-1 インターネットを介した分析対象の可能性

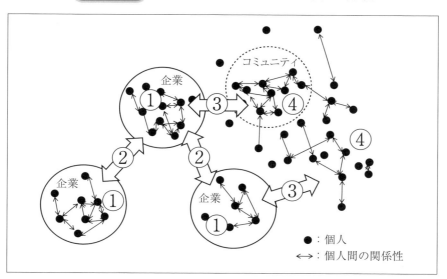

内部におけるインターネットを対象にした研究に関しては，Bulkley & Alstyne（2006）や安田・鳥山（2007）のように企業内における電子メールログから，コミュニケーション構造を明らかにする論文が見られる。コミュニケーション構造を抽出する試み自体は，安田・鳥山（2007）でも触れられている通り，1930年代のホーソン実験以来，新しいものではない。しかし，既存の分析に比べ，インターネットを介したデジタル情報を扱うことで，単にネットワークの構造を明らかにするのみならず，データとして残っている交信の内容そのものを分析できるので，イノベーションにつながるコミュニケーション構造とは何かに関して新たな知見が得られると考えられる。

次に②の分野，企業対企業を対象とした研究に関しては，サプライチェーンマネジメントにおける企業間の電子的コミュニケーションについてさまざまな視座から分析が行われている。Cagliano et al.（2003）や Caniato et al.（2009）ではサプライチェーンマネジメント（SCM）を企業がインターネットを用いない既存の手法と，インターネットを用いた新しい販売・調達の手法の現状について調査している。この分野では，インターネットというイノベーションを採用する企業とはどのような企業であり，逆に採用しない企業はどのような企業であるか，どのような企業がインターネットを用いて収益を伸ばすことができるのかという分析が1つのトピックになっている。

①の分野（企業内部を対象にした研究と），②の分野（企業対企業を対象とした研究），③の分野（企業とユーザーを対象とした研究）をつながるような，すなわち，企業内と企業外をまとめるような研究も今後考えられる。①でも指摘した通り，その先駆的な研究はインターネットが普及する前からなされている。その代表例が Allen（1977）である。Allen（1977）は企業でイノベーションが取り入れられる様についてゲートキーパーの概念を用いている。ゲートキーパーは企業の外部から技術に関する情報を集めてくる役割とその技術情報を企業内で広める役割を担っている。当時，これらの役割を確認する手法は，アンケートが中心にならざるをえなかった。しかし，今日では企業外とのつながりと企業内のつながりという2つの役割を，インターネットを介することで容易に分析できる。イノベーションに影響を与える企業の内と外をつなげる重層的なネットワーク構造とは何か，について今後の研究が期待される状況であ

る。

　③の分野，企業対ユーザーを対象とした研究に関しては，企業がインターネットを活用して，顧客をどのように導くかが問題意識の1つになっている。第1に，既存の研究の延長線上にあると考えられるのが，インターネットがユーザーの購買活動にどのような影響を与えるかである。例えば，Gefen et al. (2003) では，e-コマースでの購買にあたって消費者が重視する要素として信頼を挙げている。信頼構築のためには，業者が悪いことをしていないという信念，ウェブサイト内にセーフティメカニズムが組み込まれているという信念並びに，典型的なインターフェースを持つことによる使いやすさが影響することを明らかにしている。第2が，ユーザーのイノベーションへの参加という観点であるが，この点に関しては次節で取り扱うこととする。

　④の分野，ユーザー対ユーザーを対象とした研究に関しては，大きく2つのトピックがある。1つはインターネット上のネットワークとの関係性であり，もう1つはコンテントの内容との関係性である。前者に関して，口コミの広がりに着目したのがGodes et al. (2004) である。彼らは，彼らは1999年-2000年のシーズンにおける44のテレビ番組を対象にし，インターネット上のコミュニティ（Usenet newsgroups）における口コミを測定し，そのコミュニティを通じた会話の広がりがテレビのレーティングに影響を与える一方で，量に関しては支持されないことを示している。次にコミュニティの性質に着目したのがDholakia et al. (2004) である。彼らはインターネットベースのアンケート調査を行い，264の異なるバーチャルコミュニティの参加者から回答を得た結果，ネットワークを起点として緩くつながっているコミュニティと密な連携を取る小さなコミュニティの間では，前者にはその参加にあたっては目的や自己発見的な価値が影響を与え，後者には個人間の関係性の維持が強く影響を与えていることを明らかにした。また，ネットワーク上の隣人の性質に着目したのがTrusov et al. (2010) である。彼らはとあるSNSの12週間のデータ，ランダムで330のユーザーとその2万9,478人の友人ならびにそのまた友人229万8,779人の日々のログイン活動を分析した結果，少数の影響を与える関係性を持ったユーザー（22%）と影響を与えない関係性を持つユーザーがいることが明らかにした。

一方でインターネット上に流れるコンテンツの内容との関係性に着目した研究も存在する。口コミの性質に着目した Chevalier & Mayzlin（2006）では，口コミの性質についてその善悪を対象に研究を行っている。彼らは Amazon と Barnesandnoble という2つのサイトにおける本の売上と消費者のレビューの関係性を分析した結果，レビューにおける改善はそのサイトにおける売上の向上につながるということ，レビューにおいては高評価（5つ星）の影響力よりも低評価（1つ星）の影響力のほうが大きいことを示している。また，勝又・片平（2010）では，CGM（consumer generated media）上での発信量と製品カテゴリーとブランドの間でどう異なるかについて分析している。彼らは，60種類のブランドを分析対象とし，ブログでの発言数データ，パネルに対するアンケート調査，発売日からの経過週のデータ，GRP 出稿量を考慮した分析を行った結果，GRP は CGM 発信量に影響を与え，CGM 発信量は考慮率に正に影響を与えること，また CGM 発信傾向は化粧品が最も高く，テレビに関する情報が次に高いことが示した。以上のようなインターネット上での評価システムがイノベーションを行うユーザーにどのような影響を与えるかが1つの研究の方向性である。

次節ではインターネットと最終消費者によるユーザーイノベーション研究の整理を行い，近年の動向を紹介する。

4．最終消費者によるユーザーイノベーション研究の整理と課題

最終消費者が行うユーザーイノベーションは，von Hippel（1986）以降，徐々に主流になりつつある。もちろん，インターネットに関係なく，ユーザーイノベーションは研究されている。具体的には Lüthje（2004）や Franke & Shah（2003）に代表とされるようなマウンテンバイクなどのアウトドア製品におけるイノベーションである。Lüthje（2004）では，イノベーションを行うユーザーはイノベーションを行わないユーザーよりもイノベーションから利益が大きいと感じており，製品の使用についても詳しいことを指摘しており，Franke & Shah（2003）では，アウトドア製品に関してイノベーションを起こしたユー

ザーはリードユーザーの2つの特徴を有していることを指摘している。

しかし，インターネットはより多くの研究を刺激している。これにはインターネットが消費者によるユーザーイノベーションを加速させるシステムを有しているからである。第1にインターネットを介することで情報入手が容易になることである。ある特定の分野において企業であればイノベーションに関して必要な情報を持っている可能性があるが，消費者のユーザーであれば難しいことが多い。その欠けている情報はインターネットを通じて入手することが可能になるのである。第2は動機付けである。企業であればイノベーションを収益につなげるシステムを有している。インターネットを用いていない消費者の場合には，イノベーションは自分のために自発的に行われることが多い[注4]。しかし，インターネット通じることで，評判・評価という形で還ってくるため，これが動機になりうるのである。

最終消費者が行うユーザーイノベーション（以下ではユーザーイノベーションとして表記する）にはいくつかの視点が考えられる。第1に企業のマネジメントであり，第2はオープンソースソフトウェアであり，第3がユーザーの属性である。本章では，第1，第2の視点について踏まえたうえで，特に将来の研究の可能性が高いと考えられる第3のユーザーの属性について，今後の研究の可能性と近年の動向について整理する。

第1に企業はどのような関わり方ができるのか。その1つの可能性を示したのがvon Hippel（2001）である。von Hippel（2001）では，企業がユーザーのイノベーションを促進する際，ユーザーのイノベーションを補助するツールキットが用いられると指摘している。この研究を踏まえ，Franke & von Hippel（2003）では，イノベーションのためのツールキットを用いてユーザー自身に製品を改良させることで，イノベーションを行ったユーザーの満足度が行わないユーザーよりも上がることを示している。もう1つの可能性がインターネット上のコミュニティである。Jeppesen & Frederiksen（2006）は，インターネット上の企業主催型ユーザーコミュニティを介することで，製品を作り上げた後もユーザーがイノベーションを行うことを促進するマネジメントがある可能性を示唆している。また，Jeppesen（2005）ではツールキットを使うユーザー同士の助け合いについて検証しており，企業主催型のユーザーコミュニ

ティにおけるインタラクションを詳しく観察することで明らかにすると同時に，企業のサポートコストの低下につながると指摘している。加えて，Jeppesen & Frederiksen（2006）では，ユーザーの製品改良を歓迎する態度を示すことが肝要であることを指摘している。歓迎にとどまらず，ユーザーをイノベーションに参加させる具体的なシステムを組み込む可能性を示しているのが，藤田・生稲（2008）である。彼らはユーザーコミュニティでユーザーが貢献するための企業側の仕組みについて，Yahoo! 知恵袋の事例を基に，ユーザーに対し貢献のためのポイントを付与することを提案している。また，Jeppesen & Frederiksen（2006）においても，ユーザーのイノベーションへの動機が企業側から認められること（企業からの評判・認知）にあることが指摘されている。

第2に，インターネットと関連してユーザーイノベーション研究の対象になっているのがオープンソースソフトウェア（OSS）である。OSSでは，インターネット上で有志が集まり，無償公開されたソフトウェアに対してイノベーションを加えていくという形でソフトウェアを発展させていくことが多い[注5]。その中で，Lerner & Tirole（2002）では，オープンソースソフトウェアの開発コミュニティでは，ユーザーは仲間からの評判によって動機づけられてイノベーションを行うとされている。また，Shah（2006）では，ユーザーがOSSのコミュニティに参加する動機について，ソフトウェアの改良のニーズを指摘したうえで，コミュニティに残り続ける属性としてホビイストを挙げている。このようにOSSにおけるユーザーのイノベーションに関しては，動機が1つの大きなトピックになっている。八田（2009）はオープンソースソフトウェアでのイノベーションにおいて，開発者が動機を持たない作業は滞ることを紹介しており，OSSという1つの作品を大勢で協業して作り上げるにあたっては，1人ひとりの動機が非常に重要なのである。

第3に研究の焦点となっているのが，ユーザーの属性である。この視点に関してはインターネットに関係なく，前述のFranke & Shah（2003）のようにリードユーザーという属性がイノベーションに影響していることを明らかにしている。また，勝又・一小路（2010）ではユーザーの属性と動機付けの双方を組み込んだモデルを構築している。

特に近年ではインターネットを介することでユーザーの行動を分析しやすく

なっているため，イノベーションの行動のみならず，その周辺の行動と比較する形でユーザーの属性を明らかにするような研究が見られるようになった。その最も根本的な軸はイノベーションを行うユーザーとイノベーションをしないユーザーである。Ghose & Han（2011）では，モバイルインターネットを題材に，コンテツ創造（content generation）とコンテンツ使用（content usage）を2つに分類し，その関係性について分析している。また，Mallapragada, Grewal, & Lilien（2012）では開発ユーザー（developer users）と最終ユーザー（end users），Ransbotham, Kane, & Lurie（2012）ではコンテンツ創造貢献者（contributers to user-generate content）と視聴者（viewership）という形で分類を行っている。以上でみるだけでも明らかなように，実はコンテンツのイノベーションを行う活動と利用するだけの活動について十分に分類のコンセンサスが取れているとはいえないというのが現状である。したがって，ユーザーの活動について整理するところから始める必要がある。

以上の問題意識に関連して行われた筆者の研究について次節にて紹介する。

5．おわりに

一小路（2013）ではユーザーの活動に関して以下のように先行研究を整理している。Ghose & Han（2011）では，コンテンツ創造の代理変数として，モバイルインターネットにおけるアップロード活動を，コンテンツ使用の代理変数として，モバイルインターネットにおけるダウンロード活動を用いている。一方で，Mallapragada, Grewal, & Lilien（2012）ではオープンソース製品のコミュニティにおいて，開発ユーザーを製品開発に努力と時間をかけるユーザーとし，最終ユーザーを製品を試験し，フィードバックをするユーザーとしている。

したがって，Mallapragada, Grewal, & Lilien（2012）にて，最終ユーザーとして整理されているユーザーは，Ghose & Han（2011）の整理に従えば，コンテンツ創造者ということになるのである。つまり，Ghose, A. & Han, S.（2011）ではオープンソースコミュニティにおける評価活動やブログにおける批評と，音楽・動画のような作品やプログラミング公開活動を区別していないというこ

とになる。既存の消費者行動理論において焦点を当てることが多いのは口コミなどの批評であり，これは対象とする創造的コンテンツに対して付随して生じる二次的コンテンツ（批評的コンテンツ）である。一方でイノベーションマネジメントにおけるユーザーイノベーションにおいて着目するのがプログラミング活動や音楽・動画のような作品である。このように創造的コンテンツと批評的コンテンツの創造・利用活動は明確に違いがあるのである。

　一小路（2013）を踏まえて，消費者の活動を整理し研究を行ったのが一小路・勝又（近刊）である。一小路・勝又（近刊）では，消費者の活動を消費，伝達，創造（ここでいうイノベーション），支援の4つの活動に整理している。彼らは投稿動画を対象に活動間の関係性について定量的な検討を行った結果として，(1)消費活動に対して，伝達，支援，創造活動が分野横断性を有していること，(2)情報共有（コミュニケーション）を行うという点では共通している支援・伝達活動が情報探索という点で異質性を有していること，(3)支援活動は創造活動の前段階にある可能性があることを明らかにしている。

　また，イノベーション活動に着目してより精緻な議論を行っているのがKatsumata & Ichikohji（2014）やIchikohji & Katsumata（in press）である。Katsumata & Ichikohji（2014）では，イノベーションを私的イノベーション（privatized innovation），公開化イノベーション（publicized innovation），収益化イノベーション（profitable innovation）という3つの段階に整理したうえモデルを構築した分析を行っている。また，Ichikohji & Katsumata（in press）では，一小路・勝又（近刊）にて着目した分野横断性と，Katsumata & Ichikohji（2014）にて着目した私的イノベーションと収益化イノベーションという2段階イノベーションを取り上げたうえで，イノベーション活動を精緻化している。Ichikohji & Katsumata（in press）では，コンテンツ産業を対象とした調査から，①あるカテゴリーにて私的イノベーションを行う消費者は，他のカテゴリーにおいても私的イノベーションを行う傾向があること，②あるカテゴリーにて収益化イノベーションを行う消費者は，他のカテゴリーにおいても収益化イノベーションを行う傾向があること，③複数のカテゴリーで私的イノベーションを行う消費者は，収益化イノベーションを行う傾向があることを示している。

一方で，一小路・勝又（近刊）における消費と創造の関係性について，より精緻な議論を展開しているのが Ichikohji & Katsumata（2014）である。一小路・勝又（近刊）では，消費に関して利用ベースで取り扱い，金額ベースでの消費は取り扱っていないのに対し，Ichikohji & Katsumata（2014）では普段の消費にいくら使っているかについて取り扱っている。結果としてこの研究では，音楽への関与度が低い層ではイノベーション活動と消費活動の間に有意な関係があったが，音楽への関与度が高い層では，その関係が見られなかったことを示している。より具体的には低関与層では，イノベーションを行うユーザーはイノベーションを行わないユーザーの約4倍も消費しているのに対し，高関与層ではどちらもほぼ同じ消費額であったことを明らかにしたのである。

　以上で紹介した研究ではさまざまな点が明らかになっているが，ユーザーイノベーションの研究においてはまだ十分ではない点が多く，これからもさまざまな視座に基づいた研究が望まれるところである。

付　記

　本章は，一小路（2013）を基にしたうえで，近年の筆者の研究動向を踏まえて加筆している。

注■

1　この段落の記述は主に小林（2013）を参考にしている。
2　この段落の記述は主に向井（2013）を参考にしている。
3　ここでは消費者としてのユーザーを想定している。
4　日本では同人誌即売会などの形でユーザーが作り出した作品を市場化する試みも存在する。
5　*Management Science* 誌では，2006年にオープンソースソフトウェアについての特集号（57巻7号）を組んでいる。

参考文献■

Allen, Thomas J. (1977). *Managing the Flow of Technology: Technology Transfer and the Dissemination of Technological Information within the R&D Organization*, MIT Press.（中村信夫訳（1994）『"技術の流れ"管理法』開発社）
Brusoni, S., Prencipe, A. & Pavitt, K. (2001). Knowledge Specialization, Organizational Coupling, and the Boundaries of the Firm : Why Do Firms Know More Than They Make?.

Administrative Science Quarterly, Vol. 46, 597-621.
Bulkley, N. & Marshall W. van Alstyne (2006). An Empirical Analysis of Strategy and Efficiency Analysis of Strategies and Efficiency in Social Network. http://papers.ssrn.com/sol3/papers.cfm?abstract_id=887406（2013年9月5日検索）
Cagliano, R., Caniato, F. & Spina, G. (2003). E-business Strategy and the Impact on Supply Chains. *International Journal of Operations & Production Management*, Vol. 23, No. 10, 1142-1162.
Caniato, F., Cagliano, R., Kalchschmidt, M. & Goloni, R. (2009). Evolutionary Patterns in E-business Strategy. *International Journal of Operations & Production Management*, Vol. 29, No. 9, 921-945.
Chesbrough, Henry (2003) *Open Innovation : The New Imperative for Creating and Profiting from Technology*, Harvard Business School Press.（大前恵一朗訳（2004）『オープンイノベーション ハーバード流 イノベーション戦略のすべて』産業能率大学出版部）
Chevalier, J.A. & Mayzlin, D. (2006). The Effect of Word of Mouth on Sales : Online Book Reviews. *Journal of Marketing Research*, Vol. 43, 345-354.
Cohen, W.M. (1995). Empirical Studies of Innovative Activity. In P. Stoneman (Ed.), *Handbook of The Economics of Innovation and Technological Change*, Oxford.
Cohen, W.M., & Levin, R.C. (1989). Empirical Studies of Innovation and Market Structure. In R.C. Schmalensee and R.D. Willing (Ed.), Handbook of Industrial Organization Vol. 2.
Dholakia U., M, Bagozzi, R.P. & Pearo, L.K. (2004). A Social Influence Model of Consumer Participation in Network- and Small-group-based Virtual Communities. *International Journal of Research in Marketing*, Vol. 21, 241-263.
Dyer, J.H. (1996). Specialized Supplier Networks as a Source of Competitive Advantage : Evidence from the Auto Industry. *Strategic Management Journal*, Vol. 17, No. 4, 271-291.
Dyer, J.H., & Singh, H. (1998). The relational view : Cooperative Strategy and Sources of Interorganizational Competitive Advantage. *Academy of Management Review*, Vol. 23, No. 4, 660-679.
Dyer, J.H., & Nobeoka, K. (2000). Creating and Managing a High-performance Knowledge-sharing network : The Toyota Case. *Strategic Management Journal*, Vol. 21, No. 3, 345-367.
Franke, N., & Shah, S. (2003). How Communities Support Innovative Activities : An Exploration of Assistance and Sharing among End-users. *Research Policy*, Vol. 32, No. 1, 157-178.
Franke, N., & von Hippel, E. (2003). Satisfying Heterogeneous User Needs via Innovation Toolkits : The Case of Apache Security Software, *Research Policy*. Vol. 32, No. 1, 1199-1215.
Freeman, C. (1968). Chemical Process Plant : Innovation and the World Market. *National Institute Economic Review*, Vol. 45, 29-57.

Gassmann, O., Enkel, E., & Chesbrough, H. (2010). The future of open innovation. *R&D Management*, 40(3), 213-221.

Gefen, D.E., & Straub, D.W. (2003). Trust and TAM in online shopping an integrated model, 27(1), 51-90.

Ghose, A., & Han, S. (2011). An Empirical Analysis of User Content Generation and Usage Behavior on the Mobile Internet. *Management Sience*, Vol. 57, No. 9, 1671-1691.

Godes, D., & Mayzlin, D. (2004). Using Online Conversations to Study Word-of-Mouth Communication, *Marketing Science*. Vol. 23, No. 4, 545-560.

Ichikohji, T., & Katsumata, S. (2014). The Relationship between innovation and consumption of internet users. *Annals of Business Administrative Science*, Vol. 13, 17-29.

Ichikohji, T., & Katsumata, S (in press). The Relationship between Content Creation and Monetization by Consumers: Amateur Manga (Doujinshi) and Music in Japan. *Annals of Business Administrative Science*.

Jeppesen, L. (2005). User Toolkits for Innovation: Consumers Support Each other. *Journal of Product Innovation Management*, Vol. 22, No. 4, 347-362.

Jeppesen, L.B., & Frederiksen, L. (2006). Why Do Users Contribute to Firm-hosted User Communities? The Case of Computer-Controlled Music Instruments. *Organization Science*, Vol. 17, No. 1, 45-63.

Katsumata, S., & Ichikohji, T (2014). *The Growth of End User Innovators and Changing Precedent Factors: A Case Study of the Comics Industry*. 長崎大学経済学部ディスカッション・ペーパー・シリーズ2014-03.

Lerner, J., & Tirole, J. (2002). Some Simple Economics of Open Source. *Journal of Industrial Economics*, Vol. 50, No. 2, 197-234.

Lüthje, C. (2004). Characteristics of Innovating Users in a Consumer Goods Field: An Empirical Study of Sport-related Product Consumers. *Technovation*, Vol. 24, 683-695.

Mallapragada, G., Grewal, R., & Lilien, G. (2012). User-generated Open Source Products: Founder's Social Capital and Time to Product Release. *Management Science*, Vol. 31, No. 3, 474-492.

Prencipe, A. (2000). Breadth and depth of technological capabilities in CoPS: The case of the aircraft engine control system. *Research Policy*, Vol. 29, 895-911.

Ransbotham, S., Kane, G., & Lurie, N. (2012). Network Characteristics and the Value of Collaborative User-Generated Content. *Management Science*, Vol. 31, No. 3, 387-405.

Rosenberg, N. (1976). *Perspectives on Technology*, Cambridge University Press.

Schumpeter, J.A. (1926). *Theorie der Wirtschaftlichen Entwicklung: Eine Un-tersuchung über Unternehmergewinn, Kapital, Kredit, Zins und den Konjunkturzyklus, Duncker and Humblot*. (塩野谷祐一・中山伊知郎・東畑精一訳 (1980) 『経済発展の理論――企業者利潤・資本・信用・利子および景気の回転に関する一研究――』岩波書店)

――――――― (1942). *Capitalism, Socialism, and Democracy*, Harper. (塩野谷祐一・中山伊知郎・東畑精一訳 (1995) 『資本主義・社会主義・民主主義』, 東洋経済新報社)

Shah, S.K. (2006). Motivation, Governance, and the Viability of Hybrid Forms in Open

Source Softwar Development. *Management Science*, Vol. 52, No. 7, 1000-1014.
Trusov, M., Bodapati, A.V., & Bucklin, R.E. (2010). Determining Influential Users in Internet Social Networks. *Journal of Marketing Research*, Vol. 47, No. 4, 643-658.
von Hippel, E. (1976). The Dominant Role of Users in the Scientific Instrument Innovation Process. *Research Policy*, Vol. 5, No. 3, 212-239.
─────── (1977). The Dominant Role of the User in Semiconductor and Electronic Subassembly Process Innovation. *IEEE Transactions on Engineering Management*, Vol. 24, No. 2, 60-71.
─────── (1986). Lead users : A Source of Novel Product Concepts. *Management Science*, Vol. 32, No. 7, 791-805.
─────── (1988). *The Sources of Innovation*. New York : Oxford University Press.
─────── (2001). Perspective : User Toolkits for Innovation. *The Journal of Product Innovation Management*. Vol. 18, No. 4, 247-257.

浅沼萬里（1997）『日本の企業組織─革新的適応のメカニズム』東洋経済新報社。
一小路武安（2013）「ユーザーイノベーション研究の発展とその展望」『経営論集』，東洋大学経営学部，82，113-124頁。
一小路武安，勝又壮太郎（近刊）「新しい価値をもたらす消費者の発信行動：コンテンツ産業における消費，支援，伝達，創造活動とその関係性の定量分析」『組織科学』。
勝又壮太郎・一小路武安（2010）「リードユーザーの再構成と生産する消費者─音楽産業を事例に─」『消費者行動研究』第17巻第1号，57-84頁。
勝又壮太郎・片平秀貴（2010）「CGM（消費者発信型メディア）上の発信量は製品カテゴリーとブランドでどう異なるか」『マーケティングジャーナル』第118巻，18-30頁。
具　承桓（2008）『製品アーキテクチャのダイナミズム─モジュール化・知識統合・企業間連携』ミネルヴァ書房。
小林美月（2013）「企業間で作り上げるアドバンテージ─経営学輪講 Dyer and Singh (1998)」『赤門マネジメント・レビュー』第12巻第5号，グローバルビジネスリサーチセンター，397-414頁。
八田真行（2009）「Linux ディストリビューションの比較─Debian と Ubuntu」『赤門マネジメント・レビュー』第8巻第1号，グローバルビジネスリサーチセンター，1-18頁。
藤田英樹，生稲史彦（2008）「Yahoo! 知恵袋　ケース・スタディー─Web サービスの開発におけるユーザーの組織化」『赤門マネジメント・レビュー』第7巻第6号，グローバルリサーチビジネスセンター，303-338頁。
中川功一（2008）「システミック・イノベーションに対するコンポーネントメーカーの事業戦略：TDK の HDD 用磁気ヘッド事業の事例分析より」『一橋ビジネスレビュー』第56巻第2号，200-211頁。
向井悠一朗（2013）「組織の境界と知識の境界の不一致：複雑・大規模な製品の開発─経営学輪講 Brusoni, Prencipe, and Pavitt (2001)」『赤門マネジメント・レビュー』第12巻第7号，グローバルビジネスリサーチセンター，515-536頁。
安田　雪・鳥山正博（2007）「電子メールログからの企業内コミュニケーション構造の抽出」

『組織科学』第40巻第3号,18-32頁。

(一小路　武安)

第Ⅲ部

製品開発マネジメント

第6章 生産財開発プロセスにおける分析枠組の検討
第7章 増大する製品開発タスクへの対応
　　　　―カーナビゲーション開発における外部人材の活用と
　　　　システム知識の共有
第8章 ソフトウェア開発組織の成熟度レベル別に見た
　　　　ソフトウェア品質の良否に関わる要因分析

第6章

生産財開発プロセスにおける分析枠組の検討^(注1)

1. はじめに

　本章の目的は、これまで十分に検討されてこなかった生産財開発における提案プロセスの分析枠組を検討・提示することにある。ここでいう生産財とは「工場や企業体などが自らの生産手段もしくは業務遂行のために使用する財」を表す（横田，1963；佐伯，1970）。具体的な例として、鉄鋼やプラスチックなどの素材や、タイヤやブレーキ、LSIなどの部品、工作機械や発電機といった設備などが挙げられる。また、生産財の顧客は、消費財メーカーの他にも、他の生産財メーカーや卸売業者、商社などが該当すると考えられるが、本研究では議論を明確にするため、「消費財メーカー」に限定して用いることにする。

　後述するように、生産財開発の場合、少数かつ大規模な顧客と直接取引が行われ、かつ顧客が専門家集団であることから、「顧客の要望をよく聞き、柔軟な対応を図る」ことが効果的な開発パターンではないかと予想される。先に見たように、既存の製品開発管理論でもこうした状況を想定して、製品コンセプトやスペックを所与としたうえでの生産財開発パターンが提示されてきたといえよう（Barnett, 1990；Eisenhardt & Tabrizi, 1995；Iansiti, 1998；赤瀬，2000）。

　しかしながら、藤本らの化学研究評価機構（JCII）のアンケートによれば、「顧客がコンセプトの実現方法まで指定」し、それに対応したのに失敗したプロジェクトが多いという分析結果が得られた（藤本・桑嶋・富田，2000；桑

嶋・藤本，2001；藤本・桑嶋，2002）。その原因の1つとして，顧客である消費財メーカーの消費者ニーズの認識や翻訳に誤りがあるケースが考えられる。このような場合には，アンケートのもう1つの分析結果に示されたように，「顧客ニーズを先取りしたコンセプト提案やスペック提案」が有効となる可能性が高い。

そこで本研究では，既存研究の限界を指摘する形で，生産財の製品開発プロセス，とりわけ提案型開発プロセスに着目する。ここで，生産財メーカーにおける「提案型製品開発」とは，「顧客（主として消費財メーカー）に対して，顧客製品の商業化を目的として，顧客の顧客や消費者のニーズを先取りしてアイデア，コンセプト，スペック，製法等を提案するだけでなく，顧客の顧客や消費者のニーズに関する認識や翻訳の誤りを訂正する提案を行うこと」と定義する。

2．既存研究の検討

2-1．イノベーション論および製品開発管理論

イノベーション論および製品開発管理論の端緒は1960年代に遡る。当初は産業横断的に普遍的なイノベーションや製品開発の成功要因を探る目的で研究が進められていた。これらの研究を以下，Fujimoto（1989），桑嶋（2001）を参考にして「成功要因研究」と呼ぶことにしよう。例えば，Myers & Marquis（1969），Project SAPPHO（Rothwell, et al., 1974），New Prod I（Cooper, 1979），New Prod II（Cooper & Kleinschmidt, 1987），Stanford Innovation Project（Maidique & Zirger, 1984）などが挙げられる。これら「成功要因研究」の多くは生産財を分析対象としているが，いずれも開発プロセスに踏み込んだ議論が展開されていない。

これに対して，1980年代後半から個別産業の製品開発プロセスに焦点を当てた研究が進められるようになった。Fujimoto（1989），桑嶋（2001）を参考にして，以下「プロセス研究」と呼ぶことにしよう。「プロセス研究」では，自動車，メインフレーム・コンピュータなど個別産業の製品開発プロセスに焦点を当て，なおかつ製品の競争力（パフォーマンス）に結びつけた分析，すなわ

ち「効果的な製品開発管理」に関する研究が行われるようになった（Fujimoto, 1989；桑嶋，2001）。

例えば，Takeuchi & Nonaka（1986）の「ラグビー型のアプローチ」，Clark & Fujimoto（1991）の「重量級プロダクト・マネジャー組織」などが挙げられる。この他，藤本・安本（2000）では，自動車，一眼レフカメラ，携帯電話，カラーテレビ，スーパーコンピュータ，医薬品，合成樹脂，ビール，化粧品，ゲームソフト，毛織物・アパレルの計11製品の開発プロセスについて言及されており，詳細な事例分析に基づいて効果的な製品開発パターンを明らかにしている。

しかし，こうした「プロセス研究」はいずれも自動車や家電など消費財に偏る傾向がみられる。もちろん，生産財の開発プロセス・アプローチはいくつか存在している。

例えば，Eisenhardt & Tabrizi（1995）はメインフレーム・コンピュータとパーソナル・コンピュータ（PC）の製品開発プロジェクトを対象に，開発ステージのオーバーラップとリードタイムの関係を調査・比較している。その結果，開発段階のオーバーラップはメインフレーム・コンピュータに関してはリードタイム削減に寄与していたが，PCに関しては効果が見られなかった。そこでEisenhardtらはメインフレームのような成熟期にある安定した製品の開発に直面しているプロジェクトには開発段階のオーバーラップが有効であるが，PCのように予測が不可能で環境変化が激しい製品の開発には効果が得られず，むしろ入念な事前計画が適していると結論づけている。

Iansiti（1998）は，メインフレーム・コンピュータのマルチチップモジュール（MCM）の製品開発プロジェクトを対象に分析を行っている。分析の結果，「技術統合」，すなわち，先行技術開発（例えば基板材料の開発）の段階から，部品設計者とシステム設計者および製造部門の統合チームによって新技術が製造プロセスに及ぼす影響までをも考慮する「全体最適化（技術統合）」が重要となることを明らかにしている。藤本・安本（2000）で取り上げられたスーパーコンピュータの事例（李，2000）も基本的にIansiti（1998）に依拠しており，ほぼ同様の結論を導き出している。

Barnett（1990）は，化学製品の開発プロジェクトを対象に分析を行っている。

彼によれば，化学製品の開発は，「コア・イタレイティブ・モデル」と呼ばれる，製品設計プロセスの中に，生産開発・運転条件設定などのプロセスが組み込まれた開発モデルによって特徴づけられるとしている。Barnett によれば，組立型製品の開発との最大の違いは，製品設計活動自体が基本的な製法・レシピの設計活動にもなっており，製品設計段階と工程設計段階を分離できない点にあるという。

　赤瀬（2000）は，合成樹脂の開発プロジェクトを対象に分析を行っている。赤瀬は Barnett のコア・イタレイティブ・モデルを再検証しつつも，合成樹脂の開発には「タスク・ジャッジ」と呼ばれる意思決定が開発の成否に大きな影響を及ぼすことを指摘している。タスク・ジャッジとは，合成樹脂開発の早期段階において化合物の基本分子設計の見直しを図るか，それとも既存化合物の配合・成形加工で対処するかの意思決定のことである。

　その他にも，部品サプライヤーの製品開発プロセスに焦点を当てた研究もある。韓（2002）は，部品のアーキテクチャ特性と製品開発プロセスとの関係に着目し，アーキテクチャが異なれば，効果的な製品開発パターンも異なりうることを示した。具（2006）は，部品のモジュール化プロセスに着目し，機能統合的モジュールを完成させるためには関連する複数サプライヤー間で知識統合する必要があることを明らかにした。

　しかし，以上のいずれの生産財の開発プロセス研究においても，その効果的パターンは「技術統合」「タスク・ジャッジ」など技術関連要因に起因するとみなすものが多く，コンセプト開発に焦点を当てた形での製品開発プロセスについての検討が十分になされていない。これは，生産財開発においては顧客も専門家集団でコンセプトやスペックを提示できるので，コンセプトを所与としての開発論が展開されてきたからであると思われる。

　他方，生産財メーカーがコンセプトやスペックを消費財メーカーに提案することが有効となる可能性を示唆している研究もある。例えば，生産財開発における顧客との緊密な関係構築や，顧客の開発活動への参画が開発をより成功に導くことを明らかにした研究である（von Hippel, 2001；Lilien, et al., 2002；Stump, et al., 2002；Athaide & Klink, 2009）。Athaide らの研究では，ソフトウェア，環境設備機器，製造設備，検査設備，FA システムなどの開発を分析

対象とし，顧客との共同開発や顧客からのフィードバック情報の重要性だけでなく，技術変化が速く既存の製品知識が陳腐化しやすい生産財の場合には，生産財メーカーは顧客に製品知識を教育・啓蒙する必要があるとしている。これに対して，von Hippelらは，手術用の抗菌ドレープや半導体ASICなどの開発を分析対象として，顧客の中でも技術と市場に精通したリードユーザーを発見し，彼らを開発に早期関与させることが有効であると主張している（von Hippel, 2001；Lilien, et al., 2002）。

その他，生産財開発においても顧客の階層性を注意深く精査し，顧客の顧客に直接アプローチすることの有効性を唱えた研究もある。桑嶋（2003）はそれを「顧客の顧客」戦略と呼んでいる。延岡（2011）は，生産財メーカーは顧客企業の価値作りに貢献することが自らの価値作りであるとし，その一手段として「顧客の顧客」の知識獲得の必要性を指摘している。しかし，これらの研究においても，生産財開発においてどのようなタイミングでどのようにコンセプトやスペック等を顧客に提案していくのか，といった点については十分検討されているとは言い難い。

そこで本研究はその位置づけを「生産財におけるプロセス研究」とし，提案型開発プロセスを検討するための分析枠組（トライアド・モデル）を検討する。

2-2. 生産財マーケティング論

次に，生産財開発研究の周辺領域である生産財マーケティング論についてみていく。前節で述べたように，生産財マーケティングは，大きく2つの顧客特性，すなわち「顧客の組織性」と「顧客との関係性」によって特徴づけられるとされている（高嶋，1998）。前者については，①少数かつ大規模な顧客がいること，②顧客は専門知識を備えた集団であること，③顧客は組織的な購買決定を行うことなどが挙げられる。後者については，④間に仲介業者を介さず顧客と直接的な取引が行われやすいこと，⑤大規模な顧客の場合には長期かつ密接な関係になりやすいことなどが挙げられる（Kotler, 1991；矢作，1996）。

こうした組織特性に基づいて，生産財マーケティング論を概観してみよう。まず顧客の組織性という観点から言えば，上記③の視点，すなわち購買の意思決定が個人でなく組織としてなされるという考え方が重視されてきた。こうし

た考え方は,「組織購買行動アプローチ」として位置づけられ,生産財マーケティング論において最も支配的なものであるとされている(高嶋, 1998;余田, 2000)。

組織購買行動アプローチでは,購買組織に焦点を当て,それを購買センターとして位置づける。購買センターはある製品の購買意思決定に影響を及ぼす人々の仮想的集団である。次に,購買センターがどのように購買決定するのかという購買プロセスの分析がなされる。さらに購買プロセスの各段階における行動は,購買状況に応じて異なることも指摘されている(Robinson, et al., 1967;Webster & Wind, 1972)。しかし,取引の継続性の選択や構築を考慮していない,売手企業との関連づけがなされていないといった限界がある。

こうした中,企業間関係の選択・構築問題を取り上げ,それら諸問題を相互作用モデルとして説明を試みる「相互作用アプローチ」が台頭してきた(Corey, 1976;Håkansson, 1982)。このアプローチは,生産財の組織特性の2点目,すなわち顧客との関係性に焦点を当てるものである。そこでは相互作用プロセスを売手と買手の相互問題解決プロセスと捉え,モデル構築を行う。生産財取引を一般的側面(顧客の売手企業への依存の程度(高低))と適応的側面(売手企業の顧客への適応の程度(高低))との2×2のマトリクスを用いて類型化を試みている(Håkansson, 1980)。しかし,このアプローチは,企業間関係に基づいて企業の戦略が規定されると主張しており,その逆の因果関係が考慮されていない。

それに対して,取引戦略アプローチでは,企業が戦略を先行して決定し,その戦略により望ましい企業間関係が形成されることもあるとしている(高嶋, 1998;Ford, 1998)。企業間関係は短期的には顧客や競合,保有技術等により制約されるが,長期的には企業の戦略に基づく投資行動により選択可能である。このアプローチによれば,上述の相互作用モデルも一般的側面よりも適応的側面を優先する必要が生じるとしている。顧客適応的な問題解決をどう提示するかによって,一般的側面を規定する技術・ノウハウの内容と形成方法が大きく変わってしまうからである。高嶋(1994;1998)では,こうした観点から,生産財メーカーが効果的な取引戦略を構築するための議論を展開している。

以上見てきたように,生産財マーケティング論の領域では顧客の組織性と顧

客との関係性といった顧客特性に着目し，組織購買行動アプローチから相互作用アプローチ，取引戦略アプローチへと発展してきた（高嶋，1998；余田，2000；高嶋・南，2006）。しかしこれらの研究は，いずれも生産財マーケティングを開発プロセスに結びつけて論じたものではない。もちろん，生産財開発について全く論じていないわけではない。

　高嶋（1998）は，生産財は消費財と顧客特性が違うので，製品開発活動と販売活動を明確に分離できないとしている。すなわち，消費財の場合，製品開発時には消費者の選好分布を知るために市場観察や調査を通じて情報収集し，販売時には開発された製品に対する認知や選好を得るため，広告やチャネルを通じて販促情報を投入する。したがって，企業と市場との情報のやり取りは，製品開発のための情報収集と販売のための情報提供をそれぞれ違う担当者が異なるステージで実施することになる。

　しかし生産財の場合，消費財のように市場分析と販促活動の2段階の情報交換としてのマーケティング活動でなく，日々の取引活動の中に集約された情報交換としてのマーケティング活動となる。これは，ターゲットとなる顧客が最初から想定され，そこへの直接的な働きかけが可能である場合や，顧客との長期取引関係があるような場合には，日々の取引活動の中で顧客からニーズ情報を収集したり，製品の販促をしたりすることのほうが効率がよいからである。

　したがって，企業と市場との情報のやり取りは，消費財のように2段階に明確に分かれておらず，製品開発のための情報収集と販売のための情報提供が，取引活動における顧客との直接的なコミュニケーションの中で併せて行われることになる。

　このように，生産財マーケティング論では，開発活動と販売活動が顧客との関係をベースにした取引活動の中で統合的に展開されることは指摘されている。また，生産財ブランディングにおける三者間関係の分析の有効性を提唱し，生産財メーカーであっても，直接の顧客である消費財メーカーだけでなく，顧客の顧客までをも視野に入れたブランディング活動の重要性を指摘した研究もある（Luczak, et al., 2007；崔，2008，2010）。しかし，そうしたマーケティング活動やブランディング活動を通じて得た顧客ニーズ情報をどのように製品開発に反映させ，またどのようなタイミングでどのように顧客に提案していくのか，

といった提案型開発プロセスについては十分検討されているとはいえない。

そこで本研究では，生産財マーケティングと製品開発プロセスの連携を考慮した分析枠組を検討する。

2-3．サプライヤー・マネジメント研究

　生産財マーケティングの他に，生産財メーカーを含めた企業間関係を扱った実証研究としてサプライヤー・マネジメントの研究が挙げられよう。この分野では自動車産業を中心に分析が進められてきた。日本の自動車産業の自動車メーカーと部品サプライヤーの取引関係は長期継続的であること，部品の調達方式は「承認図方式」「貸与図方式」「市販品方式」の3つの形態に分けられること，部品のタイプにより調達方式が異なること，製品開発においては承認図方式の取引が多いこと，承認図方式を競争力に結びつけるには自動車メーカーの管理能力が必要であることなどが明らかにされてきた（浅沼，1984；1997；Clark & Fujimoto, 1991；延岡，1999；武石，2003）。

　しかし，これらはいずれも消費財メーカーである自動車メーカーの視点に基づく取引関係の分析である。こうした研究に対して生産財メーカーである部品サプライヤーの視点に基づく研究もなされてきた。

　浅沼（1984；1997）は部品サプライヤーが長期取引を維持するためには，「関係的技能（関係特殊的技能）」を蓄積する必要があり，要求される技能レベルは部品タイプにより異なることを明らかにした。具体的には，貸与図方式と承認図方式の双方に共通して必要とされるのは，生産段階における「工程改善およびVAを通じて原価を低減させる能力」「品質およびタイムリーな納入を保証する能力」，開発段階における「工程開発およびVEを通じて見込原価を低減させる能力」である。これに対して，貸与図方式にはなく承認図方式に求められるのは，「中核企業から提示された仕様に応じて製品を開発する能力」「仕様の改善を提案する能力」である。

　山田（1998）は，浅沼の研究に依拠しながらも，複数の部品サプライヤーと複数の自動車メーカーの間のネットワーク的な取引関係に着目し，部品サプライヤーには複数の企業間取引において必要とされる「関係汎用的技能」がむしろ重要であることを指摘している。

延岡（1996）は，部品サプライヤーが自動車メーカーの取引において，顧客範囲が広いほうが収益向上や取引継続につながっていることを明らかにした。近能（2002）は，延岡（1996）をさらに発展させ，部品サプライヤーが長期的な競争優位を築くためにはこうした顧客範囲の広さに加え，リードユーザーとの関係の深さが必要であることを明らかにした。

藤本（1997）は，部品サプライヤーが貸与図メーカーから承認図メーカーに転換するプロセスに着目し，部品サプライヤーが長期的視点に基づいてゲストエンジニアを派遣するなど自動車メーカーとコミュニケーションをとることによって，彼らから多様な知識を獲得し，部品の設計能力を段階的に蓄積していったことを明らかにした。河野（2003）は，藤本（1997）をさらに発展させ，貸与図部品から承認図部品の転換プロセスにおいて，部品のアーキテクチャ特性（特に自動車本体との相互依存性）が異なれば部品サプライヤーに求められる業務範囲と能力も異なることを明らかにしている。

これらの研究は，部品サプライヤーが自動車メーカーとの取引関係をいかに構築していくべきか，そのためにどのような能力蓄積が必要とされるかについて論じたものである。中には，本研究で焦点を当てる生産財メーカーにおける提案型開発で必要とされる能力の蓄積に関する議論を含んでいるものもある。例えば，浅沼（1984；1997）や藤本（1997），河野（2003）では，自動車メーカーとの長期的な取引関係において，貸与図メーカーの場合には「VEを通じて見込原価を低減させる能力」が，承認図メーカーにおいても「仕様の改善を提案する能力」が段階的に必要とされるようになることを指摘している。

しかしながら，これらの研究では，生産財メーカーである部品サプライヤーと消費財メーカーである自動車メーカーという2者間の関係を想定した部品サプライヤーの提案能力に焦点が当てられており，消費者を含めた三者間の関係については明示的に取り上げられていない。すなわち，消費財メーカーが消費者ニーズの認識や翻訳を誤る可能性がある中で，生産財メーカーがどこまで踏み込んで提案するのか，その結果，どのような開発分業関係となりうるのか，そのパターンについて十分検討されていない。

そこで本研究では，後述するように，消費者も含めた三者間の関係を想定した分析枠組を検討し提示する。

3．分析枠組としてのトライアド・モデル

　本研究では上記の先行研究を参照しつつも，生産財開発プロセスを記述する分析枠組として後述するトライアドの情報処理モデルを採用する。情報処理モデルは，設計情報の流れに着目することで，モノの流れでは補助的活動して扱われてきた製品開発プロセスを企業活動の一部として組み込むことを可能にするモデルである（e.g., Allen, 1977；Freeman, 1982；Clark & Fujimoto, 1991）。このモデルによれば，企業活動は「製品開発—生産—マーケティング—消費（—製品開発—…）」と情報が創造・伝達されながら循環するモデルとみなすことができる。製品開発の過程で，設計情報がいかに作られ，伝達され，使われるかに着目することで，企業内部のつながりや企業外部（顧客）との結びつきが浮き彫りになると考えられる。

　このような情報処理の観点に立てば，製品開発活動をさらに詳細に分析することが可能となる。具体的には，「製品コンセプト作成→機能設計→構造設計→工程設計（→生産）」といった開発ステージに分解できる。まず，コンセプト作成段階では顧客ニーズという情報が的確に製品コンセプトに翻訳される。次に機能設計段階では，製品コンセプトが保有技術に基づいて機能設計情報に翻訳される。構造設計段階では，さらにそこから構造設計図（情報）へ翻訳される。工程設計段階では構造設計図（情報）から工程設計図（情報）に翻訳され，生産段階を経て製品が形作られるのである。

　ただし，生産財の場合，実際には消費財メーカー，消費者というように顧客の先にも顧客が存在する。そのため，生産財のみの設計情報の流れにのみ着目していては，生産財の開発から消費者の消費過程までを一貫した枠組で理解することはできない。そこで，Clark & Fujimoto の情報処理モデルをダイアド（二主体）からトライアド（三主体）のモデル（以下，「トライアド・モデル」と呼ぶ）に拡張して分析枠組として用いれば，生産財メーカーの開発活動を無理なく視野に入れることができると考える。

　トライアド・モデルは，単にダイアド・モデルを2つ連結させただけのものではなく，消費者も含めた三主体を同時に記述することで，より複雑な生産財

開発パターンを分析することが可能となる。より具体的には，消費者ニーズが消費者から消費財メーカーに流れ，そこで消費財コンセプト，生産財コンセプトへと翻訳されて，消費財メーカーから生産財メーカーに流れていき，同時に，消費財メーカーと生産財メーカーの内部ではそれぞれ製品コンセプト，機能設計，構造設計，工程設計へと翻訳されていくというプロセスを表している。

しかし，実際には設計情報が生産財メーカーから消費財メーカー，消費者へと流れる経路もありうるし，消費財メーカーを飛び越えて生産財メーカーと消費者が直接設計情報をやり取りするケースもありうる。また取引関係で見れば，四主体以上のもっと複雑なケース，例えば消費財メーカーと消費者の間に流通業者が入るケースもありうる。しかし，ここでは設計情報の流れに着目し，論理的に最も単純な非ダイアド三体問題に焦点を絞る。消費者を含めた企業間関係がより複雑なケースはトライアド・モデルでとりうるパターンの組合わせになると考えられるからである。

そこで以下では，このトライアド・モデルにおいて，各主体間の設計情報の流れに着目する。ここで，ある程度顕在化している消費者ニーズを生産財メーカーや消費財メーカーが吸い上げてニーズ翻訳するケースを「マーケット・プル型」，生産財メーカーや消費財メーカーが技術主導で製品開発を行い，消費者の潜在ニーズを掘り起こすような提案を行うケースを「テクノロジー・プッシュ型」と定義することにしよう。

マーケット・プル型において吸い上げられるプル情報には，主として市場・仕様・機能設計情報が，テクノロジー・プッシュ型において提案されるプッシュ情報には，主として技術・図面・構造設計情報が含まれる。トライアド・モデルに関して，生産財メーカーと消費財メーカーの間の設計情報の流れを小文字で「pull」もしくは「push」，消費財メーカーと消費者の間の設計情報の流れは，通常は生産財メーカーから見て観察不可能という意味で「(pull)」もしくは「(push)」と表すことにする。そして，生産財メーカーと消費者といった1つ飛ばしの設計情報の流れは，大文字で「PULL」もしくは「PUSH」で表すことにしよう。

以上を踏まえ，トライアド・モデルにおいて三主体間の設計情報の流れを整理したものが**図表6-1**である。三主体間を結ぶ矢印の数は6つである。生産

図表6-1　トライアドの情報処理モデルにおける設計情報の流れ

（注）　図中の矢印は設計情報の流れを表し，その内訳は以下の通りである。
　pull：消費財メーカーから生産財メーカーへのプル情報（市場・機能・仕様設計情報）の流れ
　push：生産財メーカーから消費財メーカーへのプッシュ情報（技術・図面・構造設計情報）の流れ
　（pull）：消費者から消費財メーカーへのプル情報（市場・機能・仕様設計情報）の流れ，通常，生産財メーカーから直接観察不可能
　（push）：消費財メーカーから消費者へのプッシュ情報（技術・図面・構造設計情報）の流れ，通常，生産財メーカーから直接観察不可能
　PULL：消費者から生産財メーカーへのプル情報（市場・機能・仕様設計情報）の流れ
　PUSH：生産財メーカーから消費者へのプル情報（技術・図面・構造設計情報）の流れ
（出所）　富田（2012）図1（p.94）を修正

財開発における設計情報の流れはこの6つの矢印の組合わせで表現される。仮に三主体間の矢印が2リンクの状況に限定すると，例えば，消費者から消費者から消費財メーカー，生産財メーカーへと順にプル情報が翻訳されていくケースが考えられる。これは「(pull) & pull 型」のパターンと呼ぶことができよう。これに対して，生産財メーカーの側から消費財メーカー，消費者へとプッシュ情報が翻訳提案されていくケースは「(push) & push 型」となる。

消費者から直接，生産財メーカーにプル情報が流れた後，それに基づいて消費財メーカーにプッシュ情報が翻訳提案されていくケースは「PULL & push 型」である。これに対して，生産財メーカーから直接，消費者に対してプッシュ情報が翻訳提案され，消費者からの指名買いを受けてプル情報が消費財メーカーに流れていくケースは「PUSH & pull」である。以上は，三主体2リンクの開発パターンの一部であるが，実際にはもっと複雑な設計情報の流れがあることが想定されるが，図表6-1の6つの矢印の組合わせで表現可能である。

本章で分析対象とする生産財開発に関して，従来の製品開発管理理論では，消費者から消費財メーカーへの翻訳成功が暗黙のうちに仮定された「マーケッ

ト・プル」モデル（Barnett, 1990 ; Eisenhardt & Tabrizi, 1995 ; Iansiti, 1998 ; 赤瀬, 2000）が前提となっており，それ故，生産財メーカーと消費財メーカーのダイアド・モデルに焦点を当てた分析がほとんどであった。しかし，本研究のトライアド・モデルでは，より複雑で多様なパターンの分析も可能であることを示唆している。実際，これからケース分析で取り上げるように，いくつかのパターンが観察される。

　このトライアドの情報処理モデルを適用すると，生産財の開発活動の成否を左右する現象は，消費者から消費財メーカーへ，消費財メーカーから生産財メーカー，という設計情報の流れの中で生じうる情報翻訳の成否（情報認識も含む）であると考えられる。すなわち，生産財メーカーの開発活動から消費者の消費までの間では，プル情報，プッシュ情報の翻訳が企業間で繰り返される。この過程において，消費者ニーズの認識や翻訳に誤りが生じうる。製品開発が創造的な活動である以上，消費財メーカーであれ生産財メーカーであれ，事前に互いの消費者ニーズに対する認識や翻訳の誤りを察知して回避したり対処したりするのは困難である。むしろそうした誤りや問題点は開発を進めていく過程で，双方のやり取りを通じて明らかとなっていくものだと考えられる。そこで，生産財メーカーの視点に立てば，製品開発の過程でそうした認識や翻訳の誤りに気づき，それらの解決法を見いだし，コンセプトやスペック等の提案していくことが製品開発を成功させる鍵となる。

　では，顧客（主として消費財メーカー）が消費者ニーズの認識や翻訳を誤る可能性がある中で，顧客との開発分業関係において，生産財メーカーはどのように開発を進め，どのようなタイミングでどのような提案をしていけばよいのか。この課題を明らかにするためには，**図表6-2**のトライアド・モデルを動態的に表す必要がある。

　先に検討した生産財および消費財の製品開発プロセスを図表6-1のトライアド・モデルに組み込み，さらに時間軸を導入したものを分析枠組とする必要があると考える。これを図示したものが図表6-2である。図表6-2より，消費者，消費財メーカー，生産財メーカーの三主体が存在し，横軸の左から右に時間が流れていることが見て取れる。消費者はニーズ情報を有しており，消費財メーカー，生産財メーカーはそれぞれ時間軸に沿って製品コンセプト作成，

図表6-2　トライアドの情報処理モデル（分析枠組）

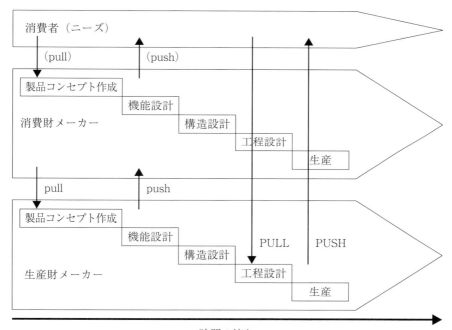

（注）　図中の矢印の内訳は図6-1に同じ。
（出所）　富田（2012）図2（p.95）を修正

機能設計，構造設計，工程設計，生産を行う。実際の開発プロセスは必ずしもこれらの開発ステージがリニアに進められるとは限らず，これらステージ間のフィードバックや重複などを伴う。

　さらに，三主体の間では，時間軸に沿って，設計情報（プル情報，プッシュ情報）のやり取りが行われる。例えば，消費者からのプル情報が製品コンセプト作成段階で消費財メーカーに流れ，そこで消費財コンセプト，生産財コンセプトへと翻訳されたプル情報が生産財メーカーへと流れる。しかしその後，生産財メーカーに流れたプル情報に翻訳ミスが見つかり，機能設計や構造設計の段階で生産財メーカーが翻訳をし直してプッシュ情報を消費財メーカーに提案するといったケースが起こりうる。また，消費財メーカーが消費者ニーズの認

識に誤りがある，あるいは消費者に対して十分製品コンセプトを訴求できていないケースでは，それが判明した段階で，生産財メーカーが直接消費者からプル情報を収集したり，直接消費者に対してプッシュ情報を提供したりすることで，認識や翻訳の誤りの訂正を図ることもある。

いずれにしても，図表6-2のようなトライアド・モデルを分析枠組として用いることで，生産財の開発プロセス，とりわけ提案型開発プロセスをより動態的に捉え，分析することが可能となる。

4．おわりに

本章では，生産財の開発プロセスに関連してイノベーション論や製品開発管理論，周辺領域の生産財マーケティング論，サプライヤー・マネジメントに関する先行研究について整理し，これら既存研究の限界を踏まえたうえで，生産財の製品開発プロセスに関する検討を行うための分析枠組を提示した。

まず生産財開発プロセスの分析枠組として，Clark & Fujimoto（1991）の情報処理モデルを三者間に拡張したトライアド・モデルを提示した。生産財の場合，実際には消費財メーカー，消費者というように顧客の先にも顧客が存在する。そのため，生産財や消費財といったモノの流れにのみ着目していては，生産財の開発から消費者の消費過程までを一貫した枠組で理解することはできない。

そこで，Clark & Fujimotoの情報処理モデルをダイアド（二主体）からトライアド（三主体）のモデルに拡張して分析枠組として用いれば，生産財メーカーの開発活動を無理なく視野に入れることができる。これにより，本研究で掲げた「顧客（主として消費財メーカー）が消費者ニーズの認識や翻訳を誤る可能性がある中で，生産財メーカーがどのように開発を進め，どのようなタイミングでどのような提案をしていくのか」「また，提案型開発及び開発分業関係において，生産財メーカーがどこまで踏み込んで提案するのか」といった現象を分析できると考えられる。

付　記

本章は富田（2012）第1・2節（pp.91-95）を大幅に加筆修正したものである。

参考文献■

Allen, T.J. (1977). *Managing the Flow of Technology: Technology Transfer and the Dissemination of Technological Information within the R and D Organization*, MIT Press.
Athaide, G.A. & Klink, R.R. (2009). Managing seller-buyer relationships during new product development. *Journal of Product Innovation Management*, Vol. 26, 566-577.
Barnett, B.D. (1990). Product development in process industries. (Working Paper No. 02163). Boston, MA: Harvard Business School.
Clark, K.B. & Fujimoto, T. (1991). *Product development performance*. Harvard Business School Press, Boston, MA. (田村明比古訳『製品開発力』ダイヤモンド社，1993).
Cooper, R.G. (1979). Identifying industrial new product success: Project New Prod, *Industrial Marketing Management*, 8, 124-135.
Cooper, R. & Kleinschmidt, E.J. (1987). New products: What separates winners from losers? *Journal of Product Innovation Management*, 4(3), 169-184.
Corey, E.R. (1976). *Industrial marketing: Cases and concepts*. (2nd ed.). Prentice Hall.
Eisenhardt, K.M. & Tabrizi, B.N. (1995). Accelerating adaptive processes: Product innovation in the global computer industry. *Administrative Science Quarterly*, 40, 84-110.
Ford, D. (1998). *Managing business relationships*. John Wiley and Sons Ltd.
Freeman, C. (1982). *The Economics of Industrial Innovation* (2nd ed.), London, Pinter.
Fujimoto, T. (1989). *Organizations for effective product development － The case of the global automobile industry*. unpublished D.B.A. dissertation, Harvard University Graduate School of Business Administration.
Håkansson, H. (1980). Marketing strategies on industrial markets: A framework applied to a steel producer. *European Journal of Marketing*, 14 (5/6), 365-77.
Håkansson, H. (1982). *International marketing and purchasing of industrial goods: An interaction approach*. John Wiley, Chichester.
Iansiti, M. (1998). *Technology integration*. Boston, MA: Harvard Business School Press.
Kotler, P. (1991). *Marketing management*. Prentice Hall College.
Lilien, G.L., Morrison, P.D., Searls, K., Sonnack, M., & von Hippel, E. (2002). Performance assessment of the lead user idea-generation process for new product development. *Management Science*, Vol. 48, No. 8, 1042-1059.
Luczak, C.A., Pfoertsch, W., Beuk, F. & Chandler, J.D. (2007). In-branding: Development of a conceptual model. *Academy of Marketing Studies Journal*, Vol. 11, No. 2, 123-134.
Maidique, M.A. & Zirger, B.O. (1984). A study of success and failure in product innovation: The case of the U.S. electronics industry. *IEEE Transactions on Engineering Management*, EM-31(4), November, 192-203.

Myers, S., & Marquis, D.G. (1969). *Successful industrial innovations: A study of factors underlying innovation in selected firms*, Washington, DC : National Science Foundation.

Robinson, P.J., Faris, C.W., & Wind. Y. (1967). *Industrial buying and creative marketing*. Allyn and Bacon.

Rothwell, R., C. Freeman, A. Horlsey, V.T.P. Jervis, A.B. Roberston & J. Townsend (1974). SAPPHO Updated −Project SAPPHO Phase Ⅱ. *Research Policy*, 3, 258-291.

Stump, R.L., Athaide, G.A. & Joshi, A.W. (2002). Managing seller-buyer new product development relationships for customized products : A contingency model based on transaction cost analysis and empirical test. *Journal of Product Innovation Management*, Vol. 19, 439-454.

Takeuchi, H. & Nonaka, I. (1986). The new product development game. *Harvard Business Review*, 64(1), 137-146.

von Hippel, E. (1994). Sticky information and the locus of problem solving ; Implications for innovation. *Management Science*, Vol. 40, April, 429-439.

von Hippel, E. (2001). Perspective : User toolkits for innovation. *Journal of Product Innovation Management*, Vol. 18, No. 4, 247-257.

Webster, F.E. & Wind. Y. (1972). A general model for understanding organizational buying behavior. *Journal of Marketing*, 36-April, 12-19.

赤瀬英昭（2000）「合成樹脂の製品開発」藤本隆宏・安本雅典編著『成功する製品開発』有斐閣，129-150頁。

浅沼萬里（1984）「自動車産業における部品取引の構造」『季刊現代経済』58，39-48頁。

─────（1997）『日本の企業組織：革新的適応のメカニズム』東洋経済新報社。

─────（1998）「日本におけるメーカーとサプライヤーの関係」藤本隆宏・西口敏広・伊藤秀史編『サプライヤー・システム』有斐閣，第1章，1-40頁。

李　亭五（2000）「スーパーコンピュータCPUパッケージの製品開発」藤本隆宏・安本雅典編著『成功する製品開発』第4章，有斐閣。

桑嶋健一（2001）「医薬品の製品開発マネジメント―効果的な製品開発戦略と組織能力―」東京大学大学院経済学研究科博士学位論文。

桑嶋健一・藤本隆宏（2001）「化学産業における効果的な製品開発プロセスの研究―分析枠組と若干の実証分析」『経済学論集』67(1)，91-127頁。

桑嶋健一（2003），「新製品開発における"顧客の顧客"戦略」，『研究　技術　計画』第18巻第3/4号，165-175頁。

具　承桓（2006）「知識獲得経路としての合併とその成功要因―カルソニック・カンセイ社の合併プロセスとモジュール化戦略―」『日本経営学会誌』17，15-28頁。

河野英子（2003）「承認図転換部品メーカーの能力獲得プロセス―部品のアーキテクチャ特性が与える影響」『組織科学』36(4)，56-68頁。

近能善範（2002）「自動車部品取引のネットワーク構造とサプライヤーのパフォーマンス」『組織科学』35(3)，83-100頁。

崔　容熏（2008），「産業財ブランド研究の視座―既存研究のレビューと『ライクラ』ブラン

ドの事例に見る「顧客の顧客」戦略の示唆」,『季刊マーケティングジャーナル』27巻3号,59-81頁。
崔　容熏（2010）,「三者間関係モデルによる産業財ブランディングの分析枠組み―素材・部品ブランド研究の新たな可能性」,『同志社商学』第61巻第4・5号,20-42頁。
佐伯　肇（1970）『入門生産財マーケティング』産業能率短期大学出版部。
高嶋克義（1994）『マーケティング・チャネル組織論』千倉書房。
――――（1998）『生産財の取引戦略』千倉書房。
高嶋克義・南知恵子（2006）,『生産財マーケティング』有斐閣。
武石　彰（2003）『分業と競争：競争優位のアウトソーシング・マネジメント』有斐閣。
富田純一（2012）「生産財開発における提案プロセスとダイナミックな評価能力」『The Journal of Japanese Operations Management and Strategy』Vol. 3, No. 1, 91-107頁。
延岡健太郎（1996）「顧客範囲の経済：自動車部品サプライヤーの顧客ネットワーク戦略と企業成果」『国民経済雑誌』173(6), 83-97頁。
延岡健太郎（1999）「日本自動車産業における部品調達構造の変化」『国民経済雑誌』180(3), 57-69頁。
延岡健太郎（2011）,『価値づくり経営の論理』日本経済新聞社。
韓　美京（2002）『製品アーキテクチャと製品開発』信山社。
藤本隆宏（1997）『生産システムの進化論：トヨタ自動車にみる組織能力と創発プロセス』有斐閣。
藤本隆宏・桑嶋健一（2002）「機能性化学と21世紀の我が国製造業」機能性化学産業研究会編『機能性化学』（87-143頁）。化学工業日報。
藤本隆宏・桑嶋健一・富田純一（2000）『化学産業の製品開発に関する予備的考察』（Discussion Paper Series CIRJE-J-32）。東京大学大学院経済学研究科附属日本経済国際共同研究センター。
藤本隆宏・安本雅典編著（2000）『成功する製品開発』有斐閣。
矢作敏行（1996）『現代流通』有斐閣アルマ。
山田耕嗣（1998）「関係的能力の形成と機能」『専修経営学論集』67, 117-142頁。
横田光四（1963）『生産財マーケティング』池田書店。
余田拓郎（2000）『カスタマー・リレーションの戦略論理』白桃書房。

（富田　純一）

第7章

増大する製品開発タスクへの対応
―カーナビゲーション開発における外部人材の活用と
システム知識の共有―

1. はじめに

　本章の目的は，高度化が進む製品の開発活動において外部人材を活用する際の課題を整理することで，効果的な製品開発戦略のあり方を明らかにすることにある。

　近年，ICTの発展を背景に，さまざまな製品領域において高機能化と多機能化が急速に進展している。製品機能の高度化は，企業の研究開発活動によって実現されている一方で，開発現場におけるタスクの増加を引き起こす。製品の高機能化・多機能化の実現には，さまざまな科学・技術領域の知識が広く，そして深く求められるためである。情報量の増加，いわゆる開発規模の増大によって，開発現場では，タスクが加速度的に増加し，逼迫した状況が生じている。

　開発タスクの増大にいかに対応していくのか。この問題については，古くから議論が展開されてきた。そこでは，1990年代以降，モジュラー化およびオープン化が有効な手段として積極的に論じられてきた（e.g. 青島・武石，2001）。具体的には，製品アーキテクチャのモジュラー化によって，開発タスクを相互依存性の低い下位タスクへと分割することが可能となり，開発活動の効率化と外部委託化が可能となる点が議論されてきた。

　ただし，こうしたモジュラー化の便益は簡単に享受できる類いのものではな

い。製品に対する高機能化や多機能化の要求が著しい領域では，その実現のために製品アーキテクチャはインテグラル化する傾向がある（e.g. 藤本，2007，2013）。また，モジュラー化が図られたとしても，事前に把握できなかったタスク間の相互依存性が開発過程で明らかになることもしばしばある。これらに起因して，モジュラー化によって享受できる便益は限定的であり，とりわけ外部人材の活用による開発能力の増強は妥当ではないと考えられてきた。開発活動に対する資源投入量と開発効率の積が開発能力だとすると，製品の高度化を志向する開発組織にとって，開発能力を増強するための方策は効率性の向上に限られることとなる。はたして，高度化する製品領域における開発タスク増大への対応策は，開発組織内部の効率化に限られるのだろうか。

この問題意識の下，本章では外部人材の活用可能性を探っていく。次節では，その検討の前段として，製品の高度化によって開発タスクが増大する点と，その対応には製品アーキテクチャのモジュラー化が必要である点を確認する。第3節では，製品の高度化が進む場合，モジュラー化が困難である点を確認したうえで，このことに関連して外部人材の活用が妥当ではないと考えられている点を指摘する。さらに，この検討を通じて，製品システム知識の共有化が外部人材を活用する際の鍵となる点を指摘する。続く第4節では，製品の高機能化と多機能化が進展する製品領域としてカーナビを題材に，それまでの議論を確認する。

2．製品の高度化と開発タスクの増大

製品開発プロセスは，しばしば問題解決プロセスとして記述される（e.g. von Hippel, 1990, 1994；楠木，1992；青島，1997）。実際的な問題に対する解として製品を捉えることができるためである（Alexander, 1964；藤本，2013）。製品開発のプロセスは，実際的な問題に関する知識と，その解決に資する科学・技術的な知識を統合するプロセスとして記述される。顧客に代わり，これらの専門知識を探索・収集し，問題に対する解へと処理・統合するプロセスが製品開発プロセスである。

製品に解決が求められる実際的問題，すなわち製品に求められる機能が高度

化するにつれて，製品開発プロセスにおいて扱われる情報量，すなわち開発タスクは増大する。関連する専門知識の範囲が拡大するためである。例えば，高機能化・多機能化を果たす過程で，腕時計という製品の開発に必要な知識は金属加工技術から電気・電子技術へと広がっている。

こうした製品の高度化に伴う開発タスクの増大は，古典的な組織の問題を顕在化させる。分業と調整の問題である。個人の情報処理能力が有限である以上，開発タスクは分割され，分散処理されなければならない（von Hippel, 1990）。タスクを分割し，それにあたる成員を増加させることによって，組織が処理できる情報量は等差級数的に増大する。ただし，このことは，成員数を増加させればさせるほど組織の開発能力が増大するということを意味するわけではない。分散処理された個別タスクは全体ないし製品へと統合される必要があり，この調整に係るコストは成員数が増大するほど等比級数的に増大する。すなわち，開発組織では，成員の増加によりタスク処理能力の増強が図られるものの，その能力の増分は逓減し，ある時点以降マイナスに転じる。

したがって，開発タスクの増大への対応を成功裏に進めるためには，調整に係るコストの逓増をいかに抑えられるかが鍵となる。この問題を巡っては，製品アーキテクチャという概念を中心に，近年盛んに議論が展開されている（e.g. Sanchez & Mahoney, 1996 ; Baldwin & Clark, 2000 ; 青島・武石, 2001）。そもそも，分割された個別タスクを統合する際に調整が必要となる理由は，個別タスクの間に存在する相互依存性に求められる。この相互依存性に対処する方策として，製品アーキテクチャのモジュラー化が近年注目されているのである。

製品アーキテクチャとは，機能（問題）要素と構造（解）要素の配列および双方の対応関係を記述する際に用いられる概念である（Ulrich, 1995）。前述したように，製品開発タスクは，個人の情報処理能力が有限であるがゆえに，分割される。製品機能は複数の機能要素へと，製品構造は複数の構造要素へとそれぞれ分割され，複数の構造要素によって複数の機能要素の実現が試みられる（**図表7-1**）。このとき，図表7-1の上側のように機能（要素）と構造（要素）の対応が1対1といった簡潔な関係にあるものが，モジュラリティが高いアーキテクチャ（モジュラー・アーキテクチャ）と，図表7-1の下側のように機能（要素）と構造（要素）の対応が錯綜した関係にあるものが，モジュラリティ

図表 7-1 モジュラー・アーキテクチャとインテグラル・アーキテクチャ

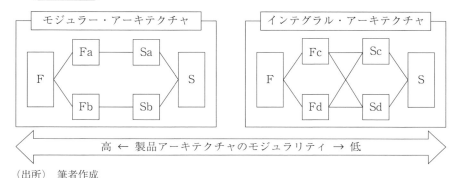

（出所）筆者作成

の低いアーキテクチャ（インテグラル・アーキテクチャ）と呼ばれる。

　ここで重要となるのは，モジュラー・アーキテクチャでは，個別タスクに要求される成果が独立している点である。図表7-1では，全体機能（F）を備えた全体構造（S）を開発する全体タスクが，2つの構造要素を開発する個別タスクに分割されている。このとき，個別タスクの間に相互依存性が存在する点は，モジュラー・アーキテクチャとインテグラル・アーキテクチャの間で共通している。Sa と Sb ないし Sc と Sd という2つの構造要素の開発は，全体機能（F）という開発活動全体の成果を実現するうえで，それぞれ不可欠である。しかし，個別タスクに課される目標（実現が求められる要素機能）の相互依存性に関して，両アーキテクチャの間には大きな差異が存在する。モジュラー・アーキテクチャでは，機能要素 Fa の実現は構造要素 Sa の開発タスクに，機能要素 Fb の実現は構造要素 Sb の開発タスクに完結化（カプセル化）されている。この意味において，個別タスクに要求される成果（個別機能）は独立しているのである。他方，インテグラルアーキテクチャでは，個別タスクに要求される成果（個別機能）は独立していない。構造要素 Sc の開発タスクの成果，すなわち機能要素（Fc ないし Fd）の実現は，構造要素 Sd の開発タスクに依存している。モジュラー・アーキテクチャの下では，個別タスクの相互依存性が，各個別タスクに課される成果目標（機能要素の実現）に縮約されることで，タスク間の相互依存性が削減されているのである（Ulrich, 1995；Baldwin &

Clark, 2000)。

　この違いはタスク間の調整コストに反映されることとなる。インテグラル・アーキテクチャの下では，タスク間調整において，他のタスクの担当者と頻繁にコミュニケーションをとる必要が生じる。直接調整というコストの高い調整手段に頼らざるをえないのである。他方で，モジュラー・アーキテクチャの下では，個別タスクの遂行の過程においてコミュニケーションをとる必要はない。アウトプットの標準化というコストの低い調整手段を利用することができる。タスク間の相互依存性が，個別タスクの成果目標に縮約され，個別タスクに対して事前に課されているためである。

　それぞれのアーキテクチャで利用される調整手段の違いは，成員数の増大に伴う調整コストの増加に大きく反映されることとなる。直接調整に頼らざるをえないインテグラル・アーキテクチャの下では，開発人員の増加に伴い調整コストが逓増していく。他方で，モジュラー・アーキテクチャの下では，調整コストの逓増を回避することが可能となる。

　この違いによって，開発組織のタスク処理能力の限界，ないし増強可能性が変わってくる。すなわち，開発組織は，モジュラー・アーキテクチャを志向することによって，開発組織のタスク処理能力を増強することが可能となるのである。もちろん，モジュラー化には，製品システムに関する深い理解が必要であり，その実現は容易ではない（Sanchez & Mahoney, 1996）。また，ここで論じているインテグラル・アーキテクチャおよびモジュラー・アーキテクチャは理念型であり，現実の製品アーキテクチャのほとんどは，この２つの理念型の間に位置する。ここで指摘したい点は，開発組織のタスク処理能力を向上させるためには，製品アーキテクチャのモジュラー化が不可避であるということである。

3．開発活動における外部人材の活用

　機能の高度化が著しい製品領域ほど，開発タスクの増加が著しいため，モジュラー化が企業には強く求められる。しかしその一方で，そうした製品領域ほど，モジュラー化によって開発能力が逆に低下するリスクも増大する。製品

アーキテクチャのモジュラー化が試みられたとしても，開発過程において想定外の直接調整の必要性が不可避的に生じる可能性が高いためである。

製品アーキテクチャがモジュラー化されるためには，製品の機能要素および構造要素の相互依存性に関する知識，いわゆる「アーキテクチャ知識（Henderson & Clark, 1990）」や，「システム知識（Iansiti, 1998；青島，1998）」，「製品コンセプト（Clark, 1985；Clark & Fujimoto, 1991）」と呼ばれる知識が不可欠となる（Sanchez & Mahoney, 1996；楠木・チェスブロウ，2001）。この製品システム知識[注1]の獲得には，経験ないし試行錯誤を通じた学習が必要なため，開発活動の開始時点において完全なシステム知識を手にすることは難しい。不完全なシステム知識の下でモジュラー化を試み，相互依存性が低くなるようにタスク分割を行う場合，その時点において明らかではなかった相互依存性が開発の過程において露呈することとなる。事後的に露呈する相互依存性が増加するほど，タスク間の直接調整，したがって調整コストが増大する。

こうしたモジュラー化のリスクは，製品の高度化が著しいほど高くなる。開発において扱われる専門知識の新規性が高まることで，事前における製品システム知識の完全性は低くなるためである。要素間の相互依存性を事前に把握することは難しく，事前に想定されていなかった相互依存性が開発の過程においてしばしば露呈することとなる。

直接調整の必要性が偶発的に発生するリスクが高いことに関連して，高度化や新規性が求められる製品の開発では，オフショア化や外部委託化といった外部人材の利用は妥当ではないと一般的に考えられてきた。その背後には，外部人材を活用するほど，直接調整に係るコストが高くなる，という信念が存在する。この信念は，当事者間で共有されている前提知識が少ないほどコミュニケーション・コストが上昇するというロジックと，外部人材との間で共有される知識は少ないという前提によって構成される。

前提知識が共有されるほどコミュニケーション・コストが低下するというロジックは，製品開発活動の効率性を説明するさまざまな議論でも示唆されてきた（Clark & Fujimoto, 1991；青島・延岡，1997；Iansiti, 1998；楠木，1998；青島，1998；武石，2003）。そこでは，先述した製品システム知識が，開発プロセスに有用な情報を選別するフィルター（Cohen & Levinthal, 1990）や，主体

間の情報伝達の潤滑剤(中馬,2004;Chuma, 2006)の役割を果たすことで[注2],コミュニケーション・コストを低下させる(Von Hippel, 1994)点も論じられている。製品システム知識の共有度が,コミュニケーション・コストの低下を介して,開発効率を上昇させるのである。

この一連の議論からは,外部人材の活用を疑問視する信念を構成するロジック部分が確認される一方で,前提の部分が必ずしも所与ではない可能性が示唆される。組織の間において,製品システム知識が共有される程度に差が存在することは,開発人材間の知識共有度が,組織に所属しているか否かのみで規定されないことを示唆する。開発活動に携わる人材が内部人材か外部人材かによって,製品システム知識の共有度が一意的に規定されるわけではないと考えられるのである。

確かに,内部人材に比べ外部人材のほうが,直接的なインタラクションの発生頻度が低いため,知識が共有される程度は低い傾向にある。また,外部人材に対して,製品システム知識の共有を促すインセンティブを設計することは相対的に難しい。しかし,そうした傾向や難しさを補正する施策や制度を構築することができれば,製品システム知識の共有化を外部主体と進めることは可能であろう。

外部人材の活用による開発資源の増強と,開発効率の維持・向上という,一見すると背反する要求に応えることができるか否かは,機器の高度化に伴う開発タスクの増大が著しい製品領域ほど,製品開発のパフォーマンス,ひいては競争力に反映される。このジレンマを解決する鍵は,外部主体との製品システム知識の共有化にあると考えられる。

4. カーナビ開発におけるタスク増大とその対応

本節では,カーナビ産業を題材として前節までの議論を確認する。まず,カーナビの技術および市場の動向を確認したうえで,2000年頃から,カーナビの開発タスクが急激に増大し,それに対応できるか否かが企業の競争地位を左右していた点を確認する。さらに,開発タスクの増大に成功裏に対応したアルパインの事例分析を行う。そこでは,ソフトウェア開発タスクの大胆なオフ

ショア化と外部委託によりタスク増大への対応が行われていた点と，外部人材を活用して製品開発活動を効果的に進めるために，さまざまな施策を通じて製品システム知識の共有が図られていた点の2点を確認する。

4-1．カーナビ技術とその市場の動向

　カーナビゲーション（以下，カーナビ）とは，自動車の現在地と目的地の経路案内機能を備えた製品システムである。1990年頃，位置測位にGPSを利用するカーナビが国内メーカー各社により開発・上市されて以降，カーナビは，情報技術や通信技術をはじめとするさまざまな周辺技術の発展を背景に，機能の高度化と多様化を果たしていく。例えば，GPSや，ジャイロ・センサー，加速度センサーなどの各種計測情報と，DVDやHDDといった大容量記憶デバイスに蓄積したデジタル地図情報を複合することで，位置測定の精度は劇的に向上している。また，各種通信機能を取り込むことで，道路交通情報通信システム（VICS）情報やプローブ交通情報を利用し，渋滞状況を反映した経路案内を実現している。さらに，こうした高機能化と併行して，カーオーディオや，ワンセグテレビ，地上波デジタルテレビといったオーディオ・ビジュアル（AV）機能や，ドライブレコーダーやバックモニター，ETCといった運転支援機能などを取り込むことで多機能化も進展している。

　カーナビの市場は，2000年代を通じて，急速に成長していく。ちなみに，高機能化・多機能化を遂げるカーナビは，車のダッシュボードに備え付けられることから，据置型カーナビと呼ばれる[注3]。その市場成長の牽引役は国内市場であった。**図表7-2**は，国内市場の規模の推移である。2000年に189万台であった販売台数は，2006年に370万台へと倍増している。

　なお，図表7-2中では，用途先別の内訳も示されている。カーナビは，市販品と車に標準/オプション装備される純正品とに分類される。一方の市販品は，標準/オプション品以外の選択肢からも選択したいという「こだわり」のある最終消費者によって選択・利用されるため，相対的に最先端の機能が求められる。他方で，純正品では，機器の利用者はカーナビの機能に対して敏感ではないけれど，自動車メーカー側から車種との連携といった機能が要求される。普及に伴って利用者の構成がイノベーター/マニア層からマス層へとシフトす

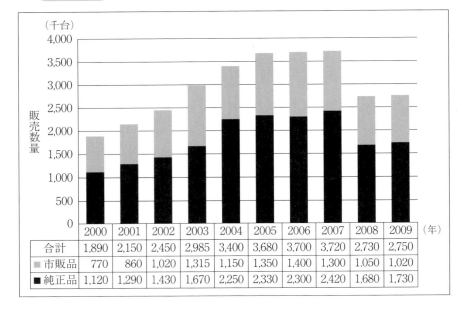

図表7-2　据置型カーナビの国内市場規模の推移（販売台数ベース）(注4)

ることで，徐々に純正品の割合が増加しているものの，純正品の比率は6割強で推移している。

海外では，国内ほど道路事情が煩雑ではないため，顧客の予算制約が緩い高級車用，とりわけ純正品にセグメントが限定され，その市場の拡大は日本に比べて遅れた。しかしながら，**図表7-3**から確認できるように，海外市場も着実に成長しており，2000年代中頃から，その成長ペースも向上している。

市場成長期にあった2000年代，カーナビ市場では，激しい競争が展開された。1990年代前半には30社近い企業が参入していたものの，ソニーを含む多くの企業がこの製品から撤退し，2004年には十数社にまで減少している(注5)。**図表7-4**は，上位4社の世界シェアの推移である。2002年以降，パナソニック（旧松下電器産業）がシェア12％前後でトップシェアを維持している。ただし，2位以下の企業との差はわずかであり，パイオニアとデンソー，アルパインを含む4社がこの激しくシェアを奪い合う構図である。

第7章 増大する製品開発タスクへの対応 111

図表7-3 据置型カーナビの世界市場規模の推移（販売台数ベース）(注6)

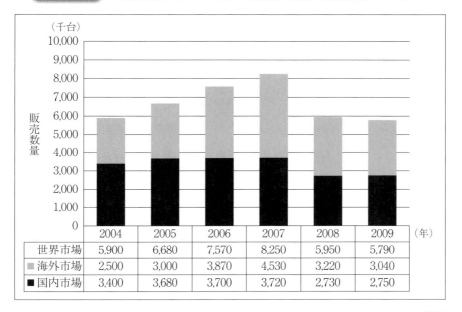

図表7-4 据置型カーナビの上位4社の世界シェア推移（販売台数ベース）(注7)

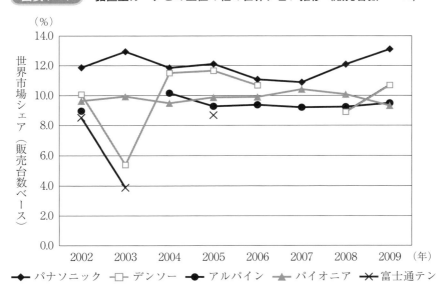

4-2. ソフトウェア開発のタスク増大

上位企業とその他の企業の優勝劣敗を左右した大きな要因の1つとして，製品開発能力を挙げることができる。具体的には，製品の高度化と多品種化を同時追求できるか否かである。前述の通り，2000年代を通じてカーナビは高機能化・多機能化を劇的に遂げており，こうした高度化を先導できるか否かが1つの鍵であった。加えて，国，用途および車種別にニーズが異なるため，それぞれをターゲットとした機種を複数投入できるかどうかも大きな意味を持っていた。

カーナビでは，製品の高度化と多様化によって，開発タスク，とりわけソフトウェア部分の開発タスクが劇的に増加している。カーナビは，多様なデバイスの多層的なシステムによって製品機能を実現する大規模組込みシステムの典型例である。カーナビの中心的な製品機能の1つであるナビゲーション機能だけでも，その実現には，現在位置情報の取得・地図データ情報の読出し，それらの情報の処理，各種UIでの出力といったさまざまな要素機能が実現されなければならず，そのためにさまざまな構造要素が必要となる。現在位置情報の取得という要素機能のみを取り出しても，その実現には，GPS情報や各種車両信号の受信・処理といった下位要素機能と，それらを実現する下位構造要素が必要となる。これら下位機能要素／下位構造要素群は，CPUを中心にシステム化され制御されている。こうした多層的なシステムにおいて，下位要素の追加・変更によって全体機能の変化を加えることは，他の構造要素，とりわけソフトウェアの変更を不可避的に生じさせる。

例えば，このナビゲーション機能の高機能化の1つとして，周辺の自動車の移動状況から生成されるプローブ交通情報に基づく渋滞回避機能の強化が2000年頃に始まる。このナビゲーション機能の高度化を実現するためには，プローブ交通情報を受信するために電話通信機能という下位機能要素の実現が必要であり，そのための下位構造要素群を内蔵する必要があった。これら下位機能要素／下位構造要素の追加は，他の機能要素／構造要素群の変更・修正を必要とした。特に，それらの変更を統合・制御するためのソフトウェアには大きな変更が必要となった。

また，高機能化に伴い内蔵するデバイス数が増加することで，調整しなけれ

ばならないデバイス間の相互依存性が加速度的に増大したこのことも開発タスク，とりわけソフトウェアの開発タスクを増大させたと考えられる。ダッシュボード上の規格スペース（DINスペース）に製品サイズが制約されるカーナビでは，コンポーネント間の相互依存性をハードウェア側で処理できる部分は限られ，ソフトウェア側で処理しなければならない問題も多かったようである[注8]。また，ハードウェアの実装面積を削減するために，ハードウェア側の機能をソフトウェアに取り込む必要も存在した。

　加えて，カーナビには，ナビゲーション機能の高機能化だけでなく，カーオーディオ・ETC・ドライブレコーダーといった周辺機器の機能や，バックモニター・トップビューシステム・地デジ機能といった新機能を取り込む多機能化も求められていた。

　こうした機能の高度化を実現する一方で，市場・車種ごとに製品を作り込む必要もあったカーナビでは，その開発タスクは，とりわけソフトウェア側において劇的に増大していく。例えば，ソニーのカーナビ開発では，1990年代末頃に約6Mバイト程度であったソフトウェアの規模が2000年代中頃に約100Mバイトに達している。そのソースコード数は300万行に及び，1機種のソフトウェア開発だけに100〜200人が1年をかけるレベルにまで増大している[注9]。パイオニアでは，2年に1度のフル・モデルチェンジに約200人のソフトウェア・エンジニアが携わっていたとされ[注10]，こうした状況は，2000年代前半において，各社に共通していたようである。

　ソフトウェア規模の増大は，その開発組織に大きな問題をもたらした。ソニーでは，90年代前半には，数人の開発者がソースコードを共有しながら密な作業を進めることができたが，90年代半ばには数十人に増加し，人員間のコミュニケーションに弊害が生じるようになったという[注11]。開発すべきソフトウェアの規模の増大は，その開発に直接関わる処理タスクだけでなく，その開発活動を進めるうえで必要となる調整タスクの増加をもたらしていた。ソフトウェア開発組織は，開発タスクのモジュラー化や共通言語の設定といった対策を講じるものの，急激に増加していくタスク量を徐々に処理しきれなくなっていたと考えられる。

4-3. アルパインにおけるソフトウェア開発のオフショア化・外部委託化

 2000年以降,ソフトウェア開発のタスク増大は多くの企業において対処が難しいレベルに達しており,製品の高度化と多様化を実現できない企業が競争から脱落していく。逆にいえば,図表7-4に示した,パイオニア・パナソニック・デンソー・アルパインといった上位企業は,ソフトウェア開発タスクの増大に対処し,製品の高度化と多様化を維持できた企業と捉えることができるだろう。以下では,ソフトウェア開発タスクの増大に対処した企業としてアルパインに注目して分析を進める。

 アルパインは,欧州を中心とする高級車向けに対する純正カーナビ販売を得意とする企業であり,パナソニックとパイオニアとともにカーナビ御三家と呼ばれる。その主要顧客は,BMWや,ダイムラー,GM,クライスラー,本田技研工業などとされる。売上に占める純正品の割合は8割[注12],海外売上高は80％を超える。純正カーナビでは,顧客である自動車メーカーから,高機能化・多機能化に加えて,搭載車種の特徴に対応することが求められる。その開発では,新機能を盛り込むたびに,ベースとなるシステムからの書き換えが必要となり,各自動車メーカーからの要求仕様に対してソフトウェアを作り替える必要もあるという[注13]。つまり,製品の高度化を図りつつ顧客ごとに製品を多様化していくうえで,アルパインが処理しなければならないタスク量は膨大であった。アルパインは,どうしてカーナビの高度化と多様化を実現し,上位企業の一角を占める競争地位を確立できたのだろうか。

 アルパインでは,1990年代後半から,開発機能のオフショア化と外部委託化を積極的に進めることで,開発資源の不足を補ってきた。一般的に,ソフトウェア開発のオフショア化や外部委託を行う場合,コーディングといったいわゆる下流工程にその範囲を限定し,基本設計といった上流工程は国内に残すことが多い。実際に,アルパインが1996年に初めてカーオーディオのソフトウェア開発をNeusoftに外部委託した際,その委託部分はPC上でのテスト部分(単体テスト)のみであった。しかし,これ以降アルパインは外部委託を積極的に進めていく。2000年には,Neusoftにソフトウェアの設計までを委託し,アルパインは構想設計と量産試作品のテストを手がける体制となっている。こうし

た大胆な外部委託を進めるうえで，初期に行われたテスト部分のみの外部委託が重要な役割を果たしていたと考えられる。初期の委託業務を通じてソフトウェアの構造の理解が共有され，詳細設計やコーディング，さらには，特定機種のソフトウェア全体を任せられるようになったとされる[注14]。

その後，アルパインは，2002年に大連にR&Dセンター（アルパイン電子（中国）公司大連研究開発センター，以下，大連R&Dセンター）を開設すると，大胆なオフショア化と外部委託化を進めていく。2004年頃には，大連R&Dセンターで活動する人員の大半（約250人）は，委託先であるNeusoftのソフトウェア・エンジニアであった。さらに大連での開発に対する支援業務には，Neusoftの拠点である瀋陽のエンジニアも参加していた[注15]。2010年時点において，約500人のソフトウェア技術者が中国拠点における開発に関与しており，そのほとんどがNeusoftの人材であるという[注16]。

大胆にオフショア化・外部委託したソフトウェア開発を円滑に進めるうえで鍵となったのが，委託先人員との情報共有であった。オフショア先および委託先のソフトウェア・エンジニアと製品システム知識を共有すべく，アルパインはNeusoftと協力していくつかの施策を講じている[注17]。

第1に，ハードウェアを含む製品システム全体の構想設計にNeusoftソフトウェア技術者を直接参加させている。Neusoftの人員数名は，アルパインのハードウェア開発拠点に出向き，アルパインの技術者と共同してハードウェアとソフトウェアの切り分けを検討して，それぞれの要求仕様を決定している。この取組みの意図は，製品に対する市場ニーズとともに，その要求を満たすために必要なハードウェアおよびソフトウェアの仕様をどのように決めたのかを認識させるためだとされる。かつて，要求仕様書の提示だけであった頃には，仕様書に関する誤解が頻発していたという。仕様を「話し合って決定する」ことには，ソフトウェアに求められる仕様要求への理解を深め，誤解に起因する下流工程での手戻りを防ぐ効果があった。さらには，仕様書では表現できなかったり，伝達しきれない情報の伝達も可能となる。

第2に，いくつかの研修制度を設けている。例えば，Neusoftのソフトウェア技術者をハードウェア開発拠点で数ヶ月にわたって教育することで，評価用ハードウェアの修理ができるようにしている。また，日本人やクルマ社会に対

する理解を深めてもらうために中国人エンジニアを日本に派遣している。

第3に，現地の優秀なエンジニアを確保・育成するために，Neusoftの運営する中国の大学数校において，1年間の研修コースを設けてもらい，アルパインの業務に特化したカリキュラムでの教育を施している。

5．おわりに

カーナビの重要な開発要素であるソフトウェアを大胆にオフショア化・外部委託したアルパインでは，開発活動の効率性や有効性の低下を防ぐ施策が複数講じられていた。

高度な製品の開発では，事前に把握・整理できるタスク間の相互依存性は限られており，当事者間での直接調整がしばしば必要となる。この偶発的な調整に係るコストに関して，オフショア化や外部委託化といった外部人材の活用は好ましくない手段であると一般に考えられてきた。その背後には，外部人材の場合，コミュニケーションの前提となる知識の共有度が低いため，コミュニケーションコストが高くなるという信念が存在した。しかしながら，製品システム知識の共有度は，組織内の人員か組織外の人員かによって，一意的に定まるわけではない。組織内／外にかかわらず，前提知識を共有する施策の有無が，コミュニケーション・コスト，したがって開発活動の効率性や有効性に大きく影響を及ぼすと考えられる。

アルパインの事例から示唆されるように，オフショア化や外部委託化は高度な製品開発において必ずしも非効率的・非有効的な手段ではないように思われる。製品システム知識を共有化する施策を用いることで，開発活動の大胆なオフショア化・外部委託化を成功裏に進めた事例は他にも存在する。パイオニアは，1999年10月に上海に設立した合弁会社 Pioneer Suntec（Shanghai）Electronics Technology Co., Ltd.（以下，PSET）をカーナビのソフトウェア開発において積極的に活用している[注18]。アルパインとNeusoftの関係と同様に，当初における委託部分は，GUI（Graphical User Interface）の設計や音声認識機能の開発など実地走行試験が必要ないソフトウェアに限定されていたものの，製品システム知識の共有を進めることで，その範囲を拡大していった。2001年

頃には，実地走行試験が必要なソフトウェアの開発や，戦略機種「Air Navi」のソフトウェア開発を任せている。こうした開発体制を成功裏に進めることができた理由は，パイオニアが「確実に組込みソフトウェアの開発をこなせる人材」をPSETに求め，ソフトウェア技術者の教育を積極的に行ったことに求められる。例えば，現地技術者を継続的に川越工場に呼び寄せ，日本の開発部隊と一定期間にわたり一緒に仕事をさせている。こうした施策を通じて製品システム知識の共有化を進めることで，カーナビの利用シーンを想定したソフトウェア開発をPSET社の現地技術者が進められる体制が構築されたという。

アルパインやパイオニアでとられていたさまざまな施策は，製品システム知識の共有化を促すことで，外部人材の活用による開発資源の増強と，開発効率の維持・向上の同時達成につながっている。こうした開発能力の増強が，製品の高度化と多様化の進むカーナビ市場での競争力の背後に存在すると考えられる。

ニーズが異なる多様な海外市場に対して高付加価値製品を投入していく。日本企業に求められているこの戦略を実現するためには，オフショア化や外部委託化といった外部人材の活用は不可避であろう。外部人材の活用による開発資源の増強と，開発効率の維持・向上という，ジレンマを乗り越えるためには，外部人材との間で製品システム知識の共有を進めることが不可欠である。

付　記

本章は，山口（2014）「増大する開発タスクへの対応：カーナビゲーション開発における外部人材の活用とシステム知識の共有」『経営論集』第84号，pp.139-153に一部修正を加えたものである。なお，本研究はJSPS科研費JP26380533の助成を受けたものである。

注

1　「アーキテクチャ知識」や，「システム知識」，「製品コンセプト知識」の間，さらにはそれらを用いる論者の間には，意味の違いが存在する。本稿では，それらを全てを包括するものとして製品システム知識という言葉を便宜的に用いている。
2　製品アーキテクチャのモジュラー化が不完全であっても，その不完全なモジュラー設計図（アーキテクチャの全体像）が開発に携わる主体間において共有されることで，調整

活動が円滑化する点が指摘されている。なお，効果は，事後モジュラー性（interim modurality）と呼ばれている。
3 本章では，据置型カーナビのみを指すものとして「カーナビ」という呼称を用い，据置型に絞って分析・記述を行う。
4 2000～2005年は，富士キメラ総研『自動車用品マーケティング便覧』各年版のデータを利用した。2006年度以降は，合計値を富士キメラ総研『自動車部品マーケティング便覧』各年版から，市販品の値を富士キメラ総研『デジタルAV機器市場マーケティング調査要覧』各年版から，それぞれ利用し，その差分から純正品の値を算出した。
5 「カーナビ戦線異状あり　新『オデッセイ』の衝撃」『週刊東洋経済』2004年2月28日号，pp.44-49.
6 富士キメラ総研『自動車部品マーケティング便覧』各年版の数値に基づき筆者作成。
7 2002～2003年のデータは富士キメラ総研『車載電装デバイス＆コンポーネンツセレクト（2003年版，2004年版）』に，2004～2007年および2009年のデータは『自動車部品マーケティング便覧（2005年版，2007年版，2008年版，2010年版）』8年のデータは『ITS関連市場の現状と将来展望（2009年版）』に基づき，筆者作成。
8 ソフトウェアが，ハードウェア・コンポーネント間の相互依存性を処理することでハードウェア間の調整（摺り合わせ）を減少させる，いわゆるカプセル化の機能を備えている点については，加藤（2002）および新宅・小川・善本（2006）に詳しい。
9 「カーナビ用ソフトを『反復開発』国内市場への再参入に備える」『日経コンピューター』2006年11月13日号，pp.120-123.
10 「Windows 移行を決断したカーナビ開発の現場から」『MONOist』2006年9月15日配信，http://monoist.atmarkit.co.jp/mn/articles/0609/15/news148.html.
11 本段落の記述は次の雑誌記事に依拠する。「カーナビ用ソフトを『反復開発』国内市場への再参入に備える」『日経コンピューター』2006年11月13日号，pp.120-123.
12 「拡大するカーナビの開発規模，協業による効率化が必須に」『EDN-Japan』2009年7月1日，http://ednjapan.com/edn/articles/0907/01/news117.html）
13 『Automotive Technology』2007年11月号，pp.84-87.
14 「足かけ10年で180人体制に開発期間を1ヶ月短縮」『日経エレクトロニクス』2004年11月22日号，pp.115-117.
15 「中国の競争力を支えるハングリー精神，アルパインは製品開発もパワーシフト」『ITmedia エンタープライズ』2006年11月22日，http://www.itmedia.co.jp/enterprise/articles/0611/22/news005.html.
16 『日経産業新聞』2010年11月24日，第1面。
17 アルパインの施策に関する記述は次の雑誌記事に依拠する。「足かけ10年で180人体制に開発期間を1ヶ月短縮」『日経エレクトロニクス』2004年11月22日号，pp.115-117.，「日本を一番理解できるのは中国価格でなく技術・品質で評価を」『日経ソリューションビジネス』2005年11月15日号，pp.40-42.
18 本段落のパイオニアの事例記述は，次の雑誌記事に依拠する。「カーナビ全機種で中国拠点活用5年で6倍増の160人体制に」『日経エレクトロニクス』2004年11月22日号，pp.118-119.

参考文献■

Alexander, Christopher (1964). *Notes on the Synthesis of Form*, Harvard University Press（稲葉武司訳 (1978)『形の合成に関するノート』鹿島出版会).
Baldwin, Carliss Y., & Clark, Kim B. (2000). *Design Rules : The Power of Modularity*, MIT Press（安藤晴彦 (2004)『デザイン・ルール：モジュラー化パワー』東洋経済新報社).
Cohen, W.M., & Levinthal, D.A. (1990). Absorptive Capacity : A New Perspective on Learning and Innovation. *Administrative Science Quarterly*, Vol. 35, No. 1, 128-152.
Chuma, H. (2006). Increasing Complexity and Limits of Organization in the Microlithography Industry : Implications for Science-based Industries. *Research Policy*, Vol. 35, 394-411.
Clark, K.B. (1985). The Interaction of Design Hierarchies and Market Concepts in Technological Evolution. *Research Policy*, Vol. 14, 235-251.
Clark, K.B., & Fujimoto, T. (1990). The Power of Product Integrity. *Harvard Business Review*, 107-118.
Henderson, R., & Clark, K.B. (1990). Architectural Innovation : The Reconfiguration of Existing Product Technologies and the Failure of Established Firms. *Administrative Science Quarterly*, Vol. 35, No. 1, 9-30.
Iansiti, M. (1998). *Technology Integration*, Harvard Business School Press.
Sanchez, R. & Mahoney, J.T. (1996). Modularity, Flexibility, and Knowledge Management in Product and Organization Design. *Strategic Management Journal*, Vol. 17, 63-76.
Ulrich, K. (1995). The Role of Product Architecture in the Manufacturing Firm. *Research Policy*, Vol. 24, 419-440.
Von Hippel, E. (1990). Task Partitioning : An Innovation Process Variables. *Research Policy*, Vol. 19, 407-418.
─────── (1994). Sticky Information' and The Locus of Problem Solving : Implications for Innovation. *Management Science*, Vol. 40, No. 4, 429-439.

青島矢一・延岡健太郎 (1997)「プロジェクト知識のマネジメント」『組織科学』31巻1号, 20-36頁。
青島矢一 (1997)「新製品開発研究の視点」『ビジネスレビュー』第45巻第1号, 161-179頁。
─────── (1998)「製品アーキテクチャと製品開発知識の伝承」『ビジネス/レビュー』第46巻第1号, 46-60頁。
青島矢一・武石 彰 (2001)「アーキテクチャという考え方」藤本隆宏・武石 彰・青島矢一（編）『ビジネス・アーキテクチャ』有斐閣, 27-70頁。
加藤寛之 (2002)「モジュラリティ・ドライバ：モジュラー化と逆流防止弁」『赤門マネジメント・レビュー』第1巻第8号, 633-641頁。
楠木 健 (1992)「分解―統合プロセスとしての製品イノベーション：製品開発と技術開発の同期化」『一橋論叢』第108巻第5号, 782-801頁。
─────── (1998)「機能マネジャーと製品マネジャー：イノベーション管理者の比較分析」『ビジネス・レビュー』第45巻第3号, 17-37頁。

楠木　建・H.W. チェスブロウ（2001）「製品アーキテクチャのダイナミックシフト：バーチャル組織の落とし穴」（藤本隆宏・武石　彰・青島矢一（編著）『ビジネス・アーキテクチャ』（263-285頁），有斐閣．
新宅純二郎・小川紘一・善本哲夫（2006）「光ディスク産業の競争と国際的協業モデル：摺り合わせ要素のカプセル化によるモジュラー化の進展」（榊原清則・香山　晋（編著）『イノベーションと競争優位：コモディティ化するデジタル機器』（82-121頁），NTT 出版）
武石　彰（2003）『分業と競争：競争優位のアウトソーシング・マネジメント』有斐閣。
中馬宏之（2004）「日本のサイエンス型産業が直面する複雑性と組織限界」『一橋ビジネスレビュー』2004年 win 号，64-85頁。
藤本隆宏（2007）「人工物の複雑化とものづくり企業の対応：制御系の設計とメカ・エレキ・ソフト統合」*RIETI Discussion Paper*，1-38頁。
――――（2013）『「人工物」複雑化の時代』有斐閣。

（山口　裕之）

第8章

ソフトウェア開発組織の成熟度レベル別に見た
ソフトウェア品質の良否に関わる要因分析

1. はじめに

　ソフトウェア品質の良否に影響する要因の1つとして，Carnegie Mellon University, Software Engineering Institute（2010）のCMMI（Capability Maturity Model Integration）で示される開発組織の能力がある。Jones（2013）は成熟度レベルが高いほどリリース後のソフトウェア欠陥密度が低くなることを示している。また，成熟度レベルがソフトウェア品質の良否に影響することが先行研究により示されている（Harter, Krishnan, & Slaughter, 2000 ; Harter & Slaughter, 2003 ; Gibson, Goldenson, & Kost, 2006）。

　CMMIは段階的なプロセス改善を促すモデルだが，成熟度レベルを上げるのには一般に長い期間を要する（CMMI Institute, 2015）。そのため，成熟度の状況に応じたプロセス改善を効率的に進めるには，それぞれの成熟度レベルにおいてソフトウェア品質の良否に影響する要因を把握することが求められる。

　そのような要因について成熟度レベル別に分析した研究がいくつかあるが，それらには課題がある。Rainer & Hall（2002）では成熟度レベル別にプロセス改善の成功要因を示している。しかし，それらは定量的なプロジェクト管理に結びつく要因を示していない。Yanagida, Honda, & Komiyama（2014）は開発規模や上工程バグ摘出率などのメトリクスを用いて成熟度レベル別に品質改善の要因を導出している。しかし，メトリクスは「値が大きいほど良い」のように一元的に判断できないことが多く，複合的に分析する必要がある。また，

同文献では成熟度レベル別に相関分析をしているが，セグメントを細分化した分析はしていない。

本章では，システムインテグレーション事業組織から得た商用ソフトウェア開発プロジェクト522件のデータを，成熟度レベル別に見たソフトウェア品質の良否に関わる要因を複合的に分析した結果を報告する。本章では，ソフトウェア品質会計（誉田，2010）と呼ばれる定量的管理の仕組みを通して収集されたメトリクスのデータを分析対象とし，CARTアルゴリズムに基づいて分類木を構築し，そのうえで他のメトリクスも含めた有意差検定および相関分析を用いる。

2．分析対象データ

2-1．対象組織とプロジェクト数

ここでは，成熟度レベル1から2のシステムインテグレーション事業に関わる組織を分析対象とする。これらは開発対象や背景などが似ており，比較対象として適切である。ソフトウェア品質の良否は，リリース後に発見されたバグ数を開発規模で割った値（リリース後バグ密度）の実績値をそれぞれの組織があらかじめ定めた品質基準と比較して，「達成」または「未達」に分類した。ここでは，分析対象の組織において2014年度に開発を完了した522件のプロジェクトを対象とした。

2-2．分析対象のメトリクス

分析対象としたメトリクスの一覧を**図表8-1**に示す。これらを選んだ理由は，ソフトウェア品質会計（誉田，2010）に基づく品質管理において着目することの多い主要なものであるためである。なお，本章で分析結果を示すときには，実測値ではなく相対値を用いる。相対値は，それぞれの値を対応するメトリクスの全体の平均値で割った値とする。

第8章 ソフトウェア開発組織の成熟度レベル別に見たソフトウェア品質の良否に関わる要因分析

図表8-1 分析に用いたメトリクス

記号	メトリクス	単位	意味
SIZE	開発規模	KL	新規作成または変更した論理ソースコード行数
UpBD%	上工程バグ摘出率	%	全バグ数に対する上工程摘出バグ数の比率
UpEff	上工程工数/KL	人時/KL	上工程工数を開発規模で割った値
TstEff	テスト工程工数/KL	人時/KL	テスト工程工数を開発規模で割った値
UpRvEff	上工程レビュー工数/KL	人時/KL	上工程レビュー工数を開発規模で割った値
TstItem	テスト項目数/KL	件/KL	全てのテスト項目数を開発規模で割った値
UpBug	上工程バグ数/KL	件/KL	上工程で摘出したバグ数を開発規模で割った値
TstBug	テスト工程バグ数/KL	件/KL	テスト工程で摘出したバグ数を開発規模で割った値

※KL は Kilo Lines of Code の略

3．分類木による分析結果

3-1．成熟度レベル1

　成熟度レベル1の分類木を**図表8-2**に，各ノードの境界値と達成率を**図表8-3**に示す。分類木の葉ノードの縦軸に示した値は「達成」と「未達」を示しており，それぞれ1と0である。図表8-3の項番は図表8-2のノード番号と対応しており，＊印は葉ノードであることを示している。

　最初のノードは開発規模であり，その境界値は平均値の0.101すなわち約1/10となった。図表8-3のノード1と7にある通り，開発規模が全体の平均値の1/10未満だと達成率が91.0％と高いが，これ以上の開発規模では達成率が

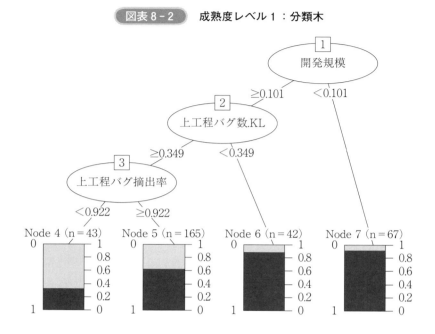

図表 8-2　成熟度レベル 1：分類木

図表 8-3　成熟度レベル 1：分類木の各ノードの達成率

[1]　開発規模 >= 0.101 （61.6%）
　[2]　上工程バグ数 /KL >= 0.349 （56.0%）
　　[4]　上工程バグ摘出率 < 0.922 （32.6%）*
　　[5]　上工程バグ摘出率 >= 0.922 （62.0%）*
　[6]　上工程バグ数 /KL < 0.349 （90.2%）*
[7]　開発規模 < 0.101 （91.0%）*

61.6％に低下している。成熟度レベル 1 では，小規模開発であることが「達成」に寄与する第 1 の要因といえる。

続いて，上工程バグ数 /KL が平均値の0.349すなわち約1/3未満だと達成率が90.2％だが，これ以上になると達成率が56.0％へと低下している。

上記工程での摘出バグ数が少ないことは，上工程での混入バグ数の少なさを表している。したがって，開発規模が小規模でないプロジェクトにおいて，上

工程でのバグ混入数を低い水準に抑えること，すなわち設計品質の良さが「達成」に寄与する要因といえる。

さらに，上工程バグ摘出率が平均値の0.922以上だと達成率が62.0%だが，これ未満になると達成率が32.6%へと大きく低下している。開発規模が小規模でなく，設計品質が悪いプロジェクトでは，上工程バグ摘出率を平均値に近い値以上に維持することが「達成」に寄与するといえる。

以上の分析結果はいずれもソフトウェア品質管理における経験則と整合しており，合理的な分析結果といえる。

3-2．成熟度レベル2

成熟度レベル2の分類木を**図表8-4**に，各ノードの境界値と達成率を**図表8-5**に示す。

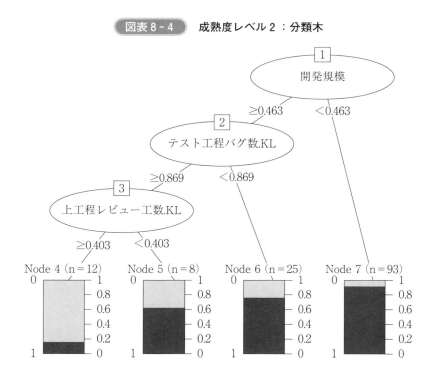

図表8-4　成熟度レベル2：分類木

図表8-5 成熟度レベル2：分類木の各ノードの達成率

```
［1］ 開発規模>＝0.463（57.8％）
 ［2］ テスト工程バグ数/KL>＝0.869（35.0％）
  ［4］ 上工程レビュー工数/KL>＝0.403（16.7％）*
  ［5］ 上工程レビュー工数/KL<0.403（62.5％）*
 ［6］ テスト工程バグ数/KL<0.869（76.0％）*
［7］ 開発規模<0.463（92.5％）*
```

　成熟度レベル1と同様，最初のノードに開発規模が示されたが，その境界値は平均値の0.463であり，レベル1の約4倍の値となった。図表8-5のノード1と7にある通り，開発規模がこの境界値未満だと達成率が92.5％と高いが，これ以上になると達成率が57.8％に低下している。成熟度レベル2では，レベル1よりは大きな規模まで対応できるものの，中規模までの開発であることが「達成」に寄与する第1の要因といえる。

　続いて，テスト工程バグ数/KLが平均値の0.869未満だと達成率が76.0％だが，これ以上だと達成率が35.0％へと低下している。開発規模が中規模より大きいプロジェクトでは，テストでの摘出バグ数を平均値のやや下という水準に抑えられていること，すなわち，上工程で一定の品質が確保されていることが「達成」に寄与する要因といえる。

　ここまでの分析結果は経験則と整合しており，特にレベル1の4倍という開発規模の境界値は興味深い。しかしその次には，上工程レビュー工数/KLが平均値の0.403未満だと達成率が62.5％だが，これ以上になると達成率が16.7％へと大きく低下するという，経験則とは逆の関係を示す結果が得られた。ただし，ノード3はデータ件数が20件と少ないため，より多くのデータでの検証が必要である。

4．ノード別の相関分析

　第3節で得られた分類木の葉ノードのそれぞれについて，メトリクス間の関係を相関分析により詳しく分析する。

4-1. 成熟度レベル1

分類木に現れたメトリクスは開発規模，上工程バグ数/KL，および上工程バグ摘出率であった。ここで，小規模プロジェクトの成功要因を探ることは実務ニーズとして優先度が低いため，図表8-2のノードの2以降に着目する。そして，ノード3と6を分ける要因と，ノード4と5を分ける要因についてそれぞれ分析する。分類木に現れなかった他のメトリクスは，ウィルコクソンの順位和検定を用いて中央値についての有意差検定を行う。

(1) ノード3と6

ノード間の有意差検定の結果と各ノードにおける中央値を**図表8-6**に示す。

図表8-6 成熟度レベル1：ノード3と6の有意差検定

メトリクス	p値	ノードにおける中央値	
		3	6
達成率	−	56.0%	90.2%
UpEff	0.1282	0.596	0.412
TstEff	**0.0463**	**0.409**	**0.243**
UpRvEff	0.0841	0.691	0.424
TstItem	**0.0232**	**0.569**	**0.475**
TstBug	**3.29e−13**	**1.101**	**0.068**

両側検定でp値が5％未満のものと，達成率と中央値の変化が妥当と考えられるものを太字で示している。該当するメトリクスとしてテスト工程工数/KL，テスト項目数/KL，およびテスト工程バグ数/KLが得られた。以降，これらのメトリクスを加えて相関分析を行う。

図表8-7と**図表8-8**に，ノード3と6の「達成」と「未達」に分けたメトリクス間の相関分析の結果をそれぞれ示す。なお，ノード6の「未達」はデータ数が3件と少ないため分析の対象外とした。図表8-7と図表8-8を比べると，ノード6の「達成」ではテスト項目数/KLとテスト工数/KLにやや強い正の相関があるが，ノード3の「達成」では相関がない。

図表 8-7　成熟度レベル 1：ノード 3 の相関分析

メトリクス	成否	TstEff	TstItem	UpBug	TstBug
UpBD%	達成	−0.049	0.129	0.131	**−0.723****
	未達	0.022	0.095	0.126	**−0.732****
TstEff	達成		0.168	**−0.337***	−0.220
	未達		0.066	−0.172	−0.111
TstItem	達成			0.084	−0.122
	未達			0.132	0.010
UpBug	達成				**0.422****
	未達				**0.502****

**$p<0.01$　*$p<0.05$

図表 8-8　成熟度レベル 1：ノード 6 の相関分析（達成）

メトリクス	TstEff	TstItem	UpBug	TstBug
UpBD%	−0.229	**−0.564****	0.189	**−0.538****
TstEff		**0.692****	0.016	0.136
TstItem			−0.262	0.130
UpBug				0.246

**$p<0.01$　*$p<0.05$

　第 3 節の 3-1 で述べた通り，ノード 6 は小規模ではないが設計品質がよく，テスト工数がテスト項目数に比例するという安定したテストが実施できていると考えられる。また，ノード 6 では上工程バグ数/KL とテスト工程バグ数/KL に相関がないが，ノード 3 では「達成」と「未達」のいずれにも正の相関がある。すなわち，ノード 3 では「上工程で多くのバグが摘出されるとテストでも多くのバグが摘出される」という状況だが，ノード 6 ではそうではない。これはノード 6 における設計品質の良さの現れと考えられる。

(2)　**ノード 4 と 5**

　続いて，ノード 4 と 5 を分ける要因について分析する。

　ノード間の有意差検定の結果と各ノードにおける中央値を**図表 8-9** に示す。

第8章 ソフトウェア開発組織の成熟度レベル別に見たソフトウェア品質の良否に関わる要因分析　129

図表 8-9　成熟度レベル1：ノード4と5の有意差検定

メトリクス	p 値	ノード	
		4	5
達成率	−	32.6%	62.0%
UpEff	0.2018	0.437	0.599
TstEff	0.6778	0.393	0.430
UpRvEff	**0.0070**	**0.504**	**0.803**
TstItem	**0.0376**	**0.486**	**0.642**
TstBug	**2.53e−12**	**1.942**	**0.721**

　有意差があり，達成率と中央値の変化が妥当と考えられるメトリクスとして上工程レビュー工数/KL，テスト項目数/KL，およびテスト工程バグ数/KLが得られた。以降これらのメトリクスを加えて相関分析を行う。

　図表8-10と**図表8-11**に，ノード4と5について「達成」と「未達」に分けたメトリクス間の相関分析の結果をそれぞれ示す。ノード4の「達成」と「未達」の両方において上工程バグ数/KLと上工程バグ摘出率の間に正の相関があるが，ノード5では相関がない。また，ノード4では上工程バグ摘出率とテスト工程バグ数/KLの間に相関がないが，ノード5では強い負の相関があった。ノード4では，設計品質が悪く，レビューでの摘出が容易なバグを上工程で数

図表 8-10　成熟度レベル1：ノード4の相関分析

メトリクス	成否	UpRvEff	TstItem	UpBug	TstBug
UpBD%	達成	−0.125	−0.096	**0.768****	−0.160
	未達	−0.060	−0.269	**0.459***	−0.337
UpRvEff	達成		**0.887***	0.089	0.131
	未達		0.260	0.449	0.416
TstItem	達成			−0.307	−0.432
	未達			0.353	**0.635****
UpBug	達成				0.483
	未達				**0.642****

**p＜0.01　*p＜0.05

図表 8-11 成熟度レベル1：ノード5の相関分析

メトリクス	成否	UpRvEff	TstItem	UpBug	TstBug
UpBD%	達成	0.065	0.111	-0.014	**-0.735****
	未達	-0.170	-0.085	-0.185	**-0.757****
UpRvEff	達成		0.281	-0.037	-0.031
	未達		0.398	0.408	0.408
TstItem	達成			0.084	-0.083
	未達			0.071	0.075
UpBug	達成				**0.532****
	未達				**0.721****

**$p<0.01$　*$p<0.05$

多く混入しており，上工程バグ摘出率もそれに応じて一定水準までは高まっていく。しかし，上記工程バグ摘出率の割にはテスト工程でバグを十分に摘出できていない状況が考えられる。

　ノード5では，上工程バグ数/KLと上工程バグ摘出率の間には相関がなく，「達成」と「未達」の両方において，上工程バグ数/KLとテスト工程バグ数/KLの間に正の相関がある。設計品質が悪い状況において，レビューおよびテストで一定水準まで摘出できていることが，ノード4と比較すると達成率が高くなっている要因と考えられる。

4-2．成熟度レベル2

　分類木に現れたメトリクスは開発規模，テスト工程バグ数/KL，および上工程レビュー工数/KLであった。ここで，中規模以下のプロジェクトの成功要因を探るのではなく図表8-4のノード2以降に着目する。ただし，ノード4と5はデータの件数が少ないため，ノード3と6に着目して分析する。分類木に現れなかった他のメトリクスについて，中央値についての有意差検定を行った。ノード間の有意差検定の結果と各ノードにおける中央値を**図表8-12**に示す。

第8章 ソフトウェア開発組織の成熟度レベル別に見たソフトウェア品質の良否に関わる要因分析   131

図表8-12 成熟度レベル2：ノード3と6の有意差検定

メトリクス	p値	ノードにおける中央値	
		3	6
達成率	−	35.0%	76.0%
UpBD%	**0.000**	**67.2**	**77.4**
UpEff	0.148	0.541	0.964
TstEff	**0.013**	**0.379**	**1.604**
TstItem	0.293	0.601	0.508
UpBug	**1.37e−06**	**1.081**	**0.252**

　有意差があり，達成率と中央値の変化が妥当と考えられるメトリクスとして上工程バグ摘出率，テスト工程工数/KL，および上工程バグ数/KLが得られた。以降，これらのメトリクスを加えて相関分析を行う。

　図表8-13および**図表8-14**に，ノード3と6について「達成」と「未達」に分けたメトリクス間の相関分析の結果をそれぞれ示す。各セグメントのデータ数は少ないことに留意が必要である。

　ノード3の「達成」と「未達」の両方において，上工程バグ数/KLと上工程バグ摘出率の間に正の相関があるが，ノード6では相関がないことが読み取

図表8-13 成熟度レベル2：ノード3の相関分析

メトリクス	ノード	TstEff	UpRvEff	UpBug	TstBug
UpBD%	達成	0.388	0.415	**0.797***	−0.116
	未達	0.291	0.267	**0.747**	−0.297
TstEff	達成		**0.987**	0.700	0.288
	未達		0.291	0.090	−0.046
UpRvEff	達成			0.144	−0.260
	未達			−0.358	−0.108
UpBug	達成				**0.761**
	未達				**0.840**

**$p<0.01$ *$p<0.05$

図表 8-14 成熟度レベル2：ノード6の相関分析

メトリクス	ノード	TstEff	UpRvEff	UpBug	TstBug
UpBD%	達成	0.685**	0.515*	0.034	−0.482**
	未達	0.246	0.481	0.255	−0.453
TstEff	達成		0.536*	−0.323	−0.611**
	未達		−0.138	−0.453	−0.501
UpRvEff	達成			−0.358	−0.581*
	未達			−0.082	−0.438
UpBug	達成				0.840**
	未達				0.739

**$p<0.01$ *$p<0.05$

れる。また，ノード3では上工程バグ摘出率とテスト工程バグ数/KLの間に相関がないが，ノード6の「達成」では負の相関があった。これは成熟度レベル1のノード4と5で読み取れたことと同じであり，同様の状況が生じていると考えられる。

また，ノード6の「達成」において，上工程レビュー工数と上工程バグ摘出率との間に正の相関があり，テスト工程バグ数/KLとの間に負の相関がある。これは，上工程レビューに十分な工数を投入することによって上工程バグ摘出率が向上し，それによってテストで検出されるバグ数が減少するという品質管理の観点からすれば期待通りの結果が示されている。別の見方をすれば，このような期待通りの傾向が現れるのは，成熟度レベルが2の中でも一部のセグメントのみといえる。

5．考察および関連研究

成熟度レベル1について総じていえることは，基本的なプロジェクト管理に課題があり，小規模でない開発においてはソフトウェアの品質が悪化する傾向があるということである。小規模でない開発で，設計品質が悪く，上工程バグ摘出率が低い場合には，設計工程での品質状況に応じた十分なレビューおよびバグ摘出が実施されておらず，テスト工程においても重大なバグを摘出できて

いない。個人の力量によって結果的に品質基準を満たすプロジェクトも存在するが，品質は全く予測不能である。まずは，基本的な開発管理技術の教育，適用が必要である。

　成熟度レベル2においては，レベル1と比較すると約4倍の開発規模のプロジェクトまでは品質を制御することが可能である。したがって，基本的なマネジメントが機能していると考えられるが，やはり規模が大きくなるとソフトウェア品質が悪化する傾向が観察されている。ただし，上工程でレビューに十分な工数を投入することにより一定の品質を確保し，テストでの検出バグを低く抑え，結果的に「達成」となるプロジェクトもある。このような傾向を示すプロジェクトのプロセスを標準化して展開し，組織内のプロジェクトの品質底上げを図ることが求められる。

　CMMまたはCMMI成熟度レベル5の組織に焦点を当てた品質良否の要因分析はこれまでに報告されている。Honda（2011）はCMMI成熟度レベル5に該当する2つの組織について分析しており，同じ成熟度レベル5でもメトリクスの現れ方には大きな違いがあることを示している。また，Agrawal & Chari（2007）はCMM成熟度レベル5に該当する組織について分析した結果，品質に寄与する統計的有意な要因は開発規模のみであったとしている。成熟度レベル別に分析した研究ではRainer & Hall（2002）の研究があるが，「はじめに」でも述べたようにこの研究では組織的プロセスの施策に関わる要因を挙げており，個別のプロジェクト管理において有用な要因を挙げていない。また，Yanagida, Honda, & Komiyama（2014）では，成熟度レベル別に品質の良否に関わる要因を分析しているが，メトリクスを複合的に組み合わせた分析という観点において十分でない。本研究はソフトウェア品質の良否に関わる要因の複合的な分析を成熟度レベル別に行った点が特徴である。

6．おわりに

　本章では，522件のプロジェクトデータからCMMIの成熟度レベル別に分類木を構築したうえで，有意差検定および相関分析を組み合わせてソフトウェア品質の良否に影響する要因を複合的に分析した。その結果，成熟度レベル1で

は開発規模，上工程バグ数/KL，および上工程バグ摘出率が良否を分ける要因であると示された。成熟度レベル2では開発規模とテスト工程バグ数/KLが要因であると示され，このうち開発規模は成熟度レベル1の約4倍の境界値となった。

　今後の課題は，データ数の少ないセグメントの対処，より上位の成熟度レベルでの分析などである。

付　記

本章は，柳田・誉田・野中（2015）を基に一部修正したものである。

注■

Agrawal, M. & Chari, K. (2007). Software Effort, Quality, and Cycle Time : A Study of CMM Level 5 Projects. *IEEE Transactions on Software Engineering*, Vol. 33, No. 3, 145-156.

CMMI Institute. (2015). *Process Maturity Profile*,
　　http://cmmiinstitute.com/process-maturity-profile（参照2015-04-15）．

Carnegie Mellon University/Software Engineering Institute. (2010). *CMMI for Development*, Version 1.3. Author, CMU/SEI-2010-TR-033.

Gibson, D.L., Goldenson, DR. & Kost, K. (2006). Performance Results of CMMI-Based Process Improvement. Software Engineering Institute, Carnegie Mellon University, CMU/SEI-2006-TR-004.

Harter, D.E. & Slaughter, S.A. (2003). Quality Improvement and Infrastructure Activity Costs in Software Development : A Longitudinal Analysis. *Management Science*, Vol. 49, Issue 6, 784-800.

Harter, D.E., Krishnan, M.S. & Slaughter, S.A. (2000). Effects of Process Maturity on Quality, Cycle Time, and Effort in Software Product Development. *Management Science*, Vol. 46, Issue 4, 451-466.

Honda, N. (2011). Success Factors to Achieve Excellent Quality-CMMI Level 5 Organizations Research Report. *Proceedings of 5th World Congress on Software Quality*, Shanghai, China, 1-8.

Jones, C. (2013). *Software Quality in 2013: A Survey of the State of the Art*.
　　http://namcookanalytics.com/software-quality-survey-state-art/（参照2015-04-15）．

Rainer, A. & Hall, T. (2002). Key Success Factors for Implementing Software Process Improvement : A Maturity-based Analysis. *Journal of Systems and Software*, Vol. 62, No. 2, 71-84.

Yanagida, R., Honda, N. & Komiyama, T. (2014). What are the Key Factors of Quality Improvement regarding CMMI Maturity Levels?. *Proceedings of 6th World Congress on Software Quality*, London, England, 1-12.

誉田直美（2010）『ソフトウェア品質会計』日科技連出版社。
柳田礼子・誉田直美・野中　誠（2015）「CMMI　成熟度レベル別に見たソフトウェア品質の良否に関わる要因の複合的分析」『ソフトウェアエンジニアリングシンポジウム2015　論文集』，63-68頁。

（野中　誠）

第IV部

数理的アプローチ

第9章　モデル理論アプローチにおける結合システムの
　　　　形式モデル
第10章　ポテンシャル効用モデルの一般化
　　　　——「おせっかい」「だまし」問題への適用

第9章

モデル理論アプローチにおける結合システムの形式モデル

---

1. はじめに

　本章では，モデル理論アプローチによるシミュレーション（旭，2009）において開発の基礎となる，結合システムのモデルと分割合成問題（Decomposition Problem）について考察する。シミュレーション開発においては，複雑なシステムを要素システムの組合せとして構成していくことになる。もしもその構成の一般的な共通枠組があるならば，その枠組はシステム開発に対してよりどころを与えるものとなるだろう。ここでは，シミュレーションシステムの一般的な枠組を提示したい。考察の対象はオートマトンである。また，分割合成問題とは，与えられたオートマトンを，複数の（より小さな）オートマトンに分割した後，結合して，もとのオートマトンに再構成できるかを問うことである。これを解くことにより，本章では，むしろ要素システム間の相互作用の意味を明らかにしたい。

　モデル理論アプローチの特徴の1つは，モデルを集合と関係で定義し，関係（関数を含む）の定義は形式言語の意味の論理式で表すことである（高原ほか，2007）。ここでは入力や出力の時系列やそれらの間の関係に注目したいので，まずは入力出力システムを集合として定義する。次に論理式を用いてオートマトンの定義を与える。制御理論等の工学的なものと対象は同じであるが，定義の外見は異なるし，結合に関する命題や証明を与えつつ議論を進める。論理式を用いて議論を進める理由は，モデル理論アプローチにおける開発言語CAST

（旭ほか，2008）が論理式を記述するのに適しており，考察の結果がシミュレーション開発にうまくつながるからである（旭，2011）。

以下，第2節でオートマトンと状態機械を定義し，第3節で並列処理の結合システムを定義する。第4節で分割合成問題を解く。第5節は考察である。

2．オートマトン

2-1．入力出力システム

考察の対象は離散時間システムなので，時間の集合をT（0から始まる自然数の集合）とする。システムに対する入力の値の集合をAと書くことにすると，入力の時系列は時間関数 $x:T \to A$ で表すことができる（本章では入力列と呼ぶ）。もちろん任意の時刻 $t \in T$ に対して $x(t) \in A$ である。入力列の集合を A^T と書く。また，出力の値の集合をBと書くことにすると，出力列は時間関数 $y:T \to B$ である（$y(t) \in B$）。出力列の集合を B^T と書く。また，記号 $A^T \times B^T$ は時間関数の集合 A^T と B^T の直積といい，直感的には入力列xと出力列yの組（x, y）のあらゆる組合せの集合を意味するものである。以下では高原（1974）に従って，定義を行っていく。

システムの行動Sは，対象システムによって定まる入力列xと出力列yの組（x, y）の集合で表すことができる。ただし，実際には組（x, y）の間には何らかの関係があり，あらゆる組合せが起こるとは限らず，システムの特性に応じて定まった組合せしか発生しないことは明白である。したがって，システムの行動Sは集合 $A^T \times B^T$ の部分集合である（$S \subseteq A^T \times B^T$）と定義できる。数学では，直積の部分集合を「関係」と呼んでいる。対象システムの入力出力側面での（外部から見た）行動を「関係」で表現したものを，以下では**入力出力システム**と呼ぶことにする。

2-2．オートマトンと状態機械

一般に，ある時刻の出力が過去に依存せず，その時刻の入力値のみに依存して定まるような入力出力システムを**静的システム**（static system）と呼び，そうでないものを**動的システム**（dynamic system）と呼ぶ。システム論では，

静的システムは，ある関数 h(t)：A→B が存在し「$(x, y) \in S \Leftrightarrow (\forall t)(y(t) = h(t)(x(t)))$」と定義される。同時刻に同じ入力値なら，同じ出力値となるシステムである。直感的にいえば，静的システムは何ものも蓄積せず入力の値だけに依存して出力値を決定するシステムのことである。ただし，本章では時間不変の関数のみを考える（$h(t) = h(t')$）ので，システムと関数 h：A→B を区別せず，混乱のない限り同じ記号で h と書くことにする。

これに対して，動的システムは，現在以外の入力値（実際には過去の入力値）にも依存して出力値が定まるシステムのことである。初期状態が同じでも，入力履歴が異なれば遷移後の状態が異なり，現在の状態が異なれば同じ入力でありながら出力も異なる場合がある。次で定義する Moore 型オートマトンは，入力に応じて状態が遷移し，遷移後の状態に対して出力が決まるモデルであるので，オートマトンは動的システムのモデルである。

定義 1 （Moore 型オートマトン）

入力出力システム $S \subseteq A^T \times B^T$ に対して，ある集合 C と 2 つの関数 δ：C×A→C, λ：C→B を定めることができて次の関係が成り立つとき，「S はオートマトンである」あるいは「S はオートマトンとしてモデル化できる」と称する。

$(x, y) \in S \Leftrightarrow (\exists c \in C^T)(\forall t \in T)(c(t+1) = \delta(c(t), x(t))$ かつ $y(t) = \lambda(c(t)))$.

ただし，記号 $\Leftrightarrow, \exists, \forall$ は，それぞれ論理学における「必要十分条件」，「存在限定詞」「全称限定詞」である。このとき，<A, B, C, δ, λ> を S のオートマトンモデルと呼び，S = <A, B, C, δ, λ> と書く。このとき，関数 δ, λ をそれぞれ**状態遷移関数**，**出力関数**と呼ぶ。また，集合 A, B, C をそれぞれ，**入力集合**，**出力集合**，**状態集合**と呼ぶ。文脈から明らかなときは各集合を省略し，S = <δ, λ> と書くことにする。関数 δ の定義域が C×A であることから，直ちに $(\forall x \in A^T)(\exists y \in B^T)((x, y) \in S)$ が成り立つ。

さて，通常は，オートマトンは同じ出力でありながら内部の状態が異なる場合も想定されている（$\lambda(c(t)) = \lambda(c'(t))$）。しかし場合によっては，出力関数が恒等関数であるようなオートマトンもある。内部の状態をそのまま出力しているシステムであり，出力 y(t) = 状態 c(t) となるオートマトンである。出力関数が恒等関数であるようなオートマトンを状態機械（state machine）と呼ぶ。

定義2 （状態機械）

入力出力システム $S \subseteq A^T \times C^T$ に対して，ある関数 $\delta: C \times A \rightarrow C$ を定めることができて次の関係が成り立つとき，「S は状態機械である」あるいは「状態機械としてモデル化できる」と称する。

$$(x, c) \in S \Leftrightarrow (\forall t)(c(t+1) = \delta(c(t), x(t))).$$

状態機械はもはや出力関数 λ について考える必要はないので，$S = \langle A, C, \delta \rangle$ あるいは略記して $S = \langle \delta \rangle$ と書くことにする。当然ながら，2つの状態システム $S = \langle \delta \rangle$, $S' = \langle \delta' \rangle$ に対して，$\delta = \delta'$ が成り立つならば，S と S' は同じものである（$S = S'$）。

【例1】 任意の時刻の入力 $x(t)$ を，そのまま次の時刻に出力するようなシステムを考える。これを状態機械としてモデル化すると，

$$\delta(c(t), x(t)) = c(t+1) \Leftrightarrow c(t+1) = x(t).$$

となる。すると，このオートマトン $S = \langle \delta \rangle$ は，常に次の状態が入力の値と等しくなるようなシステムである。入力を一時的に保持するという意味の1次記憶システムである。

【例2】 ニュートン力学では，空間上にある1つの物体の運動を次のようにモデル化する。時刻 t における物体の質量を m，位置を $u(t)$，速度を $v(t)$ とすると，時刻 t における「状態」は $c(t) = (m, u(t), v(t))$ である。物体に加えられる力を $x(t)$ とすると，状態遷移関数は次のように書くことができる。

$$\delta(c(t), x(t)) = c(t+h) \Leftrightarrow$$
$$a(t) = (1/m) \cdot x(t),$$
$$v(t+h) = v(t) + h \cdot a(t),$$
$$u(t+h) = u(t) + h \cdot v(t+h),$$
$$c(t+h) = (m, u(t+h), v(t+h)). \cdots\cdots(1)$$

ただし，式(1)は論理学でいう論理式であり，式中のコンマは論理学の「かつ（and）」を表す省略記号である。「または（or）」は or で表すこととする（旭，2012）。

ここでは連続時間軸の微分方程式ではなく，離散時間軸で近似した差

分モデルを考えており，現在の時刻 t から微小時間 h が経過した時刻（t+h）を「次の時刻」とみなしている。式(1)は離散近似した運動方程式である。力は物体の状態を変化させるという意味で入力である。力が加速度 a(t) を生み，加速度は次の時刻での速度を決定し，その結果として位置が変化している。もちろん，力が働かないとき（x(t)＝0のとき）は，速度が一定（v(t+h)＝v(t)）となり，等速運動を行うモデルとなっている。

【例3】　時刻が進むにつれて，状態が1ずつ増加するシステムを考える。

$$\delta(c(t), x(t)) = c(t+1) \Leftrightarrow c(t+1) = c(t) + 1.$$

このオートマトン $S = <\delta>$ は，入力がなくとも自律的に動作するシステムである。例えば初期状態が0だったとすると，時刻 n では状態が n となる。左辺の入力 x(t) が右辺で使用されないので，むしろ，左辺を $\delta(c(t)) = c(t+1)$ と書いたほうがふさわしい。本章では，入力を考える必要のないシステムを**閉じたシステム**（closed system）と呼ぶことにする。

3．結合システム

複数の入力出力システムが結合してできるシステムを**結合システム**と呼ぶ。結合形態の視点から分類すると，各要素システムが結合する基本的な形態には，直列結合，並列結合，フィードバック結合の3種類がある（**図表9-1〜図表**

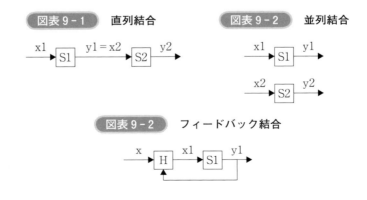

9-3）。

以下では，**並列処理システム**（concurrent processing system）について考えていく。並列処理システムとは，結合の形態にかかわりなく，「全ての要素がいつでも自律的に動いている」ような結合システムのことをいう。例えばインターネットには無数のコンピュータが結合している。各コンピュータは自律的に活動しているので，それら自律的要素がつながったネットワークは並列処理システムである。

> **定義3（結合システム）**

1) 2つの入力出力システム $S1 \subseteq A1^T \times B1^T$, $S2 \subseteq A2^T \times B2^T$ が与えられているとき，**直列結合システム** $S1 \circ S2 \subseteq A1^T \times B2^T$ を次のように定義する。
   $(x, y) \in S1 \circ S2 \Leftrightarrow (\exists z \in B1^T)((x, z) \in S1$ かつ $(z, y) \in S2)$.

2) 2つの入力出力システム $S1 \subseteq A1^T \times B1^T$, $S2 \subseteq A2^T \times B2^T$ が与えられているとき，**並列結合システム** $S1 * S2 \subseteq (A1 \times B1)^T \times (A2 \times B2)^T$ を次のように定義する。
   $((x1, y1), (x2, y2)) \in S1 * S2 \Leftrightarrow (x1, y1) \in S1$ かつ $(x2, y2) \in S2$.

3) 入力出力システム $S1 \subseteq A1^T \times B1^T$ および関数 $h: A \times B1 \rightarrow A1$ が与えられているとき，**フィードバック結合システム** $S^h \subseteq A^T \times B1^T$ を次のように定義する。
   $(x, y) \in S^h \Leftrightarrow x1 = h(x, y)$ かつ $(x1, y) \in S$.

直列結合の定義により，例えば $B1 \subseteq A2$ ならば，直列結合は空集合とはならない。一方，例えば $B1 \cap A2 = \phi$（空集合）ならば，S1 の出力 z が S2 の入力になりえないので，直列結合 $S1 \circ S2$ は空集合となる。しかしながら，いずれにしても数学的に定義可能であることは確かである。次に，並列結合の定義では実際には結合していないことに注意したい。複数のシステムを並べて1つのシステムとみなす場合のモデルになっている。またフィードバック結合の定義にある関数 h は出力を入力に結合するための「接着剤」に相当するものである。

【結合システムの一般構造】

定義3は2要素の結合を定義しているが，実際には任意個数の結合を考えることができる。以下では，これら3種類の結合形態を任意に組み合わせた結合

図表9-4 結合システムの一般的構造（要素数 n=3 の場合）

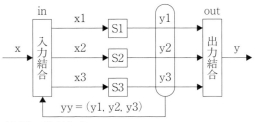

（出所）筆者作成

システムを考える。

一般的には，どんなに複雑に結合したシステムであっても，オートマトンを要素とする全ての（並列処理の）結合システムは，**図表9-4**のように，並列結合とフィードバック結合の組合せで図式化することができる。また，結合の形態（直列，並列，フィードバックおよびそれらの組合せ）は結合関数で記述できる。本章では，外部からの入力を扱う「入力結合関数 in」と外部への出力を扱う「出力結合関数 out」に分けることとする。例えば，S1, S2, S3 を結合したシステム（図表9-4）の状態遷移関数 δ と出力関数 λ は，$C = C1 \times C2 \times C3$, $yy(t) \in B1 \times B2 \times B3$ とすると，次のようになる。

(2)
$$\begin{cases} \delta(c(t), x(t)) = c(t+1) \Leftrightarrow \\ \quad yy(t) = (\lambda1(c1(t)), \lambda2(c2(t)), \lambda1(c3(t))), \\ \quad (x1(t), x2(t), x3(t)) = in(x(t), yy(t)), \\ \quad c(t+1) = (\delta1(c1(t), x1(t)), \delta2(c2(t), x2(t)), \delta1(c3, x3(t))). \\ \lambda(c(t)) = y(t) \Leftrightarrow \\ \quad yy(t) = (\lambda1(c1(t)), \lambda2(c2(t)), \lambda1(c3(t))), \\ \quad y(t) = out(yy(t)). \end{cases}$$

【例4】 3つのオートマトン，$S1 \subseteq A1^T \times B1^T$, $S2 \subseteq A2^T \times B2^T$, $S3 \subseteq A3^T \times B3^T$ が直列に結合した結合システム $S1 \circ S2 \circ S3 \subseteq A1^T \times B3^T$ を考え（**図表9-5**），その全ての要素がいつでも自律的に動いているものとする（並列処理システム）。

第9章　モデル理論アプローチにおける結合システムの形式モデル　　145

図表9-5　　並列処理直列結合システム

$$x = x1 \xrightarrow{} \boxed{S1} \xrightarrow{y1 = x2} \boxed{S2} \xrightarrow{y2 = x3} \boxed{S3} \xrightarrow{y3 = y}$$

　このとき，(2)式に従って δ, λ を定義すると，全体システム $S = <A1, B3, C1 \times C2 \times C3, \delta, \lambda>$ は集合として直列結合システム $S1 \circ S2 \circ S3$ と一致するので，$S1 \circ S2 \circ S3$ のオートマトンモデルは $<A1, B3, C1 \times C2 \times C3, \delta, \lambda>$ である。実際，$C = C1 \times C2 \times C3$, $yy(t) \in B1 \times B2 \times B3$ とし，入力結合と出力結合を，

　　$in(x(t), yy(t)) = (x1(t), x2(t), x3(t))$
　　　$\Leftrightarrow x1(t) = x(t), x2(t) = y1(t)$,
　　$x3(t) = y2(t)$.
　　$out(yy(t)) = y(t) \Leftrightarrow y(t) = y3(t)$.

と定義すると，次が成り立つ。

　　$(x, y) \in S$
　　　$\Leftrightarrow (\exists c \in C^T)(\forall t \in T)(c(t+1) = \delta(c(t), x(t)), y(t) = \lambda(c(t)))$
　　　$\Leftrightarrow (\exists c \in C^T)(\forall t \in T)(yy(t) = (\lambda1(c1(t)), \lambda2(c2(t)), \lambda1(c3(t)))$,
　　$y(t) = out(yy(t))$,
　　$(x1(t), x2(t), x3(t)) = in(x(t), yy(t))$,
　　$c(t+1) = (\delta1\ (c1(t), x1(t)), \delta2(c2(t), x2(t)), \delta1(c3(t), x3(t))))$
　　　$\Leftrightarrow (\exists c \in C^T)(\forall t \in T)((y1(t), y2(t), y3(t)) = (\lambda1(c1(t)), \lambda2(c2(t)),$
　　$\lambda1(c3(t)))$,
　　$y(t) = y3(t)$,
　　$(x1(t), x2(t), x3(t)) = (x(t), y1(t), y2(t))$,
　　$c(t+1) = (\delta1(c1(t), x1(t)), \delta2(c2(t), x2(t)), \delta1(c3(t), x3(t))))$
　　　$\Leftrightarrow (\exists c \in C^T)(\forall t \in T)(c(t+1) = (\delta1(c1(t), x(t)), \delta2(c2(t), y1(t)),$
　　$\delta1(c3(t), y2(t)))$,
　　$(y1(t), y2(t), y(t)) = (\lambda1(c1(t)), \lambda2(c2(t)), \lambda1(c3(t))))$
　　　$\Leftrightarrow (\exists c = (c1, c2, c3) \in C^T)(\forall t \in T)(c1(t+1) = \delta1(c1(t), x(t))$,
　　$y1(t) = \lambda1(c1(t))$,
　　$c2(t+1) = \delta2(c2(t), y1(t)), y2(t) = \lambda2(c2(t))$,

$c3(t+1) = \delta3(c3(t), y2(t)), y(t) = \lambda3(c3(t)))$

$\Leftrightarrow (\exists y1 \in B1^T)(\exists y2 \in B2^T)((x, y1) \in S1, (y1, y2) \in S2, (y2, y) \in S2)$

$\Leftrightarrow (x, y) \in S1 \circ S2 \circ S3$.

よってS1∘S2∘S3 = S = $<\delta, \lambda>$である。つまり、S1∘S2∘S3はMoore型オートマトンであり、$<\delta, \lambda>$がそのオートマトンモデルである。

以上、直列結合を例にして述べてきたが、並列結合とフィードバック結合についても同様である。これらをまとめると次のようになる。

> **命題1**
> n個のオートマトンS_iを要素とする任意の結合システムSが与えられたとき、結合関数inとoutを適切に定義すればS = $((S1*S2*\cdots*Sn)^{in})$∘outと書くことができ、それは$C1 \times C2 \times \cdots \times Cn$を状態集合とするオートマトンである。例えば、n=3の場合、図表9-4のように図式化でき、その状態遷移関数δと出力関数λは式(2)で与えられる。

次に、要素システムが状態機械である場合（$S_i = <\delta_i>$）の結合システムを考える。状態機械は出力関数を考えない、あるいは状態＝出力とみなせるようなオートマトンのことである。したがって、命題1を適用することができて、結合システムを図表9-4のように書け、それは$C1 \times C2 \times \cdots \times Cn$を状態集合とするオートマトンである。また、全体システムの状態遷移関数δと出力関数λは、例えばn=3のとき、

$\delta(c(t), x(t)) = c(t+1) \Leftrightarrow$

$(x1(t), x2(t), x3(t)) = in(x(t), c(t))$,

$c(t+1) = (\delta1(c1(t), x1(t)), \delta2(c2(t), x2(t)), \delta1(c3, x3(t)))$.

$\lambda(c(t)) = y(t) \Leftrightarrow y(t) = out(c(t))$.

となる。しかしながら、全体システムの状態をそのまま出力すること（$\lambda(c(t)) = c(t)$）にすれば、出力関数λを考える必要はない（**図表9-6**）。すなわち、状態機械を結合したシステムを状態機械$<\delta>$としてモデル化することができる。

系1 n個の状態機械S_iを要素とする任意の結合システムSが与えられたとき、

図表9-6 状態機械の結合システム

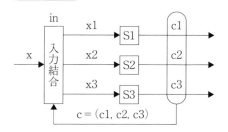

結合関数 in を適切に定義すれば $S = (S1 * S2 * \cdots * Sn)^{in}$ と書くことができ，それは $C1 \times C2 \times \cdots \times Cn$ を状態集合とする状態機械である。例えば，n = 3 の場合，図表9-6のように図式化でき，その状態遷移関数 δ は次の式(3)で与えられる。

$\delta(c(t), x(t)) = c(t+1) \Leftrightarrow$
$(x1(t), x2(t), x3(t)) = in(x(t), c(t))$,
$c(t+1) = (\delta1(c1(t), x1(t)), \delta2(c2(t), x2(t)), \delta1(c3, x3(t)))$. ………(3)

【例5】 二体力学系の場合，上記の入力結合関数 in として，引力の相互作用を考えることができる。空間上に2つの物体があるとき，それらの物体の間には相互に引力が働き，その引力が各物体への入力となる。実際，例2のように，各物体の状態を $c1(t) = (m1, u1(t), v1(t))$, $c2(t) = (m2, u2(t), v2(t))$ とすると，全体システムの状態は $c(t) = (c1(t), c2(t))$ である。また，物体1への物体2からの引力 $x1(t)$，および物体2への物体1からの引力 $x2(t)$ は，それぞれの質量 m1, m2 と位置ベクトル $u1(t) - u2(t)$ を使って計算できる。したがって，$x1(t) = h1(c(t))$, $x2(t) = h2(c(t))$ と書くことができる。そこで入力結合関数を $in(c(t)) = (h1(c(t)), h2(c(t)))$ と定義すれば，これが2つのシステムを結合する結合関数である。例2によれば，そもそも各物体の運動方程式（状態遷移関数 $\delta1, \delta2$）は式(1)で表せるので，全体システム（二体力学系）は閉じた状態機械となり，その状態遷移関数は次のようになる。詳細は旭（2012）を参照されたい（そこでは入力結合関数を相互作用 θ と呼んでいる）。

$\delta(c(t)) = c(t+h) \Leftrightarrow$
$(x1(t), x2(t)) = in(c(t))$,

$$c1(t+h) = \delta 1(c1(t), x1(t)),$$
$$c2(t+h) = \delta 2(c2(t), x2(t)).$$

4. 分割合成問題

前節では複数の状態機械<δi>を結合したシステム<δ>が，やはり状態機械としてモデル化できることを見た．本節では，その逆に，与えられた状態機械<δ>を複数の要素システム（状態機械<δi>）に分割し，それらを組み合わせて元の状態機械<δ>を合成できるかという問題を扱う．これを分割合成問題と呼ぶ．ただし注目するのは閉じた状態機械やオートマトンである．まず，状態が2項からなる場合$c(t) = (c1(t), c2(t))$を考える（つまり，$C = C1 \times C2$の場合）．

補題3

状態集合が$C = C1 \times C2$である閉じた状態機械<C, δ>が与えられたとする．状態遷移関数$c(t+1) = \delta(c(t))$に対して，通常の関数の分解$(c1(t+1), c2(t+1)) = (\delta 1(c(t)), \delta 2(c(t)))$を考える．このとき3つの関数を，

$$h(c1(t), c2(t)) = (x1(t), x2(t)) \Leftrightarrow x1(t) = c2(t), x2(t) = c1(t).$$
$$P1(c1(t), x1(t)) = c1(t+1) \Leftrightarrow c1(t+1) = \delta 1(c1(t), x1(t)).$$
$$P2(c2(t), x2(t)) = c2(t+1) \Leftrightarrow c2(t+1) = \delta 2(x2(t), c2(t)).$$

と定義すると，次式が成り立つ．
$$\delta(c(t)) = c(t+1) \Leftrightarrow$$
$$(x1(t), x2(t)) = h(c(t)),$$
$$c1(t+1) = P1(c1(t), x1(t)),$$
$$c2(t+1) = P2(c2(t), x2(t)). \cdots\cdots(4)$$

証明

式(4)の左辺を仮定する．関数hの定義から$c2(t) = x1(t)$, $c1(t) = x2(t)$であるので，
$$\delta(c(t)) = c(t+1)$$

第9章 モデル理論アプローチにおける結合システムの形式モデル　149

$\rightarrow\quad (c1(t+1), c2(t+1))$
$\qquad = (\delta 1(c(t)), \delta 2(c(t)))$
$\qquad = (\delta 1(c1(t), c2(t)), \delta 2(c1(t), c2(t)))$
$\qquad = (\delta 1(c1(t), x1(t)), \delta 2(x2(t), c2(t)))$
$\qquad = (P1(c1(t), x1(t)), P2(c2(t), x2(t))).$

$\rightarrow\quad c1(t+1) = P1(c1(t), x1(t)),$
$\qquad c2(t+1) = P2(c2(t), x2(t)).$

逆に式(4)の右辺を仮定する。関数 h の定義から $x1(t) = c2(t)$, $x2(t) = c1(t)$ であるので,

$\quad c(t+1) = (c1(t+1), c2(t+1))$
$\qquad = (P1(c1(t), x1(t)), P2(c2(t), x2(t)))$
$\qquad = (\delta 1(c1(t), x1(t)), \delta 2(x2(t), c2(t)))$
$\qquad = (\delta 1(c1(t), c2(t)), \delta 2(c1(t), c2(t)))$
$\qquad = (\delta 1(c(t)), \delta 2(c(t))) = \delta(c(t)).$　　　　証明終

この補題は, 状態集合が $C = C1 \times C2$ である全ての閉じた状態機械 $S = <\delta>$ は, 2つの状態機械 $S1 = <P1>$, $S2 = <P2>$ に分割できて, 「それらを図表9－6のように (ただし要素システムは2つとして) 結合すれば」, 元の状態機械 S と等価になることを意味している。もちろん S1, S2 は, それぞれ c1, c2 を状態とし, それぞれ x1, x2 を入力とする状態機械である。

また h は結合関数であるが, いささか特徴的である。各 Si への入力 xi として, Si 以外のシステムの状態を渡しているのである (x1 = c2, x2 = c1)。このことは状態 $C = C1 \times C2 \times \cdots \times Cn$ をもつ閉じたシステムへ拡張することができる。すなわち,

　$h(c) = (x1, \cdots, xn) \Leftrightarrow$ 各 xi は $c = (c1, \cdots, cn)$ から xi を除いた n−1 項組。

と定義すると, 補題3を一般化することができる。記法の簡便のため, $c = (c1, \cdots, cn)$ から xi を除いた n−1 項組を $\underline{ci}$ と書き, また $\delta i[ci, \underline{ci}] = \delta i(c)$ と定義する。

命題4

　$C = C1 \times C2 \times \cdots \times Cn$ を状態集合とする閉じた状態機械 $S = <C, \delta>$ が

与えられたとする。このとき，n 個の状態機械 $S_i = <A_i, C_i, P_i>$ を構成できて，$S = (S_1 * \cdots * S_n)^h$ である。

証 明

状態遷移関数 $c(t+1) = \delta(c(t))$ に対して，通常の関数の分解 $(c_1(t+1), \cdots, c_n(t+1)) = (\delta_1(c(t)), \cdots, \delta_n(c(t)))$ を考え，$i = 1, 2, 3, \cdots, n$ に対して，

$A_i = C_i$.
$h(c(t)) = (x_1(t), \cdots, x_n(t)) \Leftrightarrow x_1(t) = \underline{c_1}(t), \cdots, x_n(t) = \underline{c_n}(t)$. ………(5)
$P_i(c_i(t), x_i(t)) = c_i(t+1) \Leftrightarrow c_i(t+1) = \delta_i[c_i(t), x_i(t)]$.
$S_i = <A_i, C_i, P_i>$.

と定義する。このとき，補題3と同様にして，

$\delta(c(t)) = c(t+1) \Leftrightarrow$
　　$(x_1(t), \cdots, x_n(t)) = h(c(t))$,
　　任意の i に対して $c_i(t+1) = P_i(c_i(t), x_i(t))$.

が成り立つ。系1より，$S = (S_1 * \cdots * S_n)^h$ である。　　　　証明終

この命題は，「状態が n 項からなる全ての閉じた状態機械 $S = <\delta>$ は，n 個の要素システム $S_1 = <P_1>, \cdots, S_n = <P_n>$ に分割できて，それらを図表9-6のように結合すれば，元の状態機械 S と等価になる」ことを意味している。以上の議論から，次が成り立つ。

定理5

$C = C_1 \times C_2 \times \cdots \times C_n$ を状態集合とする閉じたオートマトン $S = <C, B, \delta, \lambda>$ が与えられたとする。このとき，C_i を状態集合とする状態機械 S_i($i = 1, 2, \cdots, n$) と何らかの結合関数 h が構成できて，$S = ((S_1 * \cdots * S_n)^h)^\lambda$ である。すなわち，S は図表9-4のように分割合成することができる。

証 明

与えられたオートマトン $S = <C, B, \delta, \lambda>$ に対して，状態機械 $\delta = <C, \delta>$

と静的システム $\lambda: C \to B$ を考えると、S は δ と λ の直列結合である（$S = \delta \circ \lambda$）。また命題 4 より、状態機械 δ は関数 Pi と結合関数 h を使って図表 9-6 のように分割合成することができる。$\delta = (S1 * \cdots * Sn)^h$。以上により、$S = ((S1 * \cdots * Sn)^h) \circ \lambda$ である。　証明終了

　これまでは、システムを結合する関数を結合関数と呼んできたが、システム論の観点からは結合関数はシステム間の相互作用の1つの表現であると考えることができる。定理5は閉じたオートマトン$<\delta, \lambda>$が与えられたとき、複数の要素システム Si に分割し、さらに何らかの結合関数 h が構成できて、それらを図表 9-4 のように結合することにより、元のオートマトン$<\delta, \lambda>$を合成できることを証明している。関数 h が相互作用である。

　命題 4 の式(5)にあるように、構成された結合関数 h の特徴は、各 Si への入力 $x_i(t)$ として、Si 以外のシステムの状態 $c_i(t)$ を渡している点にある。しかし、この結合関数 h の構成は 1 つの方法にすぎず、他にも構成方法があるかもしれないことに注意すべきである。例えば、n 項の状態をちょうど n 個に分割する必要もない。2 個にグループ化して分割することも可能であり、開発者の自由である。分割は non-cohesive であるようにすればよい（Mesarovic & Takahara 1989 p.372）。また、2体問題（例5）における結合関数は質量と位置ベクトルから計算される引力 h(c) であり、状態そのもののやり取りではなかった。このことは、「システムの相互作用には複数の表現方法がある」ことを意味する。その理由は、何を要素システムとするかをシステム開発者が決めることができるからである。

　しかしながら、相互作用というものは、たとえ直接的に状態そのもののやり取りではないにせよ、間接的には他の要素システムの状態の影響を受けていることは確かである。つまり、1つの要素システムは、自身と結合している他の要素システムの「状態の影響」を受ける。システム結合の観点からいえば、それが相互作用の本質である。式(5)はそのことを直截に示していることになる。

5．おわりに

　本章では、モデル理論アプローチによるシミュレーションにおいて基本的に

必要となる，結合システムの形式的モデルについて考察した。各種のモデルは論理式で表されている。

第3節では，命題1により，シミュレーションモデルの基本構造が図表9-4であることを確認した。経験上，多くのシミュレーション開発では，まず要素システムの動作 S1, S2, S3 を決定し，その後，それら要素システムの間の相互作用（結合関数 h）を決定していく。図表9-4の結合システムは，$S = ((S1 * S2 * S3)^{in}) \circ out$ と書くことができる。もし S が自分の構成したいイメージと異なるならば，修正を加えることになる（$S' = ((S1' * S2' * S3')^{in}) \circ out'$）。修正を繰り返して，望ましいシステムになるまでシミュレーション開発を行うことになる。また，結合システムは1つのオートマトンであるので，複数の結合システムを組み合わせて，より大きな結合システムを構成していくことの保証が得られる。そのことは，オートマトンの標準理論からすでに知られたことである。

しかしながら，モデル理論アプローチの観点からは，むしろ結合システムのモデルの「論理式による表現」が式(2)の形をしていることが重要である。実際，モデル理論アプローチにおけるモデル記述言語 CAST による結合システムの実装構造は式(2)と全く同じであり，式(2)を具体的に記述すれば，動くシミュレーションを実際に作成することができる（旭, 2013 Web 公開資料, 図10）。すなわち，モデル理論アプローチによるシミュレーションに対する本章の意義は，実践に対して理論の裏付けを与えたことにある。

第4節では，閉じたオートマトンに限定したが，分割合成問題を解いた（定理5）。さらに，分割よりも，むしろ合成において，どのように結合関数を構成するかに注目した。命題4の式(5)で構成した結合関数 h は，各 S_i への入力 $x_i(t)$ として，S_i 以外のシステムの状態 $\underline{c_i}(t)$ を渡している。第4節の最後で述べたように，相互作用の観点から見れば，結合関数の本質は，自身と結合している他の要素システムの「状態の影響」を直接的・間接的に表現することにある。

付 記

本章は旭（2013）を修正したものである。

参考文献■

Mesarovic & Takahara (1989), *Abstract Systems Theory*, Springer-Verlag.

旭　貴朗，高原康彦，中野文平ほか（2008）「経営情報システム開発のためのモデル記述言語 CAST」『経営情報学会誌』，経営情報学会，Vol. 16，No. 4，19-30頁。

旭　貴朗（2009）「モデル理論アプローチによるシミュレーション―開発実行環境 Simcast―」『経営論集』73号，東洋大学経営学部，33-51頁。

─────（2011）「モデル理論アプローチによるシミュレーション―自律分散システムの開発手順―」『経営論集』78号，東洋大学経営学部，177-188頁。

─────（2012）「二体力学系の相互作用のシミュレーションモデル」『経営論集』80号，東洋大学経営学部，31-38頁。

─────（2013）「モデル理論アプローチにおける結合システムの形式モデル」『経営論集』82号，東洋大学経営学部，101-112頁。

高原康彦（1974）『システム工学の理論』日刊工業新聞社。

高原康彦ほか（2007）『形式手法　モデル理論アプローチ：情報システム開発の基礎』日科技連出版。

旭　貴朗「技術資料：Moore 型オートマトン多層ネットワークのモデル」（2013.9.5）
http://www2.toyo.ac.jp/~asahi/research/simulation/docs/mooreNetwork.doc

（旭　貴朗）

第10章

ポテンシャル効用モデルの一般化
―「おせっかい」「だまし」問題への適用―

━━━━━━━━━━━━━━◆━━━━━━━━━━━━━━

1. はじめに

　本章は，著者らが，情報の誤認識を表現するために開発したポテンシャル効用モデルの基礎論を検討しなおすことで，日常の人間関係レベルから，当局のような大きな存在による情報流布のレベルまでの間に広く見られる，「おせっかい」，「だまし」という現象について数理的な表現を行い，具体的な例を用いて説明することを目的とする。本来，ポテンシャル効用モデルは，意思決定主体が自分自身の効用関数について誤認識していて，なおかつ少なくとも短期・中期的には，獲得する（感じる）効用を認識できないケースを扱うモデルである。ここでは，このモデルを用いて，「おせっかい」，「だまし」について特定の視点からの表現を提案する。

　著者らは，過去にポテンシャル効用モデルを用いてさまざまな問題を分析してきたが，基本的には全て，情報完備な主体（主に当局）による情報不完備な主体（主に市民）への啓蒙問題を，さまざまな社会問題にあてはめて分析するというスタイルであった（松村・小林，2005など）。ここでは，ポテンシャル効用モデルの基礎的な部分の見直しをすることで，実は，啓蒙問題以外にも応用可能であることを示す。特に，「だまし」，「おせっかい」という行為あるいは現象に，このモデルを応用することを目的とする。

　通常の合理的意思決定理論では，意思決定主体は，意思決定時の自分の効用関数を基本的には正確に認識し，これを最大化するような意思決定を行うよう

にモデル化されている。しかし，実際の意思決定主体である人間について，これを仮定するのには無理があるのではないかという議論は当初から存在していた。

ゲーム理論の文脈でいえば，意思決定主体自身ではないが，相手の戦略や効用について誤認識しているケースをハイパーゲームと名づけて，特定のクラスの問題を扱っている（高橋，2000；Kijima, 1996）。

また，個人の意思決定についても，ベイズ学習などがある。文献（松村・小林，2005）で，ポテンシャル効用とベイズ学習の違いについて，"これは，次の点で，ベイズ学習などとは異なるものである。ベイズ学習では，自分が学習すべき内容というものを主体自身が認識していることが前提となるが，ポテンシャル効用モデルにおけるエージェントは，必ずしも自分自身の情報不完備な点について分かっている必要はないのである"．と述べたが，さらに一点重要な違いが存在することを付記しておく。それは，ベイズ学習においては，情報を取得したり意思決定をしたりした後に，さまざまなアップデートを考える点である。例えば，ベイジアンゲームにおいて，自分のタイプを知ったときに他者のタイプについて確率計算を行ったりする。これはもともと与えられている自分のタイプについての確率分布から，何らかの情報更新が起こるたびに，ベイズの定理を用いて他者のタイプについて新しい確率を計算しているわけである。ポテンシャル効用では，これと同様のこと（つまり意思決定，情報更新後による効用などのアップデート）を考えていない。冒頭でも述べたように，ポテンシャル効用モデルは，短期・中期的には獲得する効用を認識できないケースを扱うモデルなので，短期・中期的時間経過後では「現在，自分がどんな状態にいるのか」分からないのである。逆にいうと，このようなアップデートを考えることが現実的でない問題のクラスには，ポテンシャル効用モデルを用いるのが合理的であるというのが著者らの主張である。

ここでは，相手のタイプについてのアップデートを例として挙げたが，自分の効用関数自体に確率分布を振ることができる場合を考えてみよう。この場合，何かのイベントが起こるたびに効用がアップデートするわけであり，その期の効用関数（これが真の効用関数であるかどうかにかかわらず）が決定し，割引因子を用いて長期的効用というものを計算することができる。ポテンシャル効

用モデルでは，効用関数自体に確率分布が振れない状態を扱っているのである．

著者らは，過去にこのモデルを用いて，情報不完備な主体に対する啓蒙問題を扱ってきた．例えば，環境問題に対する意識が希薄な主体に，「われわれのちょっとした努力で，ある程度，環境悪化防止の効果がもたらせますよ」という具体的な情報を与えることで，各意思決定主体が自律的に意思決定し（強制的な意思決定でなく，あくまで自分のもっている情報，効用関数に基づいて自律的に意思決定することが重要なポイントである），結果として社会厚生の向上につながるというような問題をモデル化し，分析した．環境配慮問題のほかにも，飲酒運転問題，ソフトウェアの違法コピー問題，ワクチン接種問題等における情報完備化コストについて分析してきた．このようにさまざまな問題をひとつひとつ扱ってきた理由としては，ポテンシャル効用モデルで扱える問題のクラスが特定化できていなかったということが挙げられる．これは，ゲーム論などの確立したリサーチプログラムと違って，新しいモデル研究であることの必然的結果である．ひらたく述べると，ゲーム論のナッシュ均衡で説明できる例題を紹介しても，学術的な新規性，限界貢献はほぼないといえよう．ポテンシャル効用モデルにおいては，応用例を探すこと自体がモデル研究に大きく貢献する可能性をもつということである．

ところで，このモデルの本来的なポテンシャルは，啓蒙活動の表現・分析にとどまらない．自分の効用を誤認識していて，短期・中期的には獲得する効用を認識できないケースであれば，このモデルが応用できるのである．特に，本章では，一般に広く見られる現象である，「おせっかい」，「だまし」という2つの対象について，これをポテンシャル効用モデルで表現することを試みる．具体的には後の節で，過去に著者らが啓蒙問題として扱ってきた問題を，「だまし」，「おせっかい」の例としても用いる．同じ問題を別の構造・視点から扱うことで，ポテンシャル効用モデルの位置づけ，利用価値がより明確に伝わることを期待してこれらを題材に選んだ．

本章の構成は以下の通りである．次節では，ポテンシャル効用モデルの位置づけの見直しを述べた後，モデルの基本構造について説明する．ポテンシャル効用モデルの基礎となるエージェンシー・モデルについても，新たな視点から簡単に説明する．第3節では，著者らの過去の研究例と比較しながら，「おせっ

かい」と「だまし」というものがどういうものなのかを説明する。第4節で，数理モデル化を行い（ただし今回は，具体的な関数形までは特定化しない），最終節で今後の展望を述べる。

2．ポテンシャル効用モデルについての見直し

2-1．従来の理論との違いのレベルについて

著者らは文献（松村・小林，2005）で，ポテンシャル効用モデルの限定合理性モデルの中での位置づけについて次のように述べた。少し長くなるが引用してみる。"ポテンシャル効用モデルは，意思決定主体の限定合理性を考慮したモデルの1つといえる。著者は，このモデルが汎用性の高いものだとは思っているが，あらゆる問題に適用できると考えているわけではない。（中略）科学哲学の用語を用いるなら，スタンダードなミクロ経済学はリサーチプログラムの堅い核にあたり，それで説明できない現象に出くわしたときは，理論のアドホックな修正ではなく，前進的に保護帯を修正するというのが社会科学としての経済学，合理的意思決定理論および周辺理論の発展なのだと考えている。（中略）著者らが提唱し，発展させているポテンシャル効用モデルは，後で述べるように，従来の合理的意思決定モデルの1つである2段階意思決定モデルを修正して使用している点などから，新しいリサーチプログラムというのではなく，従来の理論の修正を行うようなスタイルの研究であるということができる（引用中の参考文献は省略した）"

リサーチプログラム内での保護帯の修正か新しいリサーチプログラムかという問題については，多分に主観が絡む問題であり，一概にはいえないのであるが，ポテンシャル効用の基礎付けを行った研究から，現在では，むしろ新しいリサーチプログラムへの移行と考えるのが自然であると認識している。このあたりの哲学的，認識論的議論は，Chalmers（1976）などを参照されたい。

2-2．モデルの基本構造の見直し

ポテンシャル効用モデルは，非対称な情報をもった2主体の意思決定を扱うプリンシパル-エージェント・モデル（以下エージェンシー・モデル）の1つ

の発展形であることは何度か述べてきた。しかし，単に2段階意思決定であり，形が似ているからエージェンシー・モデルの一発展形であるという誤解を招いていた可能性もあるので，ここでなぜポテンシャル効用モデルがエージェンシー・モデルの発展形といえるのかについて説明したい。実はこの基本的な部分の見直しから，今回のような適用例の拡張につながったのである。

　通常のエージェンシー・モデルは，不完備情報2人ゲームの1つのクラスと特徴づけることができる。これは，プリンシパルの意思決定の際の利得にエージェントの意思決定が関わってくる，そして，エージェントの意思決定の際の利得にプリンシパルの意思決定が関わってくるからである。このポテンシャル効用モデルにもそれが必然的になる理由というものが存在する。それは，エージェント（情報不完備主体）が，自分自身の効用関数を分かっていないという点である。もし確率分布レベルでも分かっているのなら，それは単独主体の意思決定問題として表現できるのである。結局，情報不完備な主体をエージェントとみて，そのエージェントを上から眺めるかのような存在であるプリンシパルが必要になるのである。上から眺めるといっても，自分の望む方向にコントロールしようとする場合も，エージェントの真に望む方向にコントロールしようという場合も，プリンシパル自身もエージェントの効用を誤認識している場合も存在するが，ともかくそのような存在がどうしても必要になってくる。非常に極端なケースとしては，"将来のことに思いをはせる自分"がプリンシパルで，"せつな的な思考をする自分"がエージェントというようなモデリングも不可能ではない。

　次に，ごく一般的なエージェンシー・モデルについて説明したい（より詳しい説明は，エージェンシー・モデルについての優れた文献である伊藤（2003）などを参照されたい）。過去の文献で紹介した部分も多いが，本章なりの立場から新しい解説を試みる。プリンシパル-エージェント関係とは，ある経済主体（プリンシパルと呼ぶ）が，自らの目的を，報酬と引き換えに，別の経済主体（エージェントと呼ぶ）に遂行してもらおうとしているときの2者関係のことをいう。エージェンシー・モデルは，このような状況で，プリンシパルがエージェントをいかに効率よく動機付けられるのかについての方法を分析するための数理モデルである。典型的には以下のような2段階最適化問題として表

現される。時系列的に示すと，まず，プリンシパルはエージェントに，成果と報酬の関係である契約を提示する。これはインセンティブシステム（IS）と呼ばれることもある。次に，エージェントはこの契約のもとで，自らの効用を最大化するように努力水準を決定する。そして，エージェントの努力に環境の影響が加わり成果が決定する。最後に，プリンシパルは成果を観察し，これを得る。ただし，エージェントの努力水準そのものは直接観察することはできない。これが2者の情報非対称性である。これを具体的な数理モデルとして表現すると，

$$\max_{IS} P(e_{opt}, IS)$$
$$s.t. \quad A(e_{opt}, IS) \geq B$$
$$e_{opt} \in \arg\max_{e} A(e, IS)$$

P：プリンシパルの効用関数
A：エージェントの効用関数
B：留保効用
e：エージェントの努力水準
IS：インセンティブ・システム（契約）

となる。

著者らは，エージェントの効用関数に，それまで考慮されてこなかった内発的動機付けを導入することで，さまざまな分析を行った。その到達点が動機付けコストモデルである。実はエージェントの効用関数において，外発的動機付けと内発的動機付け，それにコストを足し算するということが，微妙な問題をはらんでいることは過去の研究で触れてきた。特に重要な点は，なんといっても，内発的動機付けと外発的動機付けの相互作用の問題である。これは正に内発的動機付けを導入したことによる固有の問題である。しかし実は，問題はそれだけではない。金銭にコストを加えているという部分（これは通常のエージェンシー・モデルでも行われていることである）などは，一般にはvNMの期待効用と同じようなものと誤解されることもあるが，両者の間には関係はない。むしろ，Farquhar & Keller（1989）などのいう価値関数という用語のほうが適切なくらいである。しかし，十分理解のもとに「効用」という用語を

使うこと自体は何ら問題のないことなので，今後，本章でも，満足度のことを効用という用語で表現することにする．

ポテンシャル効用モデルにおける効用概念について，利己的効用と利他的効用に分けられる可能性があることについては文献（松村，2012）で述べた．一方，別の分け方として，いわゆる手続き的効用と結果効用に分けることも可能である．ポテンシャル効用モデルにおける手続き的効用は，上記で述べたエージェンシー・モデルにおける内発的動機付けに近い役割をもつ．例えば，内発的動機付けが絡むことによるクラウディング効果と同じことが，ポテンシャル効用の手続き的効用でも生まれる可能性があるのである．例えば，環境問題において，「自分が本当に環境に役立つことをしている」と確信すればするほど，直感的には，環境友好的な行為自体の手続き的効用が大きくなると考えられることなどは，まさに動機付け理論におけるクラウディング効果に近いものがあるといえよう．このように，内発的動機付けを導入したエージェンシー・モデルとポテンシャル効用モデルは微妙な関係をもっている．

ポテンシャル効用モデルが，従来のエージェンシー・モデルと違う点は，"エージェントは，自分自身の真の効用について分かっていない"，言い方を換えると，選択肢と効用の関係について，確率分布のレベルですら分かっていないということである．

また，著者らの過去の研究では，プリンシパルの効用は，エージェントの効用そのものであり，この点もポテンシャル効用モデルと通常のエージェンシー・モデルの違いであると説明してきた．しかし実は，必ずしもそのように限定する必要はないことが分かった．むしろ，通常のエージェンシー問題と同様に，プリンシパル自身の利己的な効用関数を想定することで，適用範囲が広がるのである．それによって，「おせっかい」や「だまし」を表現しようというのが本章の最大の目的である．留保効用制約は考えないという点は，従来までのポテンシャル効用モデルと同様の仮定を踏襲する．

現実のプリンシパル–エージェント関係では，エージェントの自律的，主体的決定がなされることも多いと考えられているので（Kijima, 1996），ポテンシャル効用モデルは，このような自律性，主体性という概念を考慮してエージェンシー・モデルを発展させたものと位置づけている．このあたりの事情を，

メタ的視点から詳しく説明したのが，文献（Matsumura & Kobayashi, 2012）である。そこでは，特に経済学と心理学の複合領域のサーベイも丁寧に行った。

このモデルでは，プリンシパルは，情報を与えることでエージェントを間接的にコントロールし，エージェントは，プリンシパルから与えられた情報をもとに，自律的，主体的に意思決定をする。啓蒙のケースでは，プリンシパルが制御するというよりは，あくまで，エージェントの自律的，主体的決定をサポートするように情報完備化が行われているといえる。

3．具体例

この節では，「おせっかい」および「だまし」について，具体的な問題を用いて説明する。具体例としては，進路指導，環境問題，飲酒運転，ソフトウェアの違法コピー，ワクチン接種といった，過去に著者らが啓蒙問題の例として扱ったものを取り上げる。

3-1．進路指導

親が子供の進路について，あるいは，高校や大学の教員が生徒・学生の進路についてアドバイスをするというのは，ごく日常的なことがらである。理想論を述べるなら，親や教員が進路指導する際には，親や教員の豊富な人生経験を生かして，本人にどんな適性があるのか，本人は潜在的にどんなことを望んでいるのかを，本人以上に正確に把握してやり，それを本人に伝え，主体的に望ましい選択肢をとらせてやるというのが，望ましい進路指導ということになろう。この問題において，"本人にどんな適性があるのか，本人は潜在的にどんなことを望んでいるのか" こそが，本人のポテンシャル効用を決定づけるものとなる。

しかし，現実に，上記のような理想論だけで指導が行われているとはいえないだろう。例えば，本人は本当のところ文系希望なのだが，親や教員から見ると理系を望んでいる，あるいは理系の素養がありそうなので，後で理系を選んだことをよかったと思うだろうと勝手に思い込み，そのように説得したとする。その結果，説得にかけたコストに応じて進路を理系に決定する確率が高まった

り，あるいは，文系と理系の中間あるいは融合領域を希望したりするようになるというのが，「おせっかい」問題の一例となる。

さらに，本人が文系希望であることを承知していながら，親の都合，教員の外発的動機付けなどにより医学部を志望させるように説得するというようなケースが，「だまし」にあたる。もちろん，将来医師になることできっとよかったと思えるときがくるだろうと思っているケースもあるだろうし，その場合は，「だまし」というよりは上記の「おせっかい」にあたるわけであるし，本当に数十年後に本人が医師になってよかったと思えるなら，「だまし」でも「おせっかい」でもなく，「啓蒙」であったということになる。

3-2. 環境問題

普通の市民が，どのような行為が長期的に地球環境に影響を及ぼすかについて，完全に正しい知識をもつことはほぼ不可能である。実際問題，専門家の間でも，CO_2排出が本当に温暖化に結びついているのか，温暖化が本当に地球環境に悪いのかというレベルでも見解が分かれており，完全に正しい知識というのは誰も分からないというのが実情であろう。しかしながら，一応，CO_2を排出しないことが温暖化防止に結びつき，温暖化防止が地球の未来にとって望ましいという前提で話を進める。

ある行為（例えば電力を消費するなど）のCO_2排出量について，本当の値を教えることで，市民が啓蒙され，自発的に環境友好的な行動をとるようになるというのが啓蒙モデルで分析したパターンであった。ところが，もし市民が，実は地球環境の将来よりも，身近な経済問題，家庭問題を重要視していたとしたら，そういった市民に対して，きっと彼らも将来の地球の環境に思いをはせているに違いない，あるいはそのように思うべきと考えて環境問題の重要性を訴えることは，「おせっかい」となる。いってみれば，エージェントのポテンシャル効用関数では，環境改善効果からの効用が，他の問題の改善からもたらされる効用よりも相対的に小さいにもかかわらず，それを誤認識して，大きなコストをかけて啓蒙するというようなケースである。

一方，市民が環境問題などよりもっと身近な家庭，経済問題について考えることを重要視しているにもかかわらず，環境有効的な製品を大量に販売するよ

うなインセンティブをもつために，当局が市民に対して，CO_2の排出と温暖化について重大な因果関係があるという情報を流し続けるなら，これは「だまし」となる。また，CO_2の排出と温暖化の間の因果関係が不明であると仮定しよう。この因果関係が不明であるにもかかわらず，当局自身のインセンティブのために，当局が市民に対して，過剰な情報流布を行うことも「だまし」ということになる。ただし現実には，「いまは環境問題に興味がないが，後々重要性がわかるかもしれない」という市民も多いだろうし，その場合の情報流布は，「おせっかい」とも「だまし」ともいえないので，全てはっきりと分類できるわけではない。

3-3．ソフトウェアの違法コピー問題

ソフトウェアの違法コピー問題の相当部分は，そうした行為の社会に対する影響（特にインセンティブや著作権に絡んだ社会厚生の損失）を大きく考えずに行われているものと推測できる。そこで，「違法コピーを行うことが著作権やインセンティブに対して重大な問題を引き起こし，社会厚生の損失につながる」ということを十分に市民に理解させることで，こうした行為を防ぐことができるだろうというのが啓蒙モデルである。

一方，市民がそれでもせつな的に一見便利な方を選ぶというのに，「いや，そんなはずはない」と頑なにこれを「啓蒙」しようというのは，民主主義社会では「おせっかい」ということになろう。もちろん，いったん法律・ルールを作ったうえで，それを無視する市民を見過ごすのが良いといっているわけではない。法律・ルール作りの前段階での話しである。いったん法律・ルールが出来上がったならば，それを守るべきなのは当然である。また，ソフトウェア業界等からの圧力があったとして，当局にインセンティブが存在したうえで「啓蒙」しようというなら，「だまし」ということになる可能性がある。

4．数理モデル化

では，前節で述べた点を踏まえて，モデルの適用範囲が拡大されることを見てみよう。具体的には，従来の啓蒙ケースのほかに，「おせっかい」ケース，「だ

まし」ケースに適用できることを，数理モデルで説明する。新しいモデルについて説明する前に，まず従来の啓蒙ケースについて説明しておく。

エージェント自身はポテンシャル効用を認識していないが，プリンシパルがそれを分かっており，プリンシパルがコストをかけて，エージェントに自分自身の真の効用を気づかせることを試みるようなケースがこれにあたる。これが，過去に著者らが扱った啓蒙ケースの構造である。2者の意思決定問題の構造は以下のようになる。まずプリンシパルが，正しい（「正しい」の意味は，エージェントの真の効用を決定づけるのに適切であるという意味である）情報をエージェントに与える。次に，情報完備化にかけたコストの大きさに応じてエージェントの効用関数が真の効用であるポテンシャル効用に近づく。そして，エージェントは，意思決定時の効用関数（誤認識している）のもとで自らの効用を最大化するような選択をする。プリンシパルは，エージェントが事後的に感じる効用であるポテンシャル効用とコストの差が最大になるように，かけるコストを意思決定する。

これを具体的な最適化問題として表現すると，

$$\max_{c} \quad A^*(e_{opt}, c) - c$$
$$s.t. \quad e_{opt} \in \arg\max_{e} A(e, c)$$

$A^*(e_{opt}, c) - c$ ：プリンシパルの効用関数
c ：プリンシパルの意思決定変数（コスト）
$A(e, c)$ ：エージェントの意思決定時の効用
$A^*(e_{opt}, c)$ ：エージェントのポテンシャル効用
e ：エージェントの努力水準

と表現できる。

次に，これが本章のテーマである，「おせっかい」，「だまし」に適用できることを見てみよう。

4-1．「おせっかい」ケース

エージェント自身のみならず，プリンシパルもエージェントのポテンシャル効用関数を誤認識している場合がこれにあたる。エージェントが自分自身のポ

テンシャル効用について誤認識しておらず，プリンシパルのみ誤認識しているというケースも，現実には往々にして存在し，そのような場合も「おせっかい」と呼ぶのにふさわしいが，先に述べた理由で，この場合は，単独主体の意思決定問題としてモデル化するのが合理的であり，プリンシパル–エージェント関係を基礎にもつポテンシャル効用で扱う問題のクラスには入らない。

2者の意思決定問題の構造は以下のようになる。

① プリンシパルが，プリンシパル自身が正しいと考える情報をエージェントに与える。
② 情報完備化にかけたコストの大きさに応じて，エージェントの効用関数が，プリンシパルの誤認識しているエージェントの効用関数に近づく。
③ エージェントは，意思決定時の効用関数（誤認識している）のもとで自らの効用を最大化するような選択をする。
④ プリンシパルは，自分が誤認識しているエージェントのポテンシャル効用とコストの差が最大になるように，かけるコストを意思決定する。

これを具体的な最適化問題として表現すると

$$\max_{c} \quad A^P(e_{opt}, c) - c$$
$$s.t. \quad e_{opt} \in \arg\max_{e} A(e, c)$$

$A^P(e_{opt}, c) - c$ ：プリンシパルの効用関数
c ：プリンシパルの意思決定変数（コスト）
$A(e, c)$ ：エージェントの意思決定時の効用
$A^P(e, c)$ ：プリンシパルが誤認識しているエージェントのポテンシャル効用関数
e ：エージェントの努力水準

と表現できる。

4-2．「だまし」ケース

エージェント自身はポテンシャル効用を認識していないが，プリンシパルはそれをおおまかに分かっており，さらにプリンシパルはエージェントに自分自身の真の効用を気づかせることよりも，プリンシパル自身の効用を上げるため

に，間違えた情報（「間違えた」の意味は，エージェントの真の効用を決定づけるのに適切でないという意味である）を教え込むことを試みるようなケースがこれにあたる。洗脳という用語を用いることも可能かもしれない。この場合，通常のエージェンシー・モデルとは逆に，プリンシパルのほうにモラル・ハザードを起こす余地が出てくる。場合によっては，そのようなモラル・ハザードをブロックするための，より上位のメタ・プリンシパルとでも呼ぶような存在を考えることも可能である（例として，教員の利己的な教育を防ぐための教育委員会，振込め詐欺を防ぐための警察などの存在を想定されたい）。

次に数理的な表現を紹介しよう。今回は具体的な関数形までは踏み込まないが，以下の最適化問題こそがこのタイプの情報コントロール・モデルである。

① プリンシパルが，プリンシパル自身にとって最も都合のよい情報をエージェントに与える。

② 情報完備化にかけたコストの大きさに応じて，エージェントの効用関数が，プリンシパルにとって最も都合のよいエージェントの効用関数に近づく。

③ エージェントは，意思決定時の効用関数（誤認識している）のもとで自らの効用を最大化するような選択をする。

(1) プリンシパルは，自分に最も都合のよい関数，つまりプリンシパル自身の効用関数の値が最大になるように，かけるコストを意思決定する。

これを具体的な最適化問題として表現すると，

$$\max_c \quad P(e_{opt}, c) - c$$
$$s.t. \quad e_{opt} \in \arg\max_e A(e, c)$$

$P(e_{opt}, c) - c$ ：プリンシパルの効用関数
c ：プリンシパルの意思決定変数（コスト）
$A(e, c)$ ：エージェントの意思決定時の効用
$P(e, c)$ ：プリンシパルにとって都合のよいエージェントの効用関数
e ：エージェントの努力水準

と表現できる。

5．おわりに

　本章では，ポテンシャル効用モデルの基礎を見直すことで，モデル分析を，「おせっかい」，「だまし」という行為にまで適用できることを説明した。過去の啓蒙問題のように，具体的な関数形の設定まではしておらず，比較静学分析のようなことは行えていないが，「おせっかい」，「だまし」という行為・現象について，これらを数理的に表現できたのは一定の成果であろう。

　最後に，今後の展望について触れたい。上記に述べたように，具体的な関数設定を行うことが第1の課題である。著者らの過去の研究のように，解析的に解けるモデル化ができれば理想であるが，それが難しい場合，数値実験によるシミュレーションを行い，パラメータと解の関係について分析を行うことになろう。また，第2節でも述べたように，ポテンシャル効用モデルは，それが応用できる問題のクラスを特定化することが，他の応用経済モデル以上に重要になるので，適用例の発見，適用範囲の拡大を目指しつつ，適用可能な問題のクラスが共通にもつ構造について分析していきたいと考えている。また，「おせっかい」は，パターナリズムと深い関係をもち，パターナリズムについての人文・社会学的研究は多数存在するので，それらのサーベイを行いつつ，数理モデルの正当性，意義をより深く検証していきたい。

謝　辞
　本章を作成するにあたって，東京工業大学小林憲正先生には，多大なご協力を頂きました。ここに感謝の意を表します。

付　記
　本章は松村（2012）を基に一部修正したものである。

参考文献■

Benett, P. (1980). Hypergames : developing a model of conflict. *Futures*, Vol. 12, No. 6.
Chalmers, A.F. (1976). *What Is This Thing Called Science?*. Hackett Pub.（高田紀代志，佐

野正博訳, (1985).「科学論の展開―科学と呼ばれているのは何なのか?」恒星社厚生閣）
Farquhar, P. & Keller, L. (1989). Preference Intensity Measurement. *Annals of Operations Research*, 19, 205-217.
Kijima, K. (1996). Intelligent poly-agent model and its application. *Information and Systems Engineering*, Vol. 2.
Kobayashi, N. (2012). The Epistemic Foundation of Rational Choice. Ph.D. Thesis, Tokyo Institute of Technology.
Matsumura, R. & Kobayashi, N. (2012). The Theoretical Foundation of Potential Utility. *The proceedings of the 1st World Congress of IFSR 2005* (CD-ROM).
Matsumura, R. & Kobayashi, N. (2012). Incentive Design Utilizing Intrinsic Motivation. 'Handbook on Psychology of Motivation : New Research', Nova Publishers.

伊藤秀史（2003）「契約の経済理論」, 有斐閣。
高橋真吾（2000）「ハイパーゲーム分析」, オペレーションズ・リサーチ, 46(2), 73-78頁。
松村良平・小林憲正（2005）「ポテンシャル効用モデルの認識論的基礎」, 計測自動制御学会第35回システム工学部研究会資料, 7-12頁。
松村良平（2007）「ポテンシャル効用モデルの飲酒運転問題への応用」, 東洋大学経営論集69号, 89-102頁。
――――（2007）「新しい計量倫理アプローチ―ポテンシャル効用モデルの基本的考え方とその応用例について―」, 現代社会研究, 東洋大学現代社会総合研究所4号, 33-40頁。
――――（2012）「ポテンシャル効用モデルの一般化―「おせっかい」「だまし」問題への適用―」, 現代社会研究, 東洋大学現代社会総合研究所10号, 35-42頁。
――――（2012）「ポテンシャル効用モデルの新しい適用例と方向性について」, 現代社会研究, 東洋大学現代社会総合研究所9号, 43-51頁。
――――（2012）「一般関数モデルによる動機付けコスト問題の分析」, 東洋大学経営論集79号, 113-123頁。

（松村　良平）

第Ⅴ部

現代的テーマ

第11章　水道事業の現状と経営基盤の強化策
第12章　中国通信機器多国籍企業の国際化戦略
　　　　——華為技術と中興通訊のケースを中心として
第13章　日本版SBIRの再生に向けて
　　　　——21世紀型イノベーション創出策への転換可能性

第11章

水道事業の現状と経営基盤の強化策

◆

1．水道施設の整備状況と普及率の向上

　周知の通り，水は人々の生活や経済・産業活動において必要不可欠な財であり，安全な水の安定供給と公衆衛生上の配慮などから，第2次世界大戦後の高度経済成長期に水道の建設・拡張が積極的に図られてきた。その結果，平成25年度末現在，わが国の水道普及率は97.7％まで達している。さらに，水質面でも世界で最も厳しい水道法上の水質基準が適用され，水道事業者によって安全でおいしい水の供給が日夜絶え間なく行われている[注1]。

　しかし，昭和40～50年代にかけて建設投資がピークを迎えた水道管路の多くは法定耐用年数（40年）を迎えつつあり，今日では老朽化が進む水道施設の更新が大きな課題となっている。わが国における水道の安全性と安定供給を持続していくためには，水道施設の老朽化対策が急務となっている。加えて，東日本大震災のような大規模災害に備えた水道施設の耐震化や強靱化が強く求められている。自然災害が多発する"日本"においては，上・下水道などライフラインの耐震化は喫緊の課題である。

　同時に，人口減少社会の到来による給水人口ならびに給水量の減少と，それに伴う水道料金収入の減少などにより，水道事業者の経営は年々厳しさを増している。水道事業においても技術と経営を融合した新たなマネジメント・システムの導入と，国内外への環境対応が急務となっている。**図表11-1**は，水道の普及率と水道関連施設への投資額の推移を図示したものである。この図表か

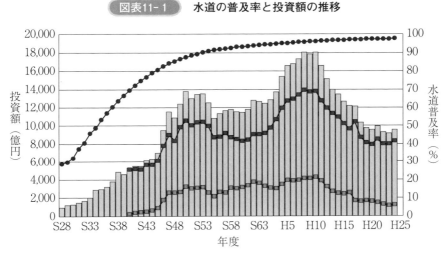

図表11-1　水道の普及率と投資額の推移

(出所)『水道統計』に基づき厚生労働省水道課によって作成

らもわかるように，水道関連施設への投資額は平成10年頃をピークに，その後は年々減少傾向にある。

　水道を維持し，将来世代に確実に引き継いでいくことは，水道事業者の責務であると同時に，国としても明確な対応策を提起する責任を有するものと考える。しかし，高度経済成長期における人口増加とそれに伴う水道料金の収入増が見込まれていた時代から，今日では人口が減少に転じ，水道料金収入の減少が多くの地域で現実化している時代へと変化し，水道事業における経営の困難さは増している。

　加えて，職員数の減少や高齢化も進行しており，特に中小規模の水道事業者においては，施設の更新・耐震化を行い，事業を将来にわたり継続させることが困難になっているケースも多い。こうした状況に対応するために，経営基盤の強化に向けた取組みが不可欠である。経営基盤の強化は，安全な水が安定的に供給される状況の確保へとつながるものであり，本質的に需要者の利益にかなうものであるといえよう。

　このように，人々の省エネルギー意識の高まりや節水型機器の普及に伴う水

需要の減少,使用水量の減少による料金収入の大幅な落ち込み,施設・設備の更新や耐震化の推進に伴うコスト負担増,市町村合併によって簡易水道などの事業数が急増,より厳しい水質保全への対策,ベテラン職員の定年退職や職員の減少による技術継承の問題,小規模な水道事業者における慢性的な人材と財源不足,予知できない異常気象など,水道事業を取り巻く課題は山積しているのである。

2. 水道事業における新たなビジョンの策定

　平成24年度末に厚生労働省水道課によって「新水道ビジョン」が策定された。新たに策定された新水道ビジョンは,これまでの「水道ビジョン」(平成16年策定,平成20年改訂)を全面的に見直し,50年後さらには100年後の将来を見据え,水道の理想像を明示するとともに,水道事業全体の目指すべき方向性やその実現的な方策,さらには関係者の役割分担などを提起したものである。水道事業を取り巻く経営環境の急激な変化に対応するため,迅速かつ適切な施策の展開と,従来にはない思い切った発想の転換が必要とされている[注2]。

　新水道ビジョンでは,今後の取り組むべき主要な事項として,以下の4点を挙げている。まず第1は,水道事業における制度的対応の検討である。これまで国は,認可変更時に認可基準に基づいて給水量の確保が可能であるかという視点で水道事業者を審査してきたが,今後は人口減少を見据えて,水道事業の持続的な経営に関して国が関与するため,報告徴収制度や中・長期を見据えた事業計画書の作成などの検討を行う。

　第2は,老朽管路の更新や水道施設の耐震化である。今後大量に更新時期を迎える水道施設に対して,効率的かつ効果的な管理手法であるアセットマネジメントなどを実施し,計画的な更新を進めることが重要である。水道施設の耐震化は未だ十分とはいえず,管路の耐震化に関する方針を分かりやすくまとめた水道の耐震化計画策定指針(改訂版)の普及・促進を図ることが重要である。

　第3は,水道事業における経営基盤の強化である。中小の水道事業者の多くは,総じて経営基盤が脆弱であり,人材の確保や水道施設の老朽化に腐心している。今後は,水道施設の一体管理や事業の広域化,さらには多様な経営形態

による公民連携（PPP：Public-Private Partnerships）の推進などによって，経営基盤の強化を図ることが急務である。特に，平成27年度予算案において新たに生活基盤施設耐震化等の交付金が盛り込まれており，これらの活用によって広域化の推進が促進されることが望まれる。

第4は，水道事業における多様な手法によるサービスの供給である。地理的に水道の普及が難しい地域や人口減少などによって今後の水道の持続が困難な地域が顕在化しつつある中で，今後，宅配給水や移動式浄水処理装置の巡回など，従来とは異なる水の供給システムの検討も行うことが重要である。

図表11-2に示したように，厚生労働省では，平成16年6月に「水道ビジョン」

図表11-2　水道管路における老朽化の進行割合の推移

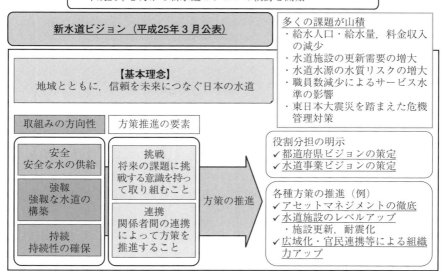

（出所）厚生労働省『水道事業の基盤強化方策検討会』資料（2016年2月）。

を策定し，平成20年7月の改訂を経て，平成25年3月に「新水道ビジョン」を公表している。基本理念は，「地域とともに，信頼を未来につなぐ日本の水道」であり，「安全」「強靱」「持続」を具現化するための方策として示している。また，水道事業におけるアセットマネジメント（資産管理）に関する手引き（平成21年7月厚生労働省健康局水道課作成）や水道の耐震化計画策定ツール（平成27年6月厚生労働省健康局水道課作成），水安全計画作成支援ツール（平成20年12月厚生労働省健康局水道課作成）など各種ツールを提供し，直面する課題解決のために，水道事業者による取組みを長年にわたり促してきたのである(注3)。

3．水道管路における老朽化対策と施設更新計画

こうした状況下において，法定耐用年数が40年を超えた管路の割合（水道管路の経年化率）は年々高まり，**図表11-3**に示すように平成26年度末においては12.1％に達している。

図表11-3　水道管路における老朽化の進行割合の推移

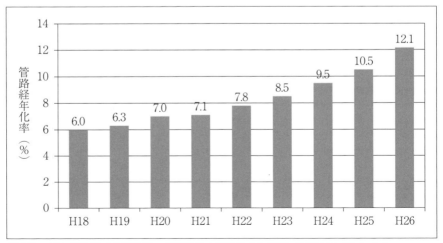

（出所）　厚生労働省『水道事業の基盤強化方策検討会』資料（2016年2月）による。

図表11-4　水道管路における更新化率の推移

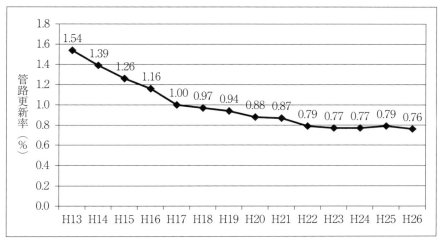

（注）　H26年度の管路更新率0.76％から単純に計算すると，全ての管路を更新するのに約130年かかると想定される。
（出所）　厚生労働省『水道事業の基盤強化方策検討会』資料（2016年2月）による。

　他方，管路更新率つまり全管路に占める更新された管路の割合は年々低下傾向にあり，平成26年度末において0.76％に止まっている（**図表11-4**参照）。

　厚生労働省水道課の試算によると，平成26年度末の数値で単純計算すると全ての管路を更新するのに約130年かかる計算となり，水道施設の老朽化への対応は甚だ不十分といえよう。また，耐震化についても，配水池の耐震化率が49.7％（平成26年度末），浄水施設では23.4％，基幹管路の耐震適合率は36.0％にとどまっている[注4]。なお，水道施設の老朽化の進行や耐震性の不足は，国による認可（給水人口5万人以上），都道府県による認可（給水人口5万人未満）のいずれの水道事業者においても見られる状況である。

　なお，管路経年化率および管路更新率は，以下の算式で導き出される。

$$管路経年化率（％）＝\frac{法定耐用年数を超えた管路延長}{管路総延長}×100$$

$$管路更新率（％）＝\frac{更新された管路延長}{管路総延長}×100$$

一方,施設更新などで必要となる財源の確保についても,水道事業は地方公営企業法(昭和27年法律第292号)が適用され,独立採算が原則とされている。それにもかかわらず,過去の傾向としては給水原価が供給単価を上回り,水道料金で資産維持を含めた事業運営に必要な経費を賄えていない状況も見受けられる(注5)。特に,小規模水道事業者の多くは,水道料金の設定水準が低く抑えられたことによって,慢性的に赤字基調が続いている事業者も多く,厳しい経営を強いられているケースもある。図表11-5は,水道の給水原価および供給単価の推移を図示したものである。

水道事業は装置産業の代表格であり,装置産業というのは事業用資産がサービスを生むことから事業用資産を劣化させてはならず,その価値を維持していかなければならない。そのためには,つまりカレントコスト(時価会計)をしっかりと把握することが必要である。水道施設は耐用年数が長期間に及ぶために,取得原価と実際に償却が完了して更新する際の時価(取替価格)とに乖離が生じる。事業用資産を維持し,最先端の施設に変えていくためにも,資産の維持

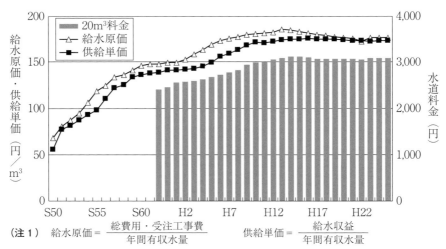

図表11-5 水道の給水原価および供給単価の推移

(注1) 給水原価 = 総費用・受注工事費 / 年間有収水量   供給単価 = 給水収益 / 年間有収水量

(注2) 20m³料金の推移のうち昭和61年以前は,統計上10m³料金として整理されているため,記載を省略。

(出所) 『水道統計』に基づき厚生労働省水道課により作成

費用を確保しなければならず，これを「資産維持費」として計測して，総括原価に含めることが，平成20年3月に公表された日本水道協会の「水道料金制度特別調査委員会報告書」に盛り込まれた。これによって，水道料金算定要領も改訂されることになったのである(注6)。

また，厚生労働省によって作成された「アセットマネジメントの手引き」の中で，施設更新計画として最初に取り組むべき方策として，「水道施設の更新需要の試算」が挙げられているが，その実施率を見ると，平成26年度において59.9%にとどまっているのが実情である(注7)。試算結果を更新計画等へ具体的に反映している事業者はさらに限られている。水道料金に資産維持費を算入していないケースや，算入している場合であっても，数十年単位の長期にわたる収支バランスの評価を十分に行わないまま水道料金の設定を行っている例が少なくない。厚生労働省では，水道事業者が更新需要や財政収支見通しを立てたうえで，それを活用することまでを含めて，アセットマネジメントと定義しているのである。

更新時期にある水道施設の更新をさらに延長させ，耐震性の不足する水道施設を放置することは，将来老朽化による漏水事故等の多発を招き，国民生活に重大な影響を及ぼすことになるものと思われる。水道施設の更新先延ばしは，消火栓の健全な維持管理にも直結し，もし火災等が発生した場合には十分な消火活動が行えないことにもなりかねない。人口減少社会が到来し，環境に配慮した節水機器が普及した今日，それに比例して水道料金収入も減少傾向にある。施設更新を先延ばしにすればするほど財源確保は厳しくなることが予想され，早期に対応しなければさらに深刻な状況に陥ることが想定される。

4．水道事業の料金設定と資産維持費の取扱い

水道法第1条では，「この法律は，水道の布設及び管理を適正かつ合理的ならしめるとともに，水道を計画的に整備し，及び水道事業を保護育成することによって，清浄にして豊富低廉な水の供給を図り，もつて公衆衛生の向上と生活環境の改善とに寄与することを目的とする。」と規定されている。つまり，"清浄にして豊富「低廉」な水の供給"を目的としているが，法律制定当初は生活

に必要不可欠である水道の料金が，生活を圧迫することにならないように配慮されたためであると考えられる。その一方で，この「低廉」という意味は，安全な水をいかなる場合でも安定して供給できる「強靱」な施設を確保し，かつ将来にわたって「持続」的に供給することを可能とすることを前提としているものである。

一方，水道料金は，「能率的な経営の下における適正な原価に照らし公正妥当なものであること」（水道法第14条第2項第1号）とされ，また，この原価の中には，水道施設等の資産を維持するための費用（資産維持費）が含まれるものと解釈されている[注8]。さらに，水道法第5条第3項の施設基準として，水道事業者は「水道施設の構造及び材質は，水圧，土圧，地震力その他の荷重に対して十分な耐力を有し，かつ，水が汚染され，または漏れるおそれがないものでなければならない。」と規定されており，水道施設を地震等に耐えうるものとしなければならないと定められている。

こうした条件を満たすために，水道料金の適正な設定の推進がさらに求められている。改めてこの点を明確に示すべきであり，水道料金の設定に際しては，「資産維持費」を考慮すべきであろう。資産維持費として求める水準や内容について，国は公的な見解を示すべきであるものと考える。その際には，平成26年度の予算・決算から適用された新地方公営企業会計基準との関係も整理し，水道事業者が事業の置かれた状況を対外的に説明することが容易になるような技術的支援を行うべきである。

また，現在，水道料金の設定は概ね3年を通じて財政の均衡を保つように求められているが[注9]，他の公益事業の料金設定においても3年を5年程度に引き延ばす傾向にあることから，この年限の見直しの必要性についても併せて検討すべきである。つまり資産維持費を適切に積み立てておらず，結果として施設の更新等が十分に行われないおそれがある場合には，認可権者である国や都道府県はその旨を指摘し改善を促す等の対応を行うことも検討すべきである。

もちろん水道料金の算定にあたっては，需要者とのコミュニケーションの充実を図ることが何よりも大切である。水道料金が資産維持等の経費を適切に見込んだ適正な水準に設定されることは，地域の水道を維持していくうえで不可欠であり，水道の事故を防止し，安全な水が将来にわたり安定的に供給される

ようになるという点を明示することによって，本来的に受益者の利益にかなうものであることを明らかにしなければならない。水道料金について，需要者の理解を得るには，水道料金の算定の根拠となる更新等の事業の内容や必要性について情報を発信するとともに，水道事業者自身の経営改革と効率性の推進方策についても十分に説明することが求められる[注10]。

5．水道事業の基盤強化に向けた取組み

　わが国の水道事業は，原則として市町村によって運営されており，水道サービスの質と技術は世界でトップクラスにある。しかし，すでに指摘したように，今日ではさまざまな事業経営面での課題も表面化しつつあり，水道事業においてもいかに持続可能な経営にもっていけるのかが大きな課題となっている。改めて「地方公営企業法」の精神に鑑み，水道事業における経営は「収支相償」が原則であることを再認識しなければならない[注11]。いうまでもないが，適正な原価（コスト）を適正な料金で賄うことは事業経営（ビジネス）の基本であり[注12]，水道事業においても同様である。

　水道を維持し将来世代に確実に引き継いでいくことは，水道事業者の責務であり，国を挙げて取り組むべきものであると考える。しかし，建設・拡張によって水道料金の収入増が見込まれていた時代から，今日では人口減少に転じ，水道料金収入の減少が多くの地域で表面化している。加えて，水道職員数が減少し，職員の高齢化も進行していることから，中小規模の水道事業者においては，施設の更新や耐震化をはじめ，事業を将来にわたり継続させることが困難になっているケースも散見される。こうした状況に対応するために，水道事業の経営基盤強化に向けた取組みが不可欠である[注13]。事業経営の基盤強化は，ライフラインとして最も基本的である「安全な水」が「安定的に供給」される状況の確保へとつながるものであり，本質的に需要者の利益にかなうものである。

　事業経営の困難さが増す中で，これからの水道事業経営には，長期にわたって財源を手当しつつ，地域の将来像を見据えて施設の更新ならびに再構築を進めるといった対応策が不可欠である。すでに述べたように，水道事業者におけ

図表11-6 水道広域化の類型化とメリットとデメリット

区分	垂直統合型	水平統合型	弱者救済型
形態	・用水供給事業と受水末端事業との統合（経営統合を含む）	・複数の水道事業による統合（経営統合を含む）	・中核事業による周辺小規模事業の吸収統合（経営統合を含む）
メリット	・既に施設が繋がっているため，施設の統廃合を行いやすい。 ・末端事業が所有する水源や浄水場等の廃止が可能。 ・施設統廃合に伴う事業費の削減により水道料金上昇を抑制。 ・水源から蛇口までを一元的に管理でき，安全度が向上。	・経営資源の共有化。 ・規模の拡大に伴い，業務の共同化や民間委託の範囲拡大など効率的な運営による効果が大きい。 ・施設統廃合に伴う事業費の削減により水道料金上昇を抑制。	（中核事業） ・中核事業体としての地域貢献。 （小規模事業） ・水道料金の上昇を抑制。 ・給水安定度の向上。 ・事業基盤が安定。
デメリット	・給水安定度向上のためには，末端間の連絡管整備が必要となり，事業費の増大となる場合がある。	・地理的条件から施設統廃合ができない場合に，統合によるメリットは少なくなる。 ・水道料金上昇が伴うと，複数の事業体による料金決定が困難になる場合がある。	（中核事業） ・給水条件の悪い事業を統合する場合は，経営的な負担が増す。 （小規模事業） ・統合に伴う施設整備費の負担が発生。 ・出資金や借金の清算等，広域化にあたり一時的な財政負担が発生。
主な事例	・岩手中部地域 ・中空知地域 ・淡路地域	・埼玉秩父地域 ・群馬東部地域	・北九州市

（注1）老朽化施設の更新・耐震化を実施するのに必要な資金と人材の確保といった課題に対する，有効な対策手段の1つに広域化が挙げられる。
（注2）これまでの広域化実施事例を類型化すると，概ね以上の3パターンに整理される。
（出所）厚生労働省『水道事業の基盤強化方策検討会』資料（2016年2月）による。

る職員数が減少し高齢化している実情を踏まえると，必要な人材（財）を個々の事業者が個別に確保し続けることは，零細な事業者にとって現実的ではない。

水道を支える人材（財）を，都道府県内をブロックとして区分するような「地域単位」で広域的に連携して確保し，さらには，将来に向けて継続的に育成していく取組みなどの広域連携が必要であろう。

　また，小規模な水道事業者は，地域単位で広域的に連携することによって，施設の共同利用や資材の共同調達，さらには水質検査等の共同実施等により，スケールメリットによる「規模の経済性」の発揮が可能となり，経営コストの削減が進むことも期待できる。今後の広域連携の形態は，広域化の代表的な形態である水道料金の統一を伴う事業統合である必要は必ずしもなく，都道府県域全体として，職員層の厚い大都市の水道事業者や都道府県営の水道用水供給事業者，先進的な取組みを行っている水道事業者の人材（財）を活用する観点からの経営支援なども考えられる。

　水道を統合して広域化する形態には，**図表11-6**に示したように，垂直統合型・水平統合型・弱者救済型の3つの形態が考えられる。垂直統合型は，用水供給事業者と受水末端事業者との統合を意味しており，このケースでは1つの経営体に統合するのが一般的である。水平統合型は，近隣の複数の水道事業者による統合を意味している。弱者救済型は，中核水道事業者による周辺の小規模事業者の吸収統合のケースである。この3つの形態ともにメリットとデメリットがあるが，さまざまな困難（デメリット）を乗り越えて，統合した事例も徐々に増えつつある。

6．公営企業における経営戦略の策定

　公営企業は，受益者からの料金収入をもって経営を行う独立採算制を基本原則としながら，住民生活に身近な社会資本を整備し，必要なサービスを提供する役割を果たしている。したがって，将来にわたりその本来の目的である公共の福祉を増進していくことが必要である。すでに述べたように，今日の公営企業の多くは，サービスの提供に必要な施設等の老朽化に伴う更新投資の増大や，人口減少に伴う料金収入の減少等により，経営環境は厳しさを増しつつある。このため，各地方公共団体においては，公営企業の経営環境の変化に適切に対応しつつ，そのあり方について絶えず検討を行うことが求められている。

こうした中で，引き続き公営企業として事業を行う場合には，自らの経営の現状等について詳細な分析を行ったうえで，中・長期的な視野に基づく計画経営を策定し，徹底した効率化や経営の健全化努力を行うことが必要である。そのために総務省では，各公営企業に対して，中・長期的な経営の基本計画である「経営戦略」の策定を要請しているのである。特に，各事業の経営基盤の強化と財政マネジメントの向上への取組みを求めている[注14]。

　総務省が各地方公共団体に要請している経営戦略の特徴としては，以下のようなことが示されている。①特別会計ごとの策定を基本とすること。②企業および地域の現状と，これらの将来見通しを踏まえたものであること。③計画期間は10年以上を基本とすること。④計画期間中に必要な住民サービスを提供することが可能となっていること。⑤「投資試算」をはじめとする支出と，「財源試算」により示される収入が均衡した形で「投資・財政計画」が策定されていること。⑥効率化・経営健全化のための取組み方針が示されていること，などである（**図表11-7** 参照）。

　これらの事項に的確に取り組むためには，公営企業が自らの損益（P/L）や資産等（B/S）を正確に把握することがまず必要であり，公営企業会計を導入していない公営企業にあっては，地方公会計の整備をも考慮しつつ，地方公営企業法（昭和27年法律第292号）の適用により公営企業会計を導入することが必要である。中でも，資産の規模が大きく，また，住民生活に密着したサービスを提供する簡易水道事業および下水道事業については，公営企業会計導入の必要性が極めて高く，重点的な取組みが求められている[注15]。

　総務省においては，「地方公共団体の財政の健全化に関する法律」（平成19年法律第94号）が平成21年4月から全面施行されたことや，「債務調整等に関する調査研究会報告書」（平成20年12月）において，公営企業についても第三セクター等に準じた改革の必要性が指摘されたことなどを踏まえ，平成21年度から平成25年度までの間に，公営企業の抜本改革についての全国的な取組みを集中的に推進してきている。公営企業が住民生活に密着したサービスの提供を，将来にわたって安定的に継続することは，地方公共団体にとっても最重要課題である。

　また，近年，サービスの提供に必要な施設等の老朽化に伴う更新事業や国土

図表11-7　総務省における経営戦略策定のイメージ

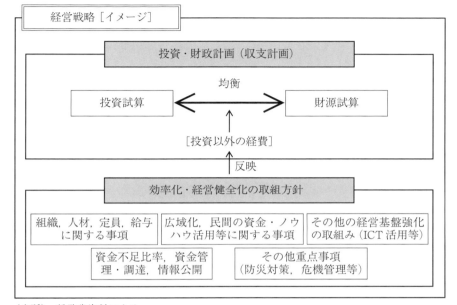

（出所）　総務省資料による

強靱化，防災・減災対策事業の実施等に伴う投資の増大，人口減少に伴う料金収入の減少等が進みつつあり，公営企業を取り巻く経営環境は一層厳しさを増している。このため，各地方公共団体においては，国をはじめ民間企業や地域社会とも連携しながら，自らの判断と責任に基づき，公営企業の経営健全化等に不断に取り組むことが必要である。

7．おわりに

総務省が各地方公共団体に要請している「経営戦略の策定」は，厚生労働省が具体的な強化策を打ち出している「水道事業基盤強化方策の推進」と同様の取組みである。どちらも，事業基盤強化方策の展開に際しては，常に今後の需要予測や収支予測に沿ったものとなることが必要であると位置づけ，指標を活用した経営分析により，経営状況の的確な把握を求めている。

特に，施設や設備の老朽化が進む中で，必要な住民サービスの確保と経営の健全化を両立させるために，地方公共団体は投資の合理化と徹底した効率化を図らなければならない状況にある。人口減少時代を迎えて，投資を合理化するためには，経営戦略を策定する中で，施設や設備の現状把握と将来必要な住民サービスの予測等を踏まえて，必要額を確保することが可能な料金設定方法を勘案しつつ，さまざまな手法の中から最適なものを選択することが必要である。

　今後とも住民サービスの提供と健全経営の維持を両立させるためには，十分な経営健全化に取り組んだ上で，事業経営の基本である適切な料金設定とそのあり方等について改めて検討することが必要である。水道事業においては，すでに耐用年数を迎えている老朽施設や老朽設備の更新問題がクローズアップされているが，今後の料金設定に際しては，資産維持費を含めた適正なコストを適正な料金で賄える料金算定方法や料金体系等を積極的に採用しなければならない。今後は，各地域の実情に適した適正な料金設定方式を選択するとともに，議会・住民等の理解が得られるよう，コミュニケーションを重視した積極的な対応策が求められている。

　最後に，規模の経済性を発揮するために検討されている水道の「統合化」と「広域化」には，垂直統合型・水平統合型さらには弱者救済型あるいは戦略的提携などさまざまな統合・連携モデルが考えられる。しかし，どのケースであっても，人材（財）の相互融通や相互派遣，事務的な協力の実施など，地域の実情に応じて選択することが何よりも大切である。このような地域全体での人材（財）の活用を通じて，地域の水道の将来を担う人材の育成を図ることが今改めて期待されているのである。

注■

1　厚生労働省により水質基準（51項目）が適用されている。
2　厚生労働省では，「新水道ビジョン」に示した各種方策を推進するため，方策の実施主体となる関係者が実施状況を共有し，密接に連携するための枠組である「新水道ビジョン推進協議会」を設けている。http://www.mhlw.go.jp/stf/seisakunitsuite/bunya/topics/bukyoku/kenkou/suido/newvision/suishin_gikai.html
3　新水道ビジョンを推進させるために，厚生労働省では「都道府県水道ビジョン作成の手引き」（平成26年3月19日付健水発0319第3号）などの各種ツールを作成してきた。

4 いずれも簡易水道事業（給水人口が5千人以下の水道事業をいう。以下同じ。）を除いた数値。
5 水道事業は、地方公営企業法で原則として独立採算が義務付けられているが、簡易水道事業は同法第2条でその適用から除かれている。
6 水道料金算定要領では、資産維持率3％を標準としている。
7 同数値も簡易水道事業を除いた数値である。
8 水道法施行規則（昭和32年厚生省令第45号）第12条により規定されている。
9 水道法施行規則の第12条による。
10 課題への対応策として、顧客満足度（CS）を高める施策や具体的な水道事業におけるマーケティング戦略の展開、新しい水道料金政策や料金メニューの検討、スマートメーター導入による新たな料金徴収システムの構築、営業部門における経営の改善策、水道のイメージアップ戦略の展開、広報活動や顧客とのコミュニケーションの推進、指定管理者制度やコンセッション方式の導入など水道事業における新しいビジネス手法の採用、CPS/IoTの導入による広域化への対応など、直面する重要課題に対してさまざまなツールや施策を具体的に検討していかなければならない。
11 地方公営企業法の内容の詳細については、以下の文献を参照されたい。細田芳郎（2013）『図解地方公営企業法（改訂版）』第一法規。
12 詳しくは、石井晴夫・樋口徹（2014）『組織マネジメント入門』中央経済社を参照されたい。
13 厚生労働省では、平成27年9月に「水道事業基盤強化方策検討会」を立ち上げ、6回にわたる多角的な検討を実施した。詳しくは、以下のWebsiteを参照されたい。
http://www.mhlw.go.jp/stf/shingi/other-kenkou.html?tid=291236
14 詳しくは、『公営企業の経営戦略の策定等に関する研究会報告書』を参照されたい。
http://www.soumu.go.jp/main_sosiki/kenkyu/koueikigyou/index.html
15 なお、総務省では、経営戦略の策定を推進させるために「経営戦略ガイドライン」を作成している。
http://www.soumu.go.jp/main_content/000396239.pdf

参考文献■

荒川　勝（2002）『水道料金のはなし』水道料金問題研究会。
石井晴夫、宮崎正信、一柳善郎、山村尊房（2015）『水道事業経営の基本』白桃書房。
石井晴夫・樋口　徹（2014）『組織マネジメント入門』中央経済社。
石井晴夫・金井昭典・石田直美（2008）『公民連携の経営学』中央経済社。
石井晴夫編著（1996）『現代の公益事業：規制緩和時代の課題と展望』NTT出版。
楠田昭二（2011）『競争環境下の水道事業：公営事業改革と消費者選択』唯学書房。
公益事業学会編（1989）『現代公益事業の規制と競争』電力新報社。
──────（2005）『日本の公益事業：変革への挑戦』白桃書房。
厚生労働省健康局水道課（2009）『水道事業におけるアセットマネジメント（資産管理）に関する手引き』。

厚生労働省健康局水道課（平成26年3月）『水道事業における官民連携に関する手引き』。
小松秀雄（1992）『水道財政と料金』小原隆吉監修，日本水道新聞社。
佐藤裕弥（2012）『新地方公営企業会計制度はやわかりガイド』ぎょうせい。
塩見英治編（2011）『現代公益事業：ネットワーク産業の新展開』有斐閣ブックス。
（公財）水道技術研究センター（2008）『運営基盤強化のための水道事業規模にかかる検討調査報告書』（平成20年度）。
寺尾晃洋（1981）『日本の水道事業』東洋経済新報社。
日本水道協会（2015）『水道のあらまし（第6版）』日本水道協会。
細田芳郎（2013）『図解地方公営企業法（改訂版）』第一法規。
山田雅雄（2014）『都市と水を巡って』水道産業新聞社。
総務省ならびに厚生労働省ホームページ。
日本水道協会ホームページ。

（石井　晴夫）

第12章

中国通信機器多国籍企業の国際化戦略
―華為技術と中興通訊のケースを中心として―

1. はじめに

　中国経済の国際化に伴い，中国企業の海外進出も急ピッチで展開し始めている。2013年度の中国の対外直接投資額（フローベース）は1,078億4,000万ドルに達し，金額的にはアメリカ，日本に続いて3年連続の世界第3位となっている。また，2013年までの対外投資ストック額も6,604億8,000万ドルに達しており，投資分野はリースとビジネス・サービス業，金融業，採掘業，卸売・小売業，ならびに製造業などに及んでいる。そのような中，1万5,000社以上の中国企業が海外で2万5,400社の企業を設立し，それら企業が世界の184ヵ国と地域に分布している。また，2013年末現在海外に進出している中国企業の従業員数は196万7,000人に上り，そのうち進出先の現地従業員数は96万7,000人に達している[注1]。

　海外進出を果たした中国企業の多くは多国籍企業として成長し，しかもその世界でのプレゼンスが大きくなり始めている。また，中国の多国籍企業は後発多国籍企業として，欧米や日本などの先発多国籍企業とは違い，その海外進出のプロセスや目的・指向などにおいて，さまざまなユニークな特徴を有する。

　本章では，中国の通信機器多国籍企業のトップ2社に焦点を絞り，その国際化戦略の特徴を明らかにする。通信機器企業を取り上げるのは，この分野は典型的な技術・資本集約型分野であり，従来は先発多国籍企業の独壇場であったところ，中国企業の参入により既存の市場秩序が乱れ始め，先発と後発多国籍

企業間の比較が可能になったからである。通信機器企業の事例を通して，後発多国籍企業である中国企業の海外進出の特徴を再確認し，その後発多国籍企業としての国際化戦略の共通性や含意を析出したい。以下では，まず先行研究を踏まえつつ，既存研究の指摘した中国多国籍企業の海外進出の特徴を整理する。次に，中国の通信機器産業とその代表的企業の誕生，発展ならびに特徴を検証する。その上，中国の代表的通信機器企業であると同時に，今は世界的な多国籍企業にも成長した華為技術と中興通訊の事例を取り上げ，ケーススタディを行う。最後には本研究のインプリケーションをまとめ，残された課題を整理し，さらに今後の展望を試みる。

2．先行研究から見る中国多国籍企業の国際化戦略の特徴

　中国の多国籍企業の海外進出について，今まで多くの先行研究が見られた（劉，2014）。UNCTAD（2006）の「多重目的アプローチ」は，中国企業の多国籍企業化の動機について分析し，Peter Buckley et al.（2007）らの「12の仮説」が，中国企業の多国籍企業化の決定要因に関する分析を行っている。また，中国国内の研究者劉（2009），李・柳（2012）などの「逆技術スピルオーバー」（Reverse Technology Spillover）といったアプローチがある一方，王志楽（2012）らは，報告書という形で中国の代表的多国籍企業の海外進出の実態を時系列的にまとめている。また，日本国内では天野・大木（2007，2014），丸川・中川（2008），高橋（2008），川井（2013），服部（2013），中川（2012，2013）などは，それぞれ中国企業の海外進出背景，実態，組織評価ならびに分析の枠組み作りなどを試みている。これら先行研究を踏まえ，筆者が中国多国籍企業の国際化戦略の特徴を「プロセスの多様性」（「先難後易」，「先易後難」，「借鶏生蛋」，「借船出海」，「農村包囲城市」など），「目的・指向の多重性」（「資源獲得型」，「戦略的資産獲得型」など），および「後発多国籍企業としての特異性」（3つの「逆向き現象」）としてまとめた（劉，2014）。

　特に，先発多国籍企業に比べ，後発の中国多国籍企業には，その海外進出のプロセスや順序，ならびにそのマーケティング・セグメントなどにおいて，先発多国籍企業とは「逆向き」という特徴が目立っている[注2]。つまり，①企業

の「特殊的優位」の事前所有による海外進出よりは，むしろ「特殊的優位」の事後獲得型の海外進出が少なくない。中国を代表するIT企業であるレノボや総合家電メーカーであるTCLの海外進出はこの典型的な事例である。レノボとTCLは，Himer（1976）が指摘したように，進出先の企業に比べて技術やノウハウ，製品差別化などの面で優位性を有した場合に行われた直接投資ではなく，むしろその逆向きの海外進出を果たしたのである。すなわち，海外進出の時点において欠けていた優位性を外国企業の持つ優位な資源（技術，ブランド，R&Dチームなど）の買収等によって獲得する，あるいは単独進出した企業の場合でも，現地の市場競争における学習を通じて優位性を獲得し，さらに発揮していくことによって，その海外進出を果たすのである。

②国内消費者への信頼不足より，国内市場に浸透して地位を高めた後の海外進出よりは，むしろ最初段階から海外に進出し，成熟した先進国市場で企業とその製品を洗練させる。この種の海外進出も，先発多国籍企業のそれとは明らかに違い，進出のプロセスは逆向きなのである。今日TV，洗濯機，冷蔵庫など多くの家電の生産量は世界一となっているハイアールのケースがこれに属する。ハイアールは，国際化の初期段階からあえて仕様や規格などの要求が厳しい欧米先進国市場の開拓に重点を置き，そこで，認知と信用を獲得したのを踏まえ，次に相対的難易度の低い東南アジアや中南米など発展途上国市場への進出に結びついたのである。この種の海外進出は，質の良い海外市場に行けば，企業経営，技術，販売力，サービス全体が鍛えられ，多少の回り道であっても，世界標準に近づくための選択であると考えられる。

③先発多国籍企業のように，まずTOP（Top of Pyramid）市場やボリューム・ゾン（MOP：Middle of Pyramid）市場の上層部を狙って海外進出を果たすというよりは，むしろボリューム・ゾン市場の下層部ないしBOP（Base of Pyramid）市場を狙って海外進出を果たした後にはじめて，MOP市場上層部ないしTOP市場に参入する海外進出パターンである。ここで取り上げる中国の通信機器企業トップ2社—華為技術と中興通訊（ZTE）の海外進出は，まさしくこのパターンに属するのである。華為技術と中興通訊はともに1980年代に中国の「改革・開放」政策の最前線都市である深圳で設立された通信機器企業である。両社の出自が違っていても，その国際化戦略は高度に一致してい

るのである。つまり，両社ともに先発多国籍企業のような世界の所得水準ピラミッドの上層部からしだいに下層部への展開ではなく，むしろその逆のプロセス，つまり，BOPないしMOPからTOPへ，いわば「下層部から上層部へ」という展開を見せたのである（後述）。

以下では，まず中国の通信機器産業の歩みとその代表的企業を見てみよう。

3．中国の通信機器産業と主要企業

中国の電気通信網の建設とその利用においては，長い間軍事的・政治的な用途が優先され，「改革・開放」政策が実施した1978年時点での中国の（局用）電話交換機総数は405万門しかなく，電話利用者数は200万戸にも満たさず，電話の普及率はわずか0.38％であった。当時アフリカの平均水準よりも低く，世界ランキングの120位以下であった（田涛・呉春波，2012）。1990年代半ばの1996年においてもその電話の普及率は6.33％に過ぎなかったのである。改革・開放の進展の中で電話の普及は進んだが，それを支える電話交換機の生産が大きな課題となっていた[注3]。この状況を打破するためにまずとられたのが「以市場換技術」（市場でもって技術に換える）政策であった。この政策は他の事業領域ではそれほど効果が得られなかったものの，電子交換機に関しては成功だったと思われる。というのは，急激な電話の普及の中で電子交換機の需要も急拡大していたことや，他の事業領域では市場を提供するといって市場開放措置をとるに過ぎないのに対して，（局用）電子交換機の場合，政府自身が調達者であり，市場効果が大きくかつ直接であったからである。もっとも，その政策に応じる外資系企業を探し出すことは決して容易であったわけではない。結局，ベルギーのベル社がこの政策に応じ，上海貝爾有限公司（ベル社の合弁企業。上海ベル社）によって，技術の吸収が図られ，外資との合弁ではあるが国産機ができるようになったのである。その結果，1990年当時は上海ベル社が中国国内シェアのほぼ半分を握っていた[注4]。ベル社に続いて，先進国各社も現地生産に踏み切り市場を分割していった。その状態は「七国八制」（日本の富士通と日本電気，スウェーデンのエリクソン，ドイツのシーメンス，ベルギーのベルとフランスのアルカテル，アメリカのAT&T，カナダのノーザンテレ

コムの7ヵ国8種類の交換機が使われている状態を指す)とも称されていた(注5)。当時の中国の通信市場はまさしく「列強」企業の楽園であり，典型的な「売り手市場」であった。これら通信「列強」企業が中国の通信市場を分割・独占し，今日の値段から見ると50倍以上高い価格でそのサービスを提供していたのである(注6)。

　このような状況を，中国政府からはその通信機器産業にまともな企業がほとんどない中での払わざるをえない「学費」として見ていたのであろう。しかし，多くの中国人にとってこれはまさしく屈辱だったと感じたに違いない。これを背景に，1980年代後半以後中国には短い間に400社余りの通信設備企業が生まれた。国有企業，民営企業，さらにその他所有制の企業が「雨後の筍」のように次々と誕生したのである。しかし，これら企業は直面していたのはほとんど100年以上の歴史を有し，技術，人材，ブランド，資金力などあらゆる面で優位にあった西側諸国と日本の「列強」企業である。競争力上あまりにもアンバランスという現実を前に，当然ながらその時期に生まれた中国企業のほとんどは設立したものの，短期間で次々とその姿が消してしまったのである。しかし，その中に4つの企業は例外であった。それは，国有企業であって，初の国産の大容量デジタル交換機HJD04機の開発に成功した解放軍信息工程学院院長の鄔江興が初代社長を務めた巨龍通信公司と，元郵電部(現在の信息産業部)の科学技術司長で，後にアメリカにも留学していた周寰が創業者である大唐電信と，航空航天部所轄企業である619廠の技術幹部だった候為貴が1985年に深圳で創設した中興半導体有限公司をルーツとする中興通訊(ZTE)，ならびに純粋の民営企業であって，人民解放軍の軍人だった任正非が1987年に中国の改革・開放の象徴である深圳で設立された華為技術の4社である(田涛・呉春波，2012)。これら4社が，民族の期待を一身に，「収復失地」という宿願のもと，数えきれないほどの紆余曲折や苦労をしながらも「列強」企業と闘い続け，しかもその競争に勝ち抜いたのである。

　まず，巨龍通信公司(以下は，「巨龍」と略称)は中国初のデジタル電子交換機HJD04機を国内だけでなく輸出まで行い，「七国八制」(または，「八国九制」)状態を打ち破った。これに大唐電信(以下は，「大唐」と略称)，中興通訊(以下は，「中興」またはZTEと略称)，華為技術(以下は，「華為」と略称)が

続き，国産主要4社社名のそれぞれの最初文字をとって「巨・大・中・華」と呼ばれている。

　しかし，上記4社その後の経営発展という点から見ると，前2社の巨龍と大唐と後2社の中興と華為の発展格差は鮮明となった。1998年時点で，巨龍，大唐，中興，華為のそれぞれの売上高は30億元，9億元，40億元，89億元であり，大唐がやや小さいものの，売上規模には大きな差がなく，利益もそれぞれ1億元以上となっていた。しかし，2001年時点では華為の売上255億元，利益20億元，中興の売上140億元，利益5億7,000万元に対し，巨龍の売上は3～4億元，利益9,000万元，大唐の売上20億5,000万元，利益3,600万元であって，前2社と後2社の格差は歴然としている[注7]。巨龍はその設立経緯からいっても国策会社的色彩の強い企業であり，しかも，母体が各団体にわたり，ビジネス指向的な経営スタイルを確立することができなかった。大唐は子会社の大唐移動がTD-SCDMAの開発者として海外でも知られているが，そのことは同時に同社の国策会社の性格を示している。インターネットの発展によるネットワーク機器の市場拡大は，世界市場ではルーター分野に競争優位を持つシスコ・システムズ社の急成長をもたらしたが，通信機器市場として成長しようとすれば，この市場に対して積極的に対応することが必要であった。中興は航空航天部所轄の工場から分離独立したものであるが，郵電部，電子工業部（ともに現在の情報産業部）系ではなかったことが，ビジネスモデルの転換にむしろ幸いし，ビジネス指向型の経営モデルを確立させたのである。華為は前述の元人民解放軍の軍人であった任正非が設立した私営企業であることで，最初から激しい市場競争の洗礼を受け，ある意味では華為がその誕生した瞬間からもビジネス・オリエンティッドを持ち始めたのである。ともにビジネス指向型の経営スタイルを確立しえた2社（中興と華為）が大きく成長することとなった。その結果，中国を代表する通信機器企業である「巨・大・中・華」（巨龍，大唐，中興，華為）は，しだいに「中・華」（中興と華為）に集約したのである。2012年末現在，中国の海外進出企業トップ100における「中・華」のランキングとして，海外売上高に華為技術第21位，中興通訊第29位；対外直接投資額累計に華為技術第24位，中興通訊第43位；海外資産総額に華為技術第21位，中興通訊第43位をそれぞれ占めている。

今日の中国の通信市場を見ると，かつて独占的地位にあった「列強」企業のマーケットシェアは2割台に後退し，代わりに中国の民族企業のシェアは70％以上を占めるようになった。また，2009年第1四半期の世界のモバイル通信機器企業の市場シェアランキングにおいてエリクソン，ノキア・シーメンスならびにアルカテル・ルーセントなどの「列強」企業と並んで，華為第3位，中興通訊第7位とそれぞれランクインしている。

以下では，節を分けて中国の通信機器企業トップ2社である華為技術と中興通訊の事例を取り上げ，それぞれの発展概要とその国際化戦略について見てみよう。

4．華為技術の国際化戦略

1987年に中国の最初の経済特区である深圳で設立された華為技術が，その設立当初には企業等における内線電話同士の接続や，加入者電話網およびISDN回線などの公衆回線への接続を行う構内交換機（PBX: Private Branch eXchange）を生産していた香港企業の代理販売を行っていた。その後，技術や人材の蓄積に伴い，ホテルや中小企業用のPBXの自主開発・生産・販売をはじめ，デジタル交換機にも進出し，主に農村市場で大きな成果を収めた。

華為が初めて開発した局用の交換機は半デジタル半機械式のJK1000機であった。その半年後には全デジタル式の交換機の開発に取りかかり，1992～93年にかけて大量の開発人員を採用し，1993年に2,000門の大型交換機C&C08機の完成にこぎつけた。続いて万門級の交換機の開発にも成功した。しかし，当時，都市部の電話局の交換機は上海ベル社やアルカテル社などの先発多国籍企業（前述の「列強」企業）の支配下にあった。そこで，華為は農村市場から都市市場に向かう戦略を立てた。上海ベル社などの先発多国籍企業はさほど大きな市場でない農村部にはあまり関心がなく，人員もほとんど配置していなかったため，そこに交換機そのものだけでなく地方郵電局の幹部の個人的要望に対するものまで過剰サービスともいえるほどのサービスを提供することで，県（日本でいう市町村）以下の農村部から市場を獲得していた。この過程において，華為の従業員には多くの苦労もあったことは容易に想像できよう。華為は農村

部市場の獲得だけに満足せず，次のステップとして先発多国籍企業の地盤である都市部の市場を蚕食し始めたのである。その最大の武器は，低価格とサービスといわれる。また，技術面においても華為は，通信機器のデジタル化，高速化，マルチメディア化が進むとともに，局用電子交換機の集中型からルータ等の分散型に急速に変化しつつある世界的流れにキャッチアップするだけでなく，しだいにその先頭に躍り出たのである。

　中国国内市場で得た利益を用いて，華為が1990年代後半からその海外市場を開拓し始めた。華為の国際化過程，すなわちその多国籍企業化過程についてさまざまな研究が見られる。また，華為自身がその国際化過程を３つの段階に区分している。つまり，第１段階の旧ソ連，東欧，アフリカ等新興市場への輸出と保守管理拠点設置，第２段階のヨーロッパ市場への進出・保守管理拠点設置と世界各国での研究開発体制の構築，第３段階の日本とアメリカへの進出である。この区分には，製品輸出と現地拠点設立と分けていないところが特徴的である。丸川・中川（2008）は，多国籍企業の最大特徴ともいえる対外直接投資（現地拠点設立）に主眼を置いて，華為の海外進出を①多国籍企業化準備段階，②多国籍企業化初期段階，③多国籍企業本格化段階という３つの段階に区分している[注8]。以下では，まず中川の研究に沿って華為の国際化過程を見てみる。

4-1. 多国籍企業化の準備段階（1997〜2000）

　ハイアールの「先難後易」戦略とは異なり，華為はその国際化の第１段階を途上国・移行経済市場に焦点を定めたのである。もっとも，これは戦略の違いというよりも，製品の違いからくる市場の性質の違いによるものであるかもしれない。つまり，ハイアールの場合であれば，一般消費者が低価格に惹かれて商品を買うということで市場を拓くことが可能である。しかし，華為の売っている交換機やネットワーク製品は，電気通信キャリアなどの信頼に頼るものでなければ市場を拓くことができない。中国国内ではまさしくこのよう状況であって，最初は農村エリア，しだいに都市部へ攻め上げる形で市場を攻略したのである。国際市場においても同様に考えられる。つまり，途上国・移行経済市場から市場を攻略し，先進国市場へと攻め上げていくのである。

　最初から発展途上国や新興国に進出した結果，2006年段階で華為はこれら市

場で確固たる地位を築いた。通信機器市場シェアは CIS で13.7%（第3位），中東・北アフリカで27.8%（第2位），南部アフリカで26.2%（第2位），アジア太平洋地域で7.7%（第4位），ラテンアメリカで9.7%（第3位）となっている（中川，2008，80頁）。

4-2．多国籍企業化の初期段階（2001〜2005）

　2001年に至り海外業務は華為の新たな成長ポイントとなった。2002年第1四半期において華為の輸出額は初めて国内販売額を凌駕し，同年前半で3億ドルに達した。これは前年同期比で2倍になったことを意味する。製品はタイ，インド，パキスタン，ロシア，ドイツ，スペインなどの市場に輸出された。

　2001年以後，華為は電気通信不況の北米において技術はあるが，経営不振に陥っている小企業を次々と買収し始めた。そして2002年，テキサス州に100%子会社である FutureWei 社を設立し，現地企業にブロードバンド製品やデータ処理機器の販売をし始めた。ここにおいて，世界最大かつ最も競争の激しいアメリカ市場に本格に参入したことになる。

　しかし，華為の北米市場での展開は決して順調ではなかった。2003年1月にシスコ・システムズ社は華為およびその子会社である Huawei America, Inc., FutureWei Technology, Inc. を相手どり訴訟を起こし，華為のアメリカ子会社がその知的財産を違法に複製したと訴えたのである。この訴訟は結局和解に至ったものの，これによって華為のアメリカ市場への進出は大きく阻害された。その後，華為はしだいにヨーロッパに目を向けるようになった。STM64光伝送システムは2000年にドイツの PFALZKOM の地域ネットワークと BERLI-COM の市域ネットワークにおいて実用化された。2003年3月にはフランスの LDCOM と DWDM 全国幹線伝送網の契約を獲得し，中国製品がヨーロッパに大きく進出する契機をつくったのである（丸川・中川，前掲，82頁）。

4-3．多国籍企業化の本格化段階（2006年以後）

　華為の国際化の第3段階は，日本とアメリカ市場への進出と現地拠点の確立を中心内容としている。2008年8月15日，華為はアメリカの新興移動通信キャリアである Leap 社から第3世代移動通信の CDMA2000 1x, EV-DO Rev. A

の通信システムを受注したと発表した。カリフォルニア州，アイダホ州，ネバダ州等でのシステムの構築を行う。Leap社は通話だけでなく，多種の付加価値通信を行うマルチメディア通信を低価格で供給することを競争優位の源泉としている。華為はソフトウェアスイッチとIPベースの無線基地局装置（BTS：Base Transceiver Station）で構成されるシステムを，従来型より60％コスト減をして供給したと報じられている。

　華為の日本進出は2002年の東京事務所の開設に遡るが，国際化の第3段階をにらんだ現地法人の設立はその3年後であった。つまり，2005年11月に東京の大手町で華為日本が設立されたのである。地域本部とのつながりでは東アジア地域本部所轄となる。2007年の時点ではすでに70名以上のスタッフを揃えており，その大半は技術スタッフである。また，新興無線通信キャリアであるイー・モバイル社に基地局のシステムを提供し，華為日本法人はその保守管理を行っている。製品は中国から供給され，研究開発は本社から世界各地の拠点に役割が振られている。2001年夏モデルからKDDIに携帯型無線LANルーターなどの納入を開始し，日本国内4社全ての携帯電話事業者と取引関係を構築することに成功した。また，華為の日本法人は2011年2月に中国企業としては初めて日本経団連に加盟したのである[注9]。

　華為の国際化発展段階について，中国国内の研究者（程東昇・劉麗麗（2003），高小万（2006），劉文棟（2010），黄麗君・程東昇（2010），田涛・呉春波（2012）など）らは概ね前述の華為社の段階区分を踏襲している。

　華為の海外進出の原動力はその研究開発にあると思われる。華為の研究開発は，深圳本社のほか，それぞれ1,000人以上の研究スタッフを抱える北京研究所（データ通信の研究開発）と上海研究所（主に移動通信の研究開発），さらに西安，成都，南京，杭州などにも研究所を持っている。また，ダラス（アメリカ），バンガロール（インド），ストックホルム（スウェーデン），モスクワ（ロシア）にも研究開発拠点を持っていて，特にインドではソフト開発を行っている。2013年の華為の売上高は396億ドルに達し，「Fortune Global 500」において285位でランクインされている[注10]。

　今日，華為の顧客は中国電信，中国移動，中国網通，中国聯通などの中国の通信メジャー・キャリア以外に，ブリティッシュ・テレコム，AIS，テレフォ

ニカ，シンガポール・テレコム，ドイツ・テレコム，テリアソネラなどの企業も含んでいる。また，300社近い通信事業者に製品・ソリューションを提供しており，世界トップ50通信事業者のうち45社が華為の製品・ソリューションを使用している。さらに，2013年には華為がついにスウェーデンのエリクソンを抑えて業界世界首位に躍り出たのである。

華為の海外進出戦略の最大の特徴は，その国内での市場開拓と同じく，「農村包囲城市」，つまり，所得水準の低い国・地域から始め，しだいに市場新興国，さらにビジネス経験や技術の蓄積ならびに資本の蓄積を積んでから，欧米や日本などの技術水準とともに所得水準も高い先進国への参入を果たしたところにあるのである。

次節では，中国通信機器業界 No. 2 企業である中興通訊の事例を見てみよう。

5．中興通訊の国際化戦略

前述のように，中興通訊（以下，「中興」またはZTEと表記する）は1985年に華為技術（以下，「華為」と略称）と同じく深圳で設立された通信機器メーカーである。華為が純粋の私的企業であるのに対して，中興が国有企業から出発し，その後出資者の変更や組織再編でいったん「国有民営」の企業形態に変更した。1997年に深圳証券取引所でA株上場を果たし，さらに2004年には香港メインボードでH株を上場した。2012年末現在，発行済み流通株式の81.37％がA株で，18.30％がH株であり，中国最大の上場通信機器メーカーである。今現在の中興は，すでにかつての国有企業から「国有株を有する民営企業」に変身している。中興の主要株主は中興新であり，中興新の持っている中興の株式は30.78％である。また，中興新の株主は国有企業の西安微電子（34％）と航天廣宇（17％）および私有企業の中興維先通（49％）である。2013年12月31日現在，中興新の持っている30.78％以外に，残りの70％近くの中興の株式は市場投資家によって所有されている。2013年の売上高は752億3,000万元で，純利益は13億6,000万元である。リーマン・ショックの影響で2012年以来売上高が下がっているものの，欧米の通信機器メジャーに比べると，その影響は限定的である。2013年現在，従業員数7万8,402人，従業員の平均年齢32歳，修

士以上の学歴を有する従業員数は3割以上を占めている。また，国内外で18の研究開発センターを有し，海外だけでもアメリカ，フランス，スウェーデン，インドなどで7つの研究センターを構えている。2012年のPCT申請数は3,906件で世界１位，ヨーロッパ特許申請数1184件で第１位となっている。2006年から2013年までの中興の売上高はそれぞれ232億元，347億元，442億元，602億元，702億元，864億元，842億元，752億元である。今日，中興は160の国と地域の主要通信キャリアと企業クライアントにそのサービスを提供している。スマホ本体の出荷量は世界第６位，アメリカ市場では第４位を占めており，「インテリジェンス・シティのリーディング企業」と称されている[注11]。

　中興のコア事業は主に3つあり，第１は通信サービス企業向け無線ブロードバンドネットワーク事業である。アジア・太平洋，欧州，中南米などの地域における大規模LTE（Long Term Evolution）の商用化または実験局の契約を獲得している。主力の国内市場は不振であるものの，アジア太平洋，南米，中東，インド，アフリカなどの新興市場で拡大している。第２は，携帯電話事業である。3G方式の携帯電話などの機器販売が，国内市場で急速に増加している。現在，国内で唯一GSM，CDMA，PHSの製品を提供できる携帯電話製造企業である。海外市場では，携帯電話，データカード，タブレットパソコンなどの端末製品の販売が，世界の主要メーカーに伍している。第３は，電気通信ソフトシステムとサービス事業である。このうち映像製品，ネット端末および無線端末事業は安定した成長を保っている[注12]。

　中興の国際化は，４つの段階を経て今日に至っている[注13]。第１段階は，海外探索期（1995〜1997年）である。1995年，中興は国際戦略を策定すると同時に，初めてジュネーブで開催されたITU世界展覧会に出品した。それは，中国の通信機器企業がその姿を初めて世界に見せる瞬間であった。また，小規模でありながらもインドネシアやマレーシアなどの東南アジアの国にその製品を輸出した。ただ，この段階は中興にとっては主に国際市場のルールを学習し，国際化経験を蓄積する前準備の段階でしかなかった。

　第２段階は，規模突破期（1998〜2001年）である。この段階で中興が国際市場への本格参入をし始め，「点」から「面」へ，しだいに南アジア，アフリカの国に進出するようになった。1998年には，バングラデシュに続いてパキスタ

ンでも通信交換機プロジェクトの請負に成功した。特にパキスタンでは総額9,700万ドルの通信交換機請負プロジェクトを獲得し，それは，当時の中国の通信機器メーカーが海外で獲得した最大金額の「ターニング・キー」プロジェクトであった。また，アメリカの New Jersey, San Diego, Silicon Valley の3ヵ所で研究所も立ち上げた。1999年には，旧ユーゴスラビア BK 集団と，総額2億2,500万ドルの GSM 移動通信機器の販売契約が結まれ，これは，中国が知的所有権を持つ GSM 移動通信設備の最初の輸出となった。2000年には，韓国で CDMA 製品開発を中心とする研究所を設立し，3G PP2（The Third Generation Partnership Project 2）に加入した。

　第3段階は，全面推進期（2002～2004年）である。この段階では市場，人材，資本など全方位の展開を図り，インド，ロシア，ブラジルなどの新興国市場への進出を果たすことによって，アメリカとヨーロッパなどの先進国市場進出の基礎作りを行った。2002年には Intel（中国）有限会社と未来3G 無線通信および無線局域網などの領域において協力する覚書を交わし，2003年には IBM とビジネス，技術，製品開発，工程再構築および海外マーケティングなどの面において協力する覚書を交わされた。さらにマイクロソフト（中国）有限公司と，電信領域における戦略的提携の覚書に調印したのである。

　第4段階は，先端攻略期（2005年以後）である。この段階では，「現地化」に力を入れ，多国籍通信キャリアとの提携を深め，ヨーロッパとアメリカなどの先進国市場への進出を果たすのである。2005年に，和記黄埔有限会社（Hutchison Whampoa）の英国子会社と30万個の WCAMA 端末契約を結び，3G 端末が初めてヨーロッパ市場への大規模な進出を果たし，MTO 戦略を作成して，重点的に海外の大規模通信キャリアの市場開拓をし始めた。その後，2006年には，FT（フランステレコム）およびカナダの Telus と，2007年には，Vodafone（イギリス），Telefonica（スペイン），Telstra（オーストリア）ならびにアメリカの Sprint Nextel と，2008年には，再び Vodafone とそれぞれ業務提携や設備供給などを行った。2009年には，オランダ電信（KPN）集団と一緒にドイツおよびベルギーの HSPA ネットワークを建設し，ヨーロッパの多国籍通信キャリア Telenor UMTS の建設注文を獲得した。2010年には，Telefonica と一緒にスペイン初の WIMAX 網を設置し，Telenor にハンガリー

初の6,000余りのBSを含むLTE網を建設した。2011年には，世界初のLTE商用一体化小型ミニステーションを発表し，業界初のTD-LTEと2G/3Gのネットワークの相互交信を完成した。さらに，最初に多チャネルTbid超長距離伝送が実現され，100Gを超える領域で世界記録を樹立した。2012年には，スウェーデンHi 3Gと戦略的提携協定を結び，調印式には中国とスウェーデン両国の指導者まで出席したほどである。また，GoTaはITU国際基準に採用され，中国は通信基準領域において新たな突破を実現することになる。

中興の国際化には3つの内容が含まれている[注14]。まず，市場の国際化である。中興は，1990年代後半以後開拓したアジア，アフリカおよびラテンアメリカの市場においてはすでにそのブランドが定着し始め，多くの大手通信キャリアのサプライヤーになっている。さらにその次の目標を先進国での市場シェア拡大やブランド認知度の向上ならびにブランド価値の増大に定めている。海外市場シェアは2010年の59％から2013年の65％に増大する一方，欧米での市場シェアをより増大させたのである。つまり，2010年の16％から2011年の20％，2012年の24.4％，さらに2013年の27.1％に増大しているのである。

次は，人材の国際化である。中興はその創設の初期段階からすでに「以人為本」（人を中心とする）をその企業文化のコアとし，しかもこれを中心とする関連の人事制度を定めた。海外進出の過程において，中興は多くの国際ビジネスを熟知するとともにパイオニア精神を有する人材を育成した。また，国際化の進化に伴い，人材の現地化も進んでいる。現在，中興の4,000人余りの市場要員のうち，外国籍の要員は6割以上を占めている。今後もさらに増えると思われる。

3つ目は，資本の国際化である。中興は1997年に深圳証券取引所に上場した後，さらに中国国内最初の「A to H」企業として2004年に香港証券取引所に上場した。資本市場は中興の国際化の強力なサポーターになったのである。中興から見れば，資本市場は企業にとって決して融資の機能だけにとどまらず，最良の企業統治規範の適用や標準的な財務制度の運用などを可能にするのである。これらによって，企業の短期的経営に一定の歯止めがかけられ，株主と社会の各方面からのモニタリングを受けながら長期的かつ健康的な経営を保たれるのである。

中興の国際化戦略の特徴は次のようにまとめられよう。つまり，中興が最初には南アジア，アフリカなどの発展途上国，しだいにロシア，インド，ブラジルなどの新興国，さらにヨーロッパやアメリカなどの先進国市場へと，その進出を果たした。その過程はまさしく中興の中国国内でとった「農村包囲城市」戦略の複製である。つまり，周辺から中心へ，所得水準の低い国・地域から所得水準の高い国へ，ロー・エンドの市場からハイ・エンドの市場へという先発多国籍企業のそれとは「逆向き」の海外進出である。年代的推移からみると，1990年代後半には，一部の国で拠点を設け始め，国際ビジネスの経験を積み，新興市場のビジネスルールをほぼ掌握してから，1990年代末頃から2000年代初期にかけて海外の通信機器プロジェクトを請け負うと同時に，各種通信端末も輸出し始め，2002年以後には市場，人材，資本などの面において全方位の国際化戦略を推進したのである。

中興の国際化戦略のもう１つの特徴は，その「企業特殊優位」の事後獲得である。バングラデシュやパキスタン（1998年）などで通信機器の大型案件の受注に成功した中興が，技術や知名度はともに世界の通信機器メジャーより劣っていることで，単に価格優位性という強みだけで相手と競争することが不可能だと認識した後，いち早くアメリカ，フランス及びスウェーデンで研究所（1998年）を設立し，その後も Intel（中国）（2002年），IBM（2003年），マイクロソフト（中国）（2003年），FT（2006年）など世界のIT巨人達とさまざまなアライアンスを行っている。その過程において，中興通訊が技術面での「特殊優位」を獲得すると同時に，ZTE というブランドの知名度もアップされ，ついに世界のトップ IT 企業と比肩するようになったのである。

6．おわりに：本研究のインプリケーションと今後の展望

本章では，先行研究で指摘された後発の中国多国籍企業の海外進出とその特徴，特に筆者が以前の論文でまとめた「逆向き現象」という中国多国籍企業の国際化戦略の特徴を再検証するために，中国の通信機器産業とその代表的企業を取り上げ，その発展の歩みや特徴をレビューする上，特にそのトップ２社——華為技術と中興通訊に焦点を当て，先発多国籍企業とは異なる中国多国籍企業

の国際化戦略の特徴を再確認した。

ともに中国の改革・開放の最前線に本社を置く華為と中興は，その所有体制や上場の有無，さらに企業文化にさまざまな相違があるものの，その設立時に直面していた初期条件や製品構造，ならびにビジネス・オリエンティッドなどに相似するところが多い。何よりも，その国内での市場開拓戦略，つまり農村市場から都市市場へ，スキマ市場からメイン市場へ，低所得水準のエリアから高所得水準のエリアへ，いわば「農村包囲城市」というマーケティング戦略，さらに，この国内市場戦略をそのまま海外進出にも応用している国際化戦略にも驚くほど類似しているのである。すなわち，華為も中興もその海外進出にはまず所得水準の低い国と地域から始まり，しだいに市場新興国，さらにビジネス経験や技術の蓄積が高められ，ブランドもある程度浸透してから欧米や日本などの技術水準とともに所得水準も高い先進国へと進出したのである。当然ながら，この過程においては先進国の企業やその事業部門に対する合併・買収による「戦略的資産」（技術，ノウハウ，ブランドなど）の獲得も多くあったことはいうまでもない。

中国の通信機器企業トップ2社の海外進出は，その海外進出の目的，狙ったターゲットならびに展開過程などは，先発多国籍企業のそれとは明らかに異なるということは，同時に初期条件が類似している他の後発多国籍企業にも少なからぬ示唆を与えるのではないかと考える。

2008年のリーマン・ショック，その後の欧州金融危機，さらに今は世界第2位の経済大国になった中国の経済不振など，企業の経営環境がめまぐるしく変わっている。これら変化は，通信事業を含む世界経済にさまざまなマイナス影響を与えるのは明らかである。通信事業に限ってみても，その設備投資が減速し，キャリア事業者の次世代向けの投資計画が延期になるなどの事態が現に生じている。このような現実に際し，世界の通信機器企業間の競争が一層激しくなることは予想される。

中国の通信機器市場で勝ち抜いてトップに上り詰めた華為と中興は，20年近くの海外進出の末，今日はすでに世界の通信機器メジャーと比肩するようになったものの，後発の多国籍企業である2社はこぞってその次の目標を欧米の先進国市場に定めており，これは当然ながら先発の多国籍企業との激突が避け

られないことを意味するし，同時に先進国の政府まで巻き込まれる事態も想定されるのである(注15)。ましてや激しい競争に直面して，先発多国籍企業の多くはそのコア技術をカップリング化する傾向が強められ，度重なる M&A が展開する中，後発多国籍企業の華為と中興にはそのコア技術の蓄積が少ないだけに，今後の競争においてどこまで耐えきれるかが注目される。

　また，通信機器のコストパフォーマンスの高さに優位性を持ちながら，さらにカスタマーに対しシステムのインテグレーション等によって総合的なソリューションも提供し始めたばかりの華為と中興は，カスタマー自身のビジネスモデルのコンサルティングを行えることに優位性を持つ企業への変身はどこまでできるかも，注目すべきところである。

　さらに，華為と中興の海外進出に見られた「逆向き現象」は，他の後発多国籍企業の海外進出の一般モデルになれるか否か，またそれはどこまで適用されるかも，さらなる検証が待たれる。引き続き今後の研究課題としたい。

注■

1　中国商務部対外投資和経済合作司編『2013年度中国対外直接投資統計公報』http://fec.mofcom.gov.cn/channel/tjzl.shtml?COLLCC=2755834713&（2014年12月22日アクセス）。
2　以下は，拙稿（2014）「中国の多国籍企業の国際化戦略の特徴」（東洋大学『経営論集』83号）を参照されたい。
3　以下は，丸川知雄・中川涼司編著（2008）『中国発・多国籍企業』（同友館）を参照されたい。
4　丸川（2004）「華為技術有限公司」『成長する中国企業　その脅威と限界』（国際貿易投資研究所監修・今井理之編著，第1章，リブロ）pp.17～27.
5　さらに，フィンランドのノキアを加えて「八国九制」という表現もある。
6　例えば，今日ではデジタル交換機の1ライン当たりの値段は10ドル前後であるが，1980年代と90年代前半の中国においてその値段は500ドルであった。前掲，田涛・呉春波（2012）参照。
7　中川涼司（2008）「華為技術（ファーウェイ）と聯想集団（レノボ）」『中国発・多国籍企業』（丸川知雄・中川涼司編著，第4章，同友館）pp.76～78.
8　以下は，中川涼司（2008）（丸川・中川（2008），前掲）に負うところが大きい。
9　長島忠之（2014）「多様化する中国の対日直接投資」『続・中国企業の国際化戦略』（大木博己・清水顕司編著，第16章，ジェトロ）pp.262～276.
10　華為のURL：http://www.huawei.com/en/about-huawei/corporate-info/index.htm.（2014年12月30日アクセス）。
11　ZTEの社内資料参照。

12 大木博己（2014）「中興通訊（ZTE）」（大木博己・清水顕司編著，前掲，第8章）pp.130〜131.
13 以下は，拙稿（2014），前掲，pp.73〜74を参照されたい。
14 ZTEの社内資料「激蕩三十年」（2014）参照。
15 アメリカで度々見られている華為と中興に対する排除事件は，何よりもの証拠であろう。

参考文献■

Stephen Herbert Hymer. (1976). *The International Operations of National Firms: A Study of Direct Foreign Investment*, The MIT Press.
Bartlett, Christopher A. & Sumantra Ghoshal. (1989). *Managing Across Borders: The Transnational Solution*, Harvard Business School Press.
Dunning, John H. (1977). Trade, Location of Economic Activity and the MNE : A Search for An Eclect Approach. In B. Ohlin, P.O. Hesselborn & P.M. Wijkmon (Eds.) *The Internaional Location of Economic Activity*, Macmillan.
――――――――― (1988). The Investment Development Cycle and Third World Multinationals. In John H. Dunning. (1993). *Explaining International Production*, Unwin Hyman, reprinted in Lall.
Buckley, Peter J., Ljeremy Clegg, Adam R. Cross, Xin Liu, Hinrich Voss & Ping Zheng. (2007). The Determinants of Chinese Outward Foreign Direct Investment. *Journal of International Business Studies*, (2007) 38.

王　志楽等（2012）『走向世界的中国跨国公司』中国経済出版社。
程　東昇・劉　麗麗（2003）『華為真相』当代中国出版社。
黄　麗君・程　東昇（2010）『資本華為』当代中国出版社。
呉　先明（2008）『創造性資産与中国企業国際化』人民出版社。
中国商務部（2012）『中国対外投資合作発展報告2011〜2012』。
程　恵芳等（2004）『中国民営企業対外直接投資発展戦略』中国社会科学出版社。
田　涛・呉　春波（2012）『下一個倒下的会不会是華為』中信出版社。
魯　桐（2007）『WTO与中国企業国際化』経済管理出版社。
李　梅・柳　士昌（2012）「対外直接投資逆向技術溢出的地区差異和門檻効応―基於中国省際面板数据的門檻回帰分析」『管理世界』第1期。
劉　明霞（2009）「我国対外直接投資的逆向技術溢出効応―基於省際面板数据的実証分析」『国際商務―対外経済貿易大学学報』第4期。
劉　文棟（2010）『華為的国際化』海天出版社。
高　小万（2006）『華為的営銷策略』海天出版社。
天野倫文・大木博巳（2014）『続・中国企業の国際化戦略』ジェトロ。
川井伸一編著（2013）『中国多国籍企業の海外経営』日本評論社。
金　堅敏（2010）『中国の有力企業・主要業界』日本実業出版社。
国際貿易投資研究所監修・今井理之編著（2004）『成長する中国企業　その脅威と限界』。

高橋五郎編（2008）『海外進出する中国経済』日本評論社。
中川涼司（2012）「華為技術と聯想集団の対日進出―中国企業多国籍化の2つのプロセス再論―」『ICCS現代中国学ジャーナル』第4巻第2号，2012年。
中川涼司（2013）「中国企業の多国籍企業化―発展途上国多国籍企業論へのインプリケーション―」『立命館国際研究』第26巻第1号，2013年。
服部健治（2013）「グローバル経営組織論から見た中国企業の分類試論」『中国21』Vol. 38.
丸川知雄・中川涼司編（2008）『中国発・多国籍企業』同友館。
劉　永鴿（2014）「中国多国籍企業の国際化戦略の特徴―中興通訊の事例を中心として―」『経営論集』（東洋大学）83号。

（劉　永鴿）

第13章

日本版SBIRの再生に向けて
―21世紀型イノベーション創出策への転換可能性―

1．SBIRルネサンス

　1982年に策定・実施されたアメリカ連邦政府のベンチャー企業支援策，SBIR（Small Business Innovation Research）に注目が集まっている。イギリスでは，2001年に英国版SBIRとして，SBRI（Small Business Research Initiative）が策定・実施された。だが，所期の目的を挙げることができず，セインズベリー改革を経て，2009年に再出発することになった。この改革において重視された政策は支援機関が成果を調達するPPI（Public Procurement for Innovation）であった。PPIは21世紀型イノベーション創出策としてEUにおいても注目され始めている（西澤，2014）。

　わが国においても，『ベンチャー白書2015』がSBIRを「米国のイノベーションの起爆剤となっている」と指摘したうえで，日本版SBIRに同様の機能を持たせるための改革案を提示していた（VEC 2015, pp. I -130）。また，山口（2015）は「米国版SBIR制度を愚直にフォローし，実施することこそ，沈みゆく船・日本を救う最善の政策である」（p.96）と結論づけたのである。

　策定・実施から30年以上も経過したベンチャー企業支援策に対し，SBIRルネサンスともいうべき現象が発生した背景には，アメリカが活発な新規創業を見せるなか，新規創業とイノベーションのメッカであったシリコンバレーが全米に拡散され，各地にハイテク産業クラスターを形成しつつある現実が作用していた[注1]。SBIRは，成熟から衰退に向い始めた既存産業に代わり，地域が

イノベーション創出とハイテク産業形成を主導するうえで不可欠なマクロ政策として，EUをはじめとする先進国において注目され，その策定・実施があらためて模索され始めたのである。

わが国においても，1990年代末，バブル破綻以降の長期不況のなか，「失われた10年」を回避する意図をもって，日本版SBIRが策定・実施された。だが，VEC（2015）や山口（2015）が指摘するように，日本版SBIRは当初の目的を果たすことができなくなっていたのである。本章では，日米SBIRの目的・機能・構造を比較分析することを通じ，両政策の差異を明らかにしつつ，わが国におけるSBIRルネサンスに向けた改革案を提示したい。

2．米国SBIRの目的・機能・構造

2-1．目　的

1970年代，アメリカ経済を危機に陥れたスタグフレーションは，新興国として強い産業競争力を持ち始めた当時の日本や西独に比べ，アメリカの既存産業が十分な競争力を維持できなかったため，景気刺激策が採られてもアメリカ産業の振興とはなりえず，輸入増加とドル減価による不況とインフレの併存から生じたのである。スタグフレーションから脱却するためには，成熟し競争力を失った既存産業に代わって，破壊的技術[注2]（以下DTという）の研究・開発・商業化を通じたイノベーションの創出，これによるハイテク産業の形成が不可欠になっていた。

これを可能にする仕組みとして，ボストンのルート128やSilicon Valleyの形成において，ベンチャー企業の多数の新規創業（簇業）・成長（IPO）・集積（クラスター）によるハイテク産業形成に大きな役割を演じたICTに加え[注3]，ナノやバイオといったDTの商業化によるイノベーション創出に向け，新たな支援策が求められていた。そこで，ICTの研究・開発・商業化を一貫して支援してきた軍需というPPIを新たな技術分野に拡げるため，連邦各省庁が支援するDTの研究・開発・商業化をベンチャー企業に担わせ，イノベーション創出とハイテク産業形成を目的にして，産学技術移転政策，ベンチャーファイナンス（以下VFという）[注4]の整備・拡充などとともに，連邦政府のベンチャー

企業支援のマクロ政策の一環としてSBIRが策定・実施されたのである。

2-2. 機　能

　DTの研究・開発・商業化を担うベンチャー企業は，研究と開発において想定された通りの試作品を完成できるかという「技術リスク」と，その試作品が顧客を獲得して市場参入できるかという「事業リスク」に直面する。「技術リスク」と「事業リスク」という二重化された創業リスクによって，ベンチャー企業はリスクを超えた「不確実性」に逢着することになる。経済活動における「不確実性」に注目したF・ナイトは，この「不確実性」に挑戦して特別利潤を上げる機能者として，「企業家」を定義した（酒井，2015，pp.92-94；マッツカート2015，p.39）。だが，この「不確実性」に挑戦する「企業家」に依存するだけでは，イノベーション創出も不確実になってしまう。そのため，この「不確実性」をもたらす「技術リスク」と「事業リスク」を軽減する政策対応が求められたのである（マッツカート，2015，pp.138-140）。

　SBIRは「技術リスク」と「事業リスク」を軽減する機能を持っていた（**図表13-1**）。SBIR参加省庁は，大学等の研究機関に対し，社会的ニーズや連邦省庁のニーズに応じた巨額の研究支援を行っている。その成果の中から商業化

図表13-1　米国SBIRの目的と機能

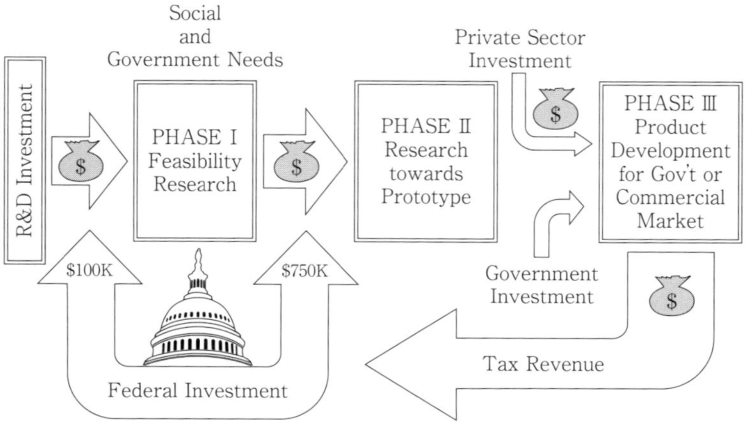

（出所）　NRC（2008），p.23の図を転載

が求められる課題を提示・公募する。フェーズⅠでは，課題を充足する技術の原理が探究される。原理の証明（Proof of Concept）により特許が取得されると，その実用化（Reduce to Practice）に向けた試作品（Prototype）の完成が目指される。この過程がフェーズⅡの支援対象になる。この2段階の支援により「技術リスク」は大きく軽減されることになる。

　フェーズⅢでは，商業化に向けた試作品の改良に加え，顧客獲得と市場参入が支援される。「事業リスク」の軽減である。フェーズⅢにおいて，国防総省（DOD）に代表される調達省庁（Acquisition Agency）は自らがエバンジェリストユーザー[注5]となって，商業化を実現する。PPIである。全米科学財団（NSF）や保健福祉省傘下の国立衛生研究所（NIH）などの非調達省庁（Non-Acquisition Agency）は，フェーズⅡ成果の商業化に向け，民間投資を呼び込むため，自ら投資するだけでなく，マイルストーン管理やハンズオン支援など，誉てのクラシック・ベンチャーキャピタル（以下クラシックVCという）[注6]に類似した支援を行うことになったのである（**図表13-2**）。

図表13-2　非調達省庁のクラシックVC支援：NIHにおけるフェーズⅡとフェーズⅢを繋ぐ新たな支援制度

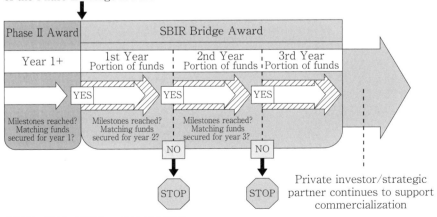

（出所）　NRC（2015），p.35の図を転載

2-3. 構　造

　SBIRの実施構造は**図表13-3**の通りである。その特徴は，研究・開発・商業化に対して参加省庁が一貫して実施責任を負い，かつこれら参加省庁が「競合と共進」の構造を持っていた点にある。SBIRにおける「競合と共進」は地域間にも見られ，地域がSBIR採択を支援せざるをえない強制力を発揮することになるのであった（西澤，2016）。

　しかも，SBIRは時限立法である。現在，2012年制定のNational Defense Authorization Actが適用されており，2017年改正に向けた評価作業が行われている（**図表13-4**）。延長に際して，議会は各省庁の評価を踏まえ，省庁間の実績を比較しつつ，改善策の導入を延長条件に入れる。また，参加各省庁は，先述したように調達省庁と非調達省庁から構成されており，商業化について異なる手法と成果を上げ，相互に競合しつつ共進する構造になっていた。

　SBIRは，ICTにおける破壊的イノベーション創出において大きな機能を果たしてきた，軍需というPPIを他のDTの商業化に拡大する目的を持っていた。そこでSBIRは，非調達省庁であるNSFが先行したベンチャー企業支援策を1億ドル以上の研究支援を行う連邦省庁に強制する政策として始まったのである[注7]。実施から10年が経過した1992年に本格的な見直しが行われた。この見直しにおいては，PPIを行使したDODなどの調達省庁が高い商業化実績を見せたのに対し，SBIRを主導したNSFの商業化実績が乏しいという結果になっていた。SBIRを重視しなかったエネルギー省（DOE）の実績も乏しかったのである。

　そのため，延長に際して議会は，商業化に重点を置くこと，及び非調達省庁の商業化支援の改善を要求した。この改善要求を受けて，NSFやDOEは抜本的な改革を行い，非調達省庁の商業化支援策として，外部のコンサルティング機関の支援を受けつつ，自ら投資を行い，クラシックVCに類似した支援策を導入して，実績を上げた。この結果，2000年の延長時には，DODのPPIは民間市場への拡がりが乏しいとして，議会から改善要求を受けることになったのである（西澤，2015）。

　SBIRの実施においては，時限立法のもと，延長に際して，性格の異なる省庁間の支援実績が検証され，改善が要求される。SBIRは省庁間の「競合と共進」

図表13-3　米国SBIRの実施構造（1997年）

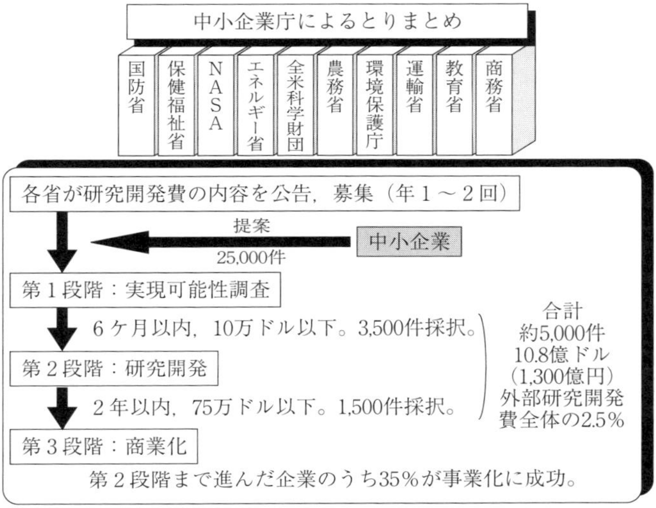

中小企業庁によるとりまとめ

国防省／保健福祉省／NASA／エネルギー省／全米科学財団／農務省／環境保護庁／運輸省／教育省／商務省

各省が研究開発費の内容を公告，募集（年1～2回）

提案 25,000件 ← 中小企業

第1段階：実現可能性調査
↓ 6ヶ月以内，10万ドル以下。3,500件採択。

第2段階：研究開発
↓ 2年以内，75万ドル以下。1,500件採択。

第3段階：商業化
第2段階まで進んだ企業のうち35%が事業化に成功。

合計
約5,000件
10.8億ドル
（1,300億円）
外部研究開発費全体の2.5%

各省の研究開発費のテーマの例

- 全米科学財団
  環境に配慮した製造技術の開発（ライフサイクル評価技術等）
- NASA（航空宇宙局）
  材料や構造体を破壊せずに試験する方法の開発
- エネルギー省
  ハイブリッド電気自動車技術
- 商務省
  インターネットを用いたアウトソーシング型製造の支援技術
- 保健福祉省
  環境因子の生殖，発育及び神経に対する毒性を評価する手法の開発
- 農務省
  土壌及び土壌栄養分の流出を防止するための研究
- 教育省
  聴覚障害者向けの装置及び技術の開発と適用
- 運輸省
  貨物運送用の目的地及びルートの選択モデルの開発
- 環境庁
  汚染土壌の重金属の処理又は除去技術
- 国防省
  潜水艇用コンパクト海中感知器

SBIR交付企業の成功事例

- シマンテック社（ソフトウェア）
  コンピューターが人間の言葉を理解するためのソフトウェアの開発。1982年設立。
  設立時，従業員6名のときに全米科学財団からSBIRを受ける。引き続いて民間ベンチャーキャピタル（VC）の投資を受け，株式公開に至る。95年までの累積売上高は20億ドル。95年現在で従業員数2,000名。

- F&S社（計測機器）
  農薬残留測定用の化学・バイオセンサー等の開発。
  90年，従業員2名にて設立。
  96年環境庁よりSBIRを受けた後も数次にわたり獲得。
  98年現在，売上高500万ドル，従業員45名。

- オーロラ　フライト　サイエンス社（航空機）
  高度におけるオゾン濃度等を測定するための無人飛行機の開発。1989年設立。
  90年，従業員3名のときにNASAと全米科学財団のSBIRに採択。引き続き数次にわたる獲得のほか，VCから450万ドルの投資を受ける。
  98年現在売上高1,000万ドル，従業員80名。

- オーディオロジカル　エンジニアリング社（医療機器）
  聴覚障害者のための機器開発。1982年設立。
  91年，保健福祉省からSBIRを受け，音を振動に変換し肌で感じることのできるタバコ箱大の装置を開発。聴覚障害ある生徒の学習に多大な成果を上げ，海外でも20%のシェア。98年現在売上高100万ドル弱。

- エコゲン社（バイオテクノロジー）
  作物の害虫予防のための遺伝子改良技術。83年設立。
  86年従業員41名のときに全米科学財団よりSBIRを受け，VCなどからも資金を得て，株式公開に至る。
  SBIR採択後，95年までの累積売上高は6,000万ドル。
  95年現在で従業員100名

（出所）　通商産業省（1999），p.21の図を一部修正して転載

図表13-4　SBIR 導入・延長に関する法律等

法律名	公法番号	実施期間
Small Business Innovation Development Act of 1982	Public Law 97-219	1982-1986
Department of Defense Appropriation Act of 1986	Public Law 99-443	1986-1992
Small Business Research and Development Enhancement Act of 1992	Public Law 102-564	1992-2000
Small Business Reauthorization Act of 2000	Public Law 106-554	2000-2008
Temporary Extensions		2008-2012
National Defense Authorization Act of 2012	Public Law112-81	2012-2017

（出所）　Link & Scott（2013），p.52より筆者作成

構造を持ち，支援実績の向上が強制されたのである。さらに，SBIR 参加省庁の研究支援を受ける地域の大学等の研究機関の成果の商業化において，その担い手になるベンチャー企業の SBIR 採択を巡り，地域間の「競合と共進」が強制される構造にもなっていた。この結果，ボストンやシリコンバレーの企業採択が多いという，初期 SBIR に対して指摘された地域間偏在問題も現在では大きく改善されることになったのである（西澤，2016）。

3．日本版 SBIR の目的・機能・構造

3-1．目　的

　日本版 SBIR は，1998年12月の臨時国会で成立した「新事業創出促進法（促進法）」によって，策定・実施された[注8]。促進法は，バブル経済が破綻して以降，廃業率が開業率を上回り，失業率も戦後最悪を示すなど，「失われた10年」が懸念されるなか，雇用機会を確保するため，地域に蓄積された産業資源を活用して新たな事業を創出する政策として策定・実施された。具体的には，(1)新規創業の促進，(2)既存中小企業の新技術活用による新事業創出促進，(3)地域産業資源活用が目的とされたのである（通商産業省，1999）。このうち，第2の目的である「既存中小企業の新技術活用による新事業創出促進」策が日本版 SBIR であった。

日本版 SBIR の目的は，新たな技術の研究・開発・商業化によって，既存中小企業が事業革新を図り，成長して雇用を増加することに置かれたのである。この目的の実現に向け，(1)成長可能性の高い新技術の研究・開発・商業化，(2)既存中小企業を新技術の研究・開発・商業化の担い手とする，(3)研究・開発支援に加え，商業化支援を行う，という機能が盛り込まれることになった。

3-2. 機　能

　日本版 SBIR の目的実現には，(1)既存中小企業の事業転換を可能にするような新技術の選定，(2)選定された新技術の研究・開発・商業化に既存中小企業を誘導するインセンティブの付与，(3)新技術の研究・開発・商業化に伴う「技術リスク」と「事業リスク」が軽減されなければならなかった。

　第1の事業転換を可能にする新技術については，通商産業大臣と各省大臣が共同で選定し，その研究・開発に対し，特定補助金を交付することとされた。日本版 SBIR において選定された特定補助金交付対象は，ICT，バイオ，創薬，医療機器，新エネルギーなど，担当省庁が今後のわが国の発展にとって重要だと判断して研究・開発を支援する新技術であった。

　第2の機能については，「国等の側が研究開発補助金等の内容を提示して当該分野の技術開発能力を競わせるプロジェクトにつき中小企業の参加機会を拡大する」（中小企業庁，1999，p.34）ことにより，高い研究開発能力を持つ既存中小企業にインセンティブを与えたのである。

　第3の機能である「技術リスク」と「事業リスク」の軽減については，「技術リスク」に対しては特定補助金の交付，「事業リスク」の軽減には事業化資金の供与で対応することになる。事業化資金の供与は，投資育成会社による特例投資，及び中小企業信用保険法の特例による無担保・無保証融資枠の設定や付保限度額の拡大といった支援策が採られたのである[注9]。

3-3. 構　造

　上述のような目的と機能を持つ日本版 SBIR の実施構造は**図表13-5**の通りである。管轄省庁は中小企業庁であった。中小企業庁は，「中小企業者に交付できるもの」「その成果を利用した事業活動を行うことが出来るもの」「競争的

図表13-5 日本版 SBIR の実施構造

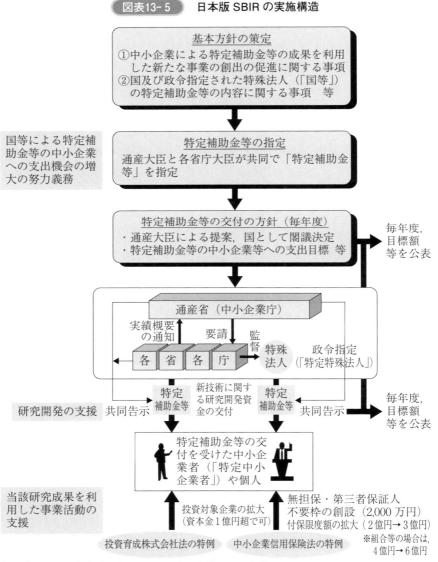

（出所） 通商産業省前掲書，p.41の図を一部修正して転載

に応募させるもの」という基本方針のもと，各省庁が支出権限を持つ研究開発向けの補助金または委託金の中から日本版 SBIR の政策目的に合致する補助金や委託金を特定補助金とすることを当該省庁に要請する。要請を受け閣議決定された特定補助金の募集・採択・交付は各省庁が行う。この過程は各省庁の補助金・委託金の実施規定に従うことになる。これが，新技術の選定とその研究・開発に伴う「技術リスク」軽減策の実施構造であった。

「技術リスク」軽減策の成果として試作品が完成したのち，この試作品を商業化する際に生じる「事業リスク」軽減策は中小企業庁の管轄になる。「事業リスク」軽減策は，投資育成会社法や中小企業信用保険法の特例を設け，投資金額の例外や付保限度額の拡大による事業化資金の供与であった。新技術の商業化において資金調達は最大の課題ではあるが，販路開拓やマーケティングなど，顧客の獲得と市場参入に対する支援も不可欠になっていた（リベルタス・コンサルティング，2010）。だが，日本版 SBIR の「事業リスク」軽減策は，事業化資金の供給に限定されており，当初は十分な機能を持ちえなかったのである。

日本版 SBIR は，中小企業庁が参加省庁に新技術の選定と「技術リスク」軽減に向けた特定交付金を交付して貰い，「事業リスク」軽減は中小企業庁傘下の支援機関の事業化資金供与によって対応する，という構造であった。言い換えれば，新技術の研究・開発・商業化の支援に関し，「技術リスク」と「事業リスク」の軽減に不可欠な一貫性が分断される実施構造になっていたのである。

4．日米 SBIR の差異と原因

4-1．目的の変質

日米 SBIR の目的は大きく異なっていた。米国 SBIR は，Cloning Silicon Valley の連邦政策として，大学等の研究機関が生み出す DT の商業化，すなわち破壊的イノベーション創出の担い手をベンチャー企業に求め，「技術リスク」と「事業リスク」を軽減し，その簇業・成長・集積を目的にしていた。これに対して，日本版 SBIR の目的は，既存中小企業による新技術の研究・開発・商業化を通じた新事業創出，すなわち既存中小企業の成長分野への事業転

だが，日本版SBIRが当初から既存中小企業向け事業転換促進支援を目的にしていた訳ではない。日本版SBIRも，破壊的イノベーション創出とハイテク産業形成によるわが国産業構造の転換を目指す，ベンチャー企業支援策であった。日米SBIRの類似性は，1990年代末に「失われた10年」回避政策として導入が図られたUSモデルとCloning Silicon Valleyの政策体系を比較してみれば，明白になる。**図表13-6**から，両政策体系の類似性と，ハイテク産業形成を通じて「失われた10年」を回避しようとした，当時の政策担当者の目的意識が伝わってくる。

ただ，ボストンのルート128やシリコンバレーのような具体的な事例を全米に拡散させる政策と，先行事例が全く存在しない日本における政策では，策定

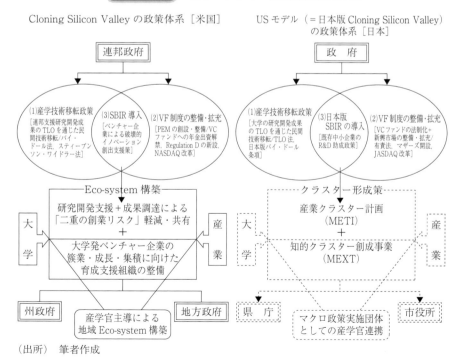

図表13-6　日米ベンチャー企業支援政策体系

(出所)　筆者作成

と実施に向けた困難の度合いが大きく違っていた。日本においては，依拠すべき先行事例もなく，政策効果も明確ではなかったのである。しかも，USモデルは，既存制度との軋轢を生じさせるなど，反発も大きくなるという性格を持っていた。

当時，USモデルの導入を主導したのは，通商産業省であった。アメリカにおけるスタグフレーション脱却の原因をCloning Silicon Valley政策に求め，その再現を狙った政策担当者の慧眼を評価せねばならない。だが，これを日本に導入し，政策として策定・実施するには大きな困難が伴っていた。いずれの政策も他省庁の管轄分野に介入せざるを得ない性格を持っていたからである。

産学技術移転政策は，文部省が管轄する大学に産業政策の観点から，介入することを意味していた。VFの整備・拡充では，大蔵省管轄の金融制度の改変を求めることになる[注10]。SBIRに至っては，各省庁が独自に支出権限を持つ研究・開発の支援をベンチャー企業支援策として活用することを意味した。しかも，政策の策定・実施には，裏付けとなる法律を制定せねばならず，管轄省庁が必要になっていたのである。

日本版SBIRには"Small Business"が入っていたことから，中小企業庁が管轄することになった。中小企業庁は，管轄分野を定めた既存法律の制約を受けつつ，新たな法律を制定・実施することになる。このため，中小企業基本法に関連しつつ，かつ先行した「中小企業の創造的事業活動の促進に関する臨時措置法（創造法）」とは異なり，かつ管轄業務に関連した新たな法律の制定が求められた[注11]。そこで，日本版SBIRの目的は，ベンチャー企業支援を目的とする創造法とは重複しないよう，既存中小企業の新技術の研究・開発・商業化の支援を通じた，事業転換促進支援に置かれざるをえなくなっていた。日本版SBIRはベンチャー企業支援策から既存中小企業支援策に変質を余儀なくされたのである。この目的の変質がその機能や構造に大きな変化を生じさせることになるのであった。

4-2．欠落した機能

日本版SBIRの策定において目的が変質したことによって，支援対象がベンチャー企業から既存中小企業に変わり，「技術リスク」軽減においてはマッチ

ング・グラント方式がとられ，「事業リスク」軽減における PPI の欠落が生じたといえる。

日本版 SBIR では，新技術の研究・開発における「技術リスク」軽減のため，特定補助金が交付される。ただし，特定補助金交付省庁は，中小企業庁の要請を受けて，当該省庁が支出する研究・開発の補助金・委託金のうち，基本方針に合致する補助金・委託金を特定補助金として交付することで，中小企業庁の管轄業務の一部を分担しているに過ぎない。また，各省庁が実施する研究・開発の支援では，支援を受ける研究・開発に係る費用の一部を負担・投資させることを通じ成果創出に専念させようという，マッチング・グラント方式が採用されている。

マッチング・グラント方式は，資金の乏しいベンチャー企業支援にはそぐわない支援制度ではあるが，既存中小企業が対象ということで採用されたのである。ただ，既存中小企業といえども研究・開発費の負担は大きく，必要な支援

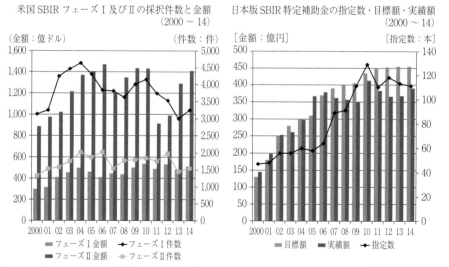

図表13-7　日米 SBIR の実績比較（2000～14）

（出所）　米国は SBIR. gov のデータより，日本は中小企業庁資料より筆者作成

効果を持ちえない可能性もある。実際，日米の交付金額推移をみると，アメリカではリーマンショック後に増加したのに対し，日本版 SBIR においても目標額が引き上げられたにもかかわらず，実績値が増加せず，目標額との乖離をみせることになっていた（**図表13- 7**）。

「事業リスク」軽減は中小企業庁の管轄であった。だが，中小企業庁は非調達省庁であり，PPI を実施することはできない。米国 SBIR では，NSF や NIH などの非調達省庁は，フェーズⅡで完成された試作品を商業化するため，自らの投資とハンズオン支援により民間投資の呼び込みを図るなど，クラシックVC に類似した「事業リスク」の軽減支援を行っていた。だが，新技術の研究・開発を直接支援していない中小企業庁に新技術の効果的な「事業リスク」軽減支援を期待することは難しいのである。

勿論，この限界に気づいていた中小企業庁は，特定補助金交付省庁を「事業化リスク」軽減支援に参加させる仕組みを日本版 SBIR に組み込もうと試みたのである。米国 SBIR が実施から10年が経過した1992年改革において商業化に大きく舵を切ったこと，及び英国 SBRI に対するセインズベリー改革などの前例を踏まえ，日本版 SBIR も実施から10年が経過した2009年に実績評価が行われ（リベルタス・コンサルティング，2010），PPI 導入に向けた改革が実施された。日本版 SBIR の特定補助金交付企業に対する政府調達の入札に関する特別措置である。

この特別措置は，日本版 SBIR の特定補助金の交付方針を定めた2009年 6 月12日の閣議決定において，「中小企業者等による特定補助金等に係る研究開発成果を利用した新たな事業活動の支援措置」の一環として導入された。この閣議決定により，「技術力のある中小企業者等の入札参加機会の拡大」が図られ，日本版 SBIR 支援中小企業は，保有する入札資格等級や納入実績に依らず，政府調達に関わる入札に参加することが可能になったのである。この改革は PPI にいたる大きな一歩だと言える。

だが，価格と品質を重視する現行の落札基準では，日本版 SBIR 参加省庁がエバンジェリストユーザーとなる PPI として機能するまでには至っていない。PPI 実施には，各省庁が個別に行っている政府調達の仕組み全体を見直し，価格と品質を最重視する Value for Money の転換，会計法など関連法規の抜本

的改正などが必要だからである（杉田定大・斉藤徹史「公共調達，技術革新重視を」『日本経済新聞』2011年11月3日付朝刊）[注12]。

　目的が変質したことによって，日本版SBIRにおいては，組み込まれるべき機能が欠落することになった。しかも，既存中小企業に対する事業転換支援促進策においてすら，不況時にその機能が減退する結果に陥っていたのである。

4-3．主客転倒の構造

　日米SBIRの実施構造を比較したとき，両政策の構造的差異として主客の転倒を指摘せねばならない。それは，実施省庁間及び実施省庁と支援企業との間において生じていたのである。

　日本版SBIRの実施省庁間についていえば，「技術リスク」軽減を担う特定補助金交付省庁は，中小企業庁の要請に応じて当該省庁が支出権限を持つ研究・開発に対する補助金や委託金の一部を中小企業支援に配分しているにすぎず，研究・開発に対する交付実績や成果の商業化に責任を負わない構造になっていた。「事業リスク」軽減は中小企業庁の管轄である。だが，新技術の研究・開発・商業化は一貫して支援されなければ，ニーズを踏まえた顧客や市場の特定は極めて困難になる。

　PPIは研究・開発を委託・支援した省庁がエバンジェリストユーザーとして購買することに意味があった。また，自らはPPIを執行しなくとも，商業化に向けた投資を行い，かつハンズオン支援を実施することによって，民間支援を呼び込む上で重要なシグナリング効果を発揮することになる。だが，日本版SBIRの実施過程においては，「技術リスク」軽減と「事業リスク」軽減が分断されており，PPIもしくはクラシックVCの類似機能を果たせない構造になっていたのである。

　次に実施省庁と支援企業との関係でいえば，米国SBIRにおいては，実施省庁が設定したDTの研究・開発・商業化という困難な課題に対し，これを担ってくれるベンチャー企業の参加を求め，実施省庁とベンチャー企業が一体となって破壊的イノベーション創出に向け「技術リスク」と「事業リスク」を突破する構造になっていた。そのため，資金的支援だけでなく，採択情報のフィードバックなど，多様な支援を行うことになる。PPIやクラシックVC類

似機能もこうした構造のなかで導入され実施されてきたのである。

　これに対し，日本版 SBIR は特定補助金に応募する中小企業のメリットのみが優先される構造であった。新技術の研究・開発・商業化の課題は中小企業が提案する。その成果は中小企業のものであり，実施省庁に直接及ぶことはない。既存中小企業が日本版 SBIR によって事業革新に成功して成長企業に変身できれば，雇用増と利益増がもたらされ，税収増加効果が見込めるとしても，実施省庁がこれを目的として支援することはないのである。

5．再生に向けた課題と戦略

　1990年代末に導入された US モデルは，2000年代に入り，産学技術移転政策，VF の整備・拡充，日本版 SBIR 制度として実施され，それぞれ一定の成果を上げ始めている。だが，ここでの問題は，一体的運用が求められた産学技術移転政策，日本版 SBIR，VF の整備・拡充が切り離され，日本版 SBIR の目的が既存中小企業支援策に変質された点にある。産学技術移転政策と VF の整備・拡充の実効性を上げ，大学が生み出す DT の商業化を担うベンチャー企業の簇業・成長・集積を通じたハイテク産業形成とわが国産業構造の転換を図るためにも，日本版 SBIR を産学技術移転政策と VF の整備・拡充との一体的運用に戻さなければならない。

　だが，既存中小企業支援策として一定の成果を上げつつある日本版 SBIR を直ちにベンチャー企業支援策に戻すことは困難であるし得策でもない。ベンチャー企業支援策は，既存利害関係者との軋轢を生み出す性格を持っており，直ちに中核部分に変革を迫るのではなく，「『周辺部』に働きかけるべきものだ」（ボーモル他，2014，263頁）との指摘もある。その際，ボーモルは「政府機関が大学に研究費を支給する際に，商品化を加速する一つもしくはそれ以上の方法を実験すること義務付ける」（ボーモル他，2014，p.319）政策を提起していた。

　日本版 SBIR では，特定補助金はその規模からみても実施省庁にとって「周辺部」だと言える。そこで，特定補助金の交付については，その商業化までを各省庁の責任とし，かつその成果の公表を義務付けることにしたらどうか。これは税金を新技術の研究・開発に投じる各省庁にとっては説明責任の範囲内で

あり，反対はできないであろう。

　日本版 SBIR は，目的の変質が機能や構造に差異をもたらし，米国 SBIR から大きく変貌することになってしまった。目的の変質が，機能を欠落させ，構造を転倒させたのである。その改革には，構造の逆転，機能付加，目的の復元という，逆の動因が必要になるのではないか。1990年代末には実績がなかったベンチャー企業による破壊的イノベーション創出も「鶴岡の奇蹟」（大滝・西澤，2014）など，地域主導型の成果が現れ始めている。逆に既存技術の温存を図ろうとする大企業の破綻も現実化している。

　環境は大きく変わったのである。PPI やクラシック VC 機能に代表される「技術リスク」と「事業リスク」の軽減を図る「企業家としての国家」（マッツカート，2015）と地域における支援組織が「競合と共進」する支援構造の下でベンチャー企業が担い手となる21世紀型イノベーション創出策の策定・実施に向け，わが国においても SBIR ルネサンスを実現できるかどうか，今後の日本経済の発展可能性を占ううえでも大きな試金石になっているのであった。

謝　辞

　本研究は科学研究費助成事業（課題番号25380496）の成果である。本研究の実施にあたり，資料収集や実施過程に関し日米英の実務担当者から受けたご教示，及び D・ギブソン教授，C・メイソン教授，J・ソール教授，R・タプリン教授など英米のベンチャー企業研究者のご支援に対し，記して謝意を表したい。

注■

1　世界の新規創業率を調査報告してきた Global Entrepreneursip Monitor（GEM）の*2014 Global Report* において，新規創業率（Early-stage Entrepreneurial Activities, TEA）と１人当たり GDP の相関を示すグラフが，３万ドル近傍を底とする放物線から減衰曲線に変化したが，アメリカだけは高い TEA を示していた（GEM, 2015, p.53）。そのアメリカでは，TEA の高い地域がシリコンバレーからニューヨーク，ボストンなどに移るなか，「第２のシリコンバレー」と呼ばれるハイテク産業クラスターがニューヨークやボストンだけでなく，ソルトレーク，オースティンなどにも拡散したのである（『朝日新聞』2016年１月17日朝刊）。なお，ハイテク産業とは，20世紀後半以降に先進国の基幹作業になりつつある新産業である。OECD の定義によれば，「製造額に対する研究開発費の割合を産業別に計算し，その値の大きい５産業（航空・宇宙，事務機器・電子

計算機,電子機器(通信機器等),医薬品,医用・精密・光学機器)」(文部科学省,2008, p.56)を意味している。ハイテク産業では,科学的研究が技術革新を推進しイノベーションを創出するが,科学研究とイノベーション創出の主体が異なり,かつリスク尺度も異なることから,「死の谷」が生じるとされる(Tassey, 1997, pp.74-76)。

2 わが国では,Disruptive Technology(DT)を破壊的技術と訳す場合が多いが,Disruptive は破壊というより分岐であり,既存技術に代わって「新しいマーケットを創造する」技術と捉えるべきだとの指摘もある(三輪,2013, pp.256-262)。筆者もこの指摘を尊重したい。

3 1980年代末の日本の高い技術力の象徴として NHK を中心にオールジャパンで開発したアナログハイビジョン(MUSE)は,バブル破綻後の1993年,サンディエゴのベンチャー企業が開発したデジタルハイビジョンに敗れ,デジタルハイビジョンが世界標準になるのであった(ブリンクリー,2001)。結果として,デジタル技術がもたらした破壊的イノベーションへの対応が遅れ,これ以降,日本の家電業界が衰退期に入ったと言っても過言ではないように思われる。

4 VF の概念規定に関しては,西澤(1994)を参照されたい。

5 エバンジェリストユーザー(Earlyvangelists)とは,「スタートアップの製品やサービスを採用するリスクを取ってくれる特別な種類の顧客」であり,「製品に心酔し,その製品がどんなに優れているかを広めてくれる」「非常に少数の初期の顧客」である(ブランク,2009, p.56)。ベンチャー企業はこうしたエバンジェリストユーザー向けに破壊的技術の商業化を行うべきであり,SBIR を実施する連邦省庁はまさにエバンジェリストユーザーとして機能したのである(Connell, 2006, p.2)。

6 アメリカの VC は,1980年代以降,年金基金の出資解禁などによって,大型化してしまい短期的な投資収益率を重視するマーチャントキャピタルに変質したと指摘される。この変質以前の VC は,クラシック VC と呼ばれ,「忍耐と勇気(Patient and Brave)」を持って,破壊的イノベーション創出に奮闘するベンチャー企業を投資・支援したと評価されている(バイグレイブ&ティモンズ,1995, pp.3-6)。

7 SBIR がこうした強制力を持ったため,当初は強い反対があった。そこで,連邦政府省庁の SBIR 割当率は外部研究開発委託経費の僅か0.2％に設定されたのである。だが,成果が認められるにつれて増額され,2017年の改正時期は3.2％が想定されている(DOE 資料より)。支援方法も,Contract Model と Grant Model に分かれ,Contract Model では,事業として実施されることを前提にして利益計上も認められる。DOD などの調達省庁では Contract Model が多く,NSF のような非調達省庁は Grant Model を使い,DOE や NIH は併用される場合がある(Connell, 2006, p.7)。

8 促進法は,創造法,経営革新法などと統合され,2005年に制定された「中小企業新事業活動促進法(中小新促法)」引き継がれ,恒久政策となった。中小新促法は,創業支援,経営革新支援,新連携支援を対象に,成長する中小企業を幅広く支援する総合政策である。日本版 SBIR の根拠法は経営革新支援として統合されたが,創造法と重複もないとすれば,創業支援としての拡大も可能になったと言えるのではなかろうか。

9 日本版 SBIR は,研究・開発の支援より,その成果を利用した事業促進を最終的な目的とすることから,特定補助金交付中小企業の支出機会の増大策であり,「官公需法」と

同じスキームだとも規定されている（中小企業庁，1999，p.37）。
10 産学技術移転政策については当時の文部省にも問題意識を共有する実務担当者がいたため，技術移転機関（Technology Transfer Organization, TLO）創設は遅滞なく行われた。だが，TLO 創設期において，特定教授と大手企業との効率的で"Informal"な"Bypass"関係（Kneller, 1999, pp.320-321）が世界に知られ，Offer for Sale と看做されかねない不適切な関係の解消という問題意識すら持たない重工や電機の有名大手企業の知財部や法務部から嫌がらせを受けるなど，官より遅れた民の専門家に辟易させられた経験がある。また，VF 制度の整備・拡充では，金融制度調査会の専門家によって阻止され，民法の組合契約の特則を設け，有限性を担保するに止まってしまった。ただ，当時の問題意識としては，先ず実施してみることを優先する点にあったのである。
11 創造法の目的・機能・成果について，詳しくは内藤理・茂木友貴・本山司「アカデミック・ベンチャーの歴史と創造法の効果」（日本ベンチャー学会『ベンチャーレビュー』第6号，2005年9月）を参照されたい。
12 こうした改革を直ちに期待することは難しいとすれば，アメリカの公的調達が行っているような（Connell, 2006, p.3），政府調達落札企業（Prime Contractor）に特定補助金交付企業の参加を義務付けることで，需要搬入効果を発揮させることが可能になるのではないか。

参考文献■

Connell, D. (2006). *"Secrets" of the World's Largest Seed Capital Fund: How the United State Government Uses its Small Business Innovation Research (SBIR) Programme and Procurement Budgets to Support Small Technology Firms*, CBR, University of Cambridge.
GEM (2015). *2014 Global Report*, Global Entrepreneurship Monitor.
Kneller, R. (1999). Intellectual Property Rights and University Technology Transfer in Japan. Branscomb, L.M., Kodama, F., & Florida, R., edt., *Industrializing Knowledge*, MIT Press.
Link, Albert N. & Scott, John T. (2013). Bending the Arc of Innovation: Public Support of R&D in Small, Entrepreneurial Firms. *Dept of Economics Working Paper Series*, 13-8, The University of North Carolina.
National Research Council (2008). *An Assessment of the SBIR Program*, the National Academies Press.
────────── (2015). *SBIR/STTR at the National Institute of Health*, the National Academies Press.
Tassey, G., (1997). *The Economics of R&D Policy*, Quorum.

大滝義博・西澤昭夫（2014）『大学発バイオベンチャー成功の条件』創成社。
酒井泰弘（2015）『ケインズ対フランク・ナイト』ミネルヴァ書房。
中小企業庁（1999）『中小企業技術革新制度（SBIR）』ぎょうせい。
通商産業省（1999）『新事業創出促進法の解説』（財）通商産業調査会。

西澤昭夫（1994）「ベンチャーファイナンスの再構築」松田修一監修・早稲田大学アントレプレヌール研究会編『ベンチャー企業の経営と支援』日本経済新聞社．
─────（2014）「英国SBRI再出発に向けた制度改革：形式的模倣から本格的導入へ」日本ベンチャー学会『ベンチャーレビュー』第24号．
─────（2015）「Non-acquisition AgencyにおけるSBIRの実施─エネルギー省のSBIR実施体制の変遷について─」日本ベンチャー学会『ベンチャーレビュー』第26号．
─────（2016）「米国版SBIRにおける競合と共進をもたらす構造的特質について」日本ベンチャー学会『ベンチャーレビュー』第27号．
バイグレイブ・W・D＆ティモンズ・J・A，日本合同ファイナンス訳（1995）『ベンチャーキャピタルの実体と戦略』東洋経済新報社．
ブランク・S・G，堤孝志・渡邊哲訳（2009）『アントレプレナーの教科書』翔泳社．
ブリンクリー・J，浜野保樹・服部桂共訳（2001）『デジタルテレビ日米戦争』アスキー．
VEC（2015）『ベンチャー白書2015』ベンチャーエンタープライズセンター．
ボーモル・W・J，ライタン・R・E，シュラム・C・J，原洋之介監訳，田中健彦訳（2014）『良い資本主義・悪い資本主義』書籍工房早山．
マッツカート・M，大村昭人訳（2015）『企業家としての国家』薬事日報社．
三輪晴治（2013）『日本経済再生論─ディスラプティブ・イノベーションの道─』文眞堂．
文部科学省（2008）『平成20年版科学技術白書』日経印刷．
山口栄一（2015）『イノベーション政策の科学』東京大学出版会．
リベルタス・コンサルティング（2010）『平成21年度中小企業技術革新制度（SBIR制度）における事業化促進に係る調査事業報告書』株式会社リベルタス・コンサルティング．

（西澤　昭夫）

《執筆者紹介》

野中　誠（のなか　まこと）　　　　　　　　　まえがき，第8章
東洋大学経営学部経営学科教授

幸田　浩文（こうだ　ひろふみ）　　　　　　　第1章
東洋大学経営学部経営学科教授

寺畑　正英（てらはた　まさひで）　　　　　　第2章
東洋大学経営学部経営学科准教授

蜂巣　旭（はちす　あきら）　　　　　　　　　第3章
東洋大学経営学部経営学科講師

大原　亨（おおはら　とおる）　　　　　　　　第4章
東洋大学経営学部経営学科講師

一小路武安（いちこうじ　たけやす）　　　　　第5章
東洋大学経営学部経営学科講師

富田　純一（とみた　じゅんいち）　　　　　　第6章
東洋大学経営学部経営学科准教授

山口　裕之（やまぐち　ひろゆき）　　　　　　第7章
東洋大学経営学部経営学科講師

旭　貴朗（あさひ　たかお）　　　　　　　　　第9章
東洋大学経営学部経営学科教授

松村　良平（まつむら　りょうへい）　　　　　第10章
東洋大学経営学部経営学科教授

石井　晴夫（いしい　はるお）　　　　　　　　第11章
東洋大学経営学部経営学科教授

劉　永鴿（りゅう　えいこう）　　　　　　　　第12章
東洋大学経営学部経営学科教授

西澤　昭夫（にしざわ　あきお）　　　　　　　第13章
東洋大学経営学部経営学科教授

《編者紹介》

東洋大学経営学部経営学科

　東洋大学経営学部は，1966（昭和41）年4月の経営学部開設と同時に経営学科を開設した。現在の募集定員は316名で，2016（平成28）年時点で東洋大学最大の学科である。経営学科では「マネジメントのプロフェッショナル」として活躍する有為な人材の育成を目標としており，経営学に関わる幅広い知識と応用力を備え，経営目標を実現するための方策を戦略的，論理的，創造的に考えることができる学生を育成している。

現代経営学研究の潮流

2016年11月1日　第1版第1刷発行

編　者	東洋大学経営学部経営学科
発行者	山　本　　　継
発行所	㈱中央経済社
発売元	㈱中央経済グループパブリッシング

〒101-0051　東京都千代田区神田神保町1-31-2
電話　03 (3293) 3371（編集代表）
　　　03 (3293) 3381（営業代表）
http://www.chuokeizai.co.jp/
印刷／昭和情報プロセス㈱
製本／誠　製　本　㈱

©2016
Printed in Japan

＊頁の「欠落」や「順序違い」などがありましたらお取り替えいたしますので発売元までご送付ください。（送料小社負担）

ISBN978-4-502-20071-7　C3034

JCOPY〈出版者著作権管理機構委託出版物〉本書を無断で複写複製（コピー）することは，著作権法上の例外を除き，禁じられています。本書をコピーされる場合は事前に出版者著作権管理機構（JCOPY）の許諾を受けてください。
JCOPY〈http://www.jcopy.or.jp　eメール：info@jcopy.or.jp　電話：03-3513-6969〉

東洋大学経営学部開設50周年記念出版

現　代
経営学研究の
潮　流

東洋大学経営学部経営学科　編

（A5判／ハードカバー／242頁）

現　代
マーケティング研究の
潮　流

東洋大学経営学部マーケティング学科　編

（A5判／ハードカバー／236頁）

現　代
会計ファイナンス研究の
潮　流

東洋大学経営学部会計ファイナンス学科　編

（A5判／ハードカバー／212頁）

中央経済社